DAS INDIANER KOCHBUCH

BEVERLY COX
UND MARTIN JACOBS

DAS INDIANER KOCHBUCH

KOMET

Seite 2: Maisbrot aus der Pfanne

Die Originalausgabe mit dem Titel *The Spirit of the Harvest* wurde erstmals im Verlag Stewart, Tabori & Chang, Inc., New York, veröffentlicht

Landkarte: Guenter Vollath

Aus dem Englischen übersetzt von Susanne Vogel
Redaktion: Britta Muellerbuchhof
Korrektur: Petra Tröger

Sonderausgabe für KOMET MA-Service und Verlagsgesellschaft, Frechen
Gesamtherstellung: KOMET MA-Service und Verlagsgesellschaft, Frechen
ISBN 3-89836-104-7

DIESES BUCH IST DER AMERIKANISCHEN
URBEVÖLKERUNG GEWIDMET.
IHR BEHUTSAMER UND KREATIVER
UMGANG MIT DEN ERZEUGNISSEN
DER NATUR HAT DEN KULINARISCHEN
HORIZONT DER WELT DURCH SO
BEDEUTENDE NAHRUNGSMITTEL
WIE MAIS, BOHNEN, KÜRBIS UND
KARTOFFELN ERWEITERT, UND VON
IHRER LEBENSWEISE IM EINKLANG
MIT DER NATUR KÖNNEN WIR
HEUTE NOCH LERNEN.

Salat von Wildkräutern und Blüten

INHALT

VORWORT UND DANKSAGUNG

Während der Arbeit an diesem Buch machten wir eine einmalige Erfahrung. Wir hatten beide früher schon mit umfangreichen Buchprojekten zu tun und dabei festgestellt, daß wir bei aller anfänglichen Begeisterung am Ende froh waren, zu einem neuen Thema überwechseln zu können. Bei diesem Buch war das anders. Wir haben so viel gelernt und so viele faszinierende Menschen getroffen, daß wir mit Bedauern dem Abschluß dieser Arbeit entgegensahen. Noch immer kommen uns Rezepte zu Ohren, die wir gerne hier aufgenommen hätten, und immer wieder stoßen wir auf Artefakte, die wir auch hätten fotografieren können. In der langen Beschäftigung mit der Küche und Kultur der Indianer ist aus unserem anfänglichen Interesse eine große Leidenschaft geworden, die sicher nicht erlöschen wird.

Die Zahl derer, die wertvolle Beiträge zu diesem Buch geleistet haben, ist groß. Zunächst möchten wir unseren Experten und Autoren der einzelnen regionalen Themen danken: Arthur Amiotte von den Oglala Lakota, einem Künstler, Dichter und Lehrer, der uns mit seinem profunden Wissen über die Stammestraditionen in den Great Plains inspiriert hat; Dr. Clara Sue Kidwell, sie ist Professorin für indianische Kulturgeschichte an der University of California in Berkeley und hat uns von Anfang an ermutigt und unterstützt; und Harriet Koenig, Dozentin für Anthropologie an der University of Connecticut, Stamford Campus, deren Enthusiasmus für dieses Projekt uns das Gefühl vermittelte, auf dem richtigen Weg zu sein.

Unser Dank gilt den vielen Menschen, die uns an ihren fundierten Kenntnissen der stammesspezifischen Ernährungsweisen und Traditionen teilhaben ließen und uns nicht nur Familienrezepte, sondern sogar seltene Zutaten aus ihren eigenen Beständen für dieses Projekt überließen: Evelyn Antelope Willow von den Northern Arapaho, Ethete, Wyoming; Helen Begay von der Navajo Nation, Los Alamos, New Mexico; der Familie von Gordon Caskey aus Lander, Wyoming; Martha Kreipe de Montaño von der Prairie Band Potawatomi, Leiterin des Informationszentrums im National Museum of the American Indian, New York City; Martha Ferguson von der Mississippi Band of Choctaw Indians, Choctaw Museum, Philadelphia, Mississippi; Cheryl Free vom Oneida Iroquois Tribe in Wisconsin und Ron Free von den Hunkpapa Lakota, Fond du Lac, Wisconsin; Dale Old Horn vom Crow Tribe, Crow Agency, Montana; Louella Whiteman Johnson vom Crow Tribe, Lodge Grass, Montana; Barrie Kavasch, Ethnobotanikerin und Ernährungshistorikerin aus Bridgewater, Connecticut, eine Nachfahrin der Cherokee und Creek, deren ausgezeichnete Arbeit unser Interesse an der Küche der Indianer geweckt hat; Mary F. McCormick vom Sac and Fox Tribe in Oklahoma, Seminole, Oklahoma; John und Gerri McPherson, Autoren und Lehrer einer einfachen Lebensweise in der Wildnis, Randolph, Kansas; Bill Malone, Hubbell Trading Post, Ganado, Arizona; Bruce Miller vom Skokomish Tribe, Shelton, Washington; Jim Riggs, Experimentalarchäologe, Wallowa, Oregon; Ed Sarabia, Tlingit Elder, Director of American Indian Affairs in Connecticut beim Department of Environmental Protection, Hartford, Connecticut; Bob Smith aus Woodbridge, Virginia, Mitglied der Oneida Nation of Wisconsin; Gladys Tantaquidgeon,

Mohegan Elder, Tantaquidgeon Indian Museum, Uncasville, Connecticut; Zoeanna Varret vom Houma Tribe, Du Lac, Louisiana; Mrs. George Walker aus Cheyenne, Wyoming; Ed Wapp vom Comanche Tribe, Santa Fe, New Mexico; und Maralyn Yazzie von der Navajo Nation, Ganado, Arizona.

Dieses Buch hätte niemals ohne die unermüdliche Arbeit und Unterstützung derjenigen fertiggestellt werden können, die beim Organisieren und Schreiben, Probekochen, Food Styling und Aufstöbern rarer Zutaten behilflich waren. Herzlichen Dank an Gretchen Barnes, die sich mit Leib und Seele diesem Projekt gewidmet hat; Shorty Caskey, die Wyoming auf der Suche nach Virginischen Traubenkirschen, Antilope und Wapiti abgegrast hat; Emily Cox; Suzanne Dale; Donna Sebro; Jane Warren und Edna Yergin.

Wir möchten unsere Dankbarkeit für die kompetente Beratung und engagierte Unterstützung seitens der Galerien und privaten Sammler zum Ausdruck bringen, deren herrliche indianische Artefakte und kunsthandwerkliche Objekte die Fotografien wesentlich bereichert haben: Harriet und Seymour Koenig, die in jeder Hinsicht großzügig waren; Louise Crowley und John Weecks von der American Classics Gallery, Westport, Connecticut; Paula und Bob Eppinger, die uns ein Familienerbstück anvertrauten; Meridith Bjork von Canyon Road, New Canaan, Connecticut; Michael Friedman von der Friedman Gallery in Westport, Connecticut, der uns Objekte aus seiner eigenen wundervollen Sammlung lieh und für uns Kontakte zu vielen anderen Sammlern herstellte; Bill Guthman von Guthman Americana, Westport, Connecticut; Pat und Pam Guthman von Pat Guthman Antiques in Southport, Connecticut; John Molloy, Historic North American Indian Art, New York City, stellte uns seine Sammlung und sein Wissen bereitwillig zur Verfügung; Susan Dickerson von Prairie's Edge in Santa Fe, New Mexico, hat uns stets mit Begeisterung und großzügig unterstützt; Rolando Reyes von Common Ground, New York City, duldete, daß wir wieder und wieder in sein vielbesuchtes Geschäft kamen; Jeff Meyers von der Primitive Arts Gallery, New York City, lieh uns herrliche Objekte aus seiner großartigen Sammlung indianischer Artefakte aus dem Nordwesten.

Vielen Dank an Linda Johnson für ihre Nachforschungen und die endlose Geduld beim Auffinden von Requisiten und Artefakten.

Erwähnt seien auch unsere Freunde bei Stewart, Tabori & Chang, denen wir eine optimale Unterstützung beim Schreiben dieses Buches verdanken: Leslie Stoker, Cheflektorin, die uns unseren eigenen Instinkten folgen und so unseren Weg finden ließ und die uns niemals bremste; Ann ffolliott, unsere Lektorin, war uns scharfsichtige Beraterin und ermutigte uns zum Weitermachen, und Jim Wageman verwob als Designer alle Bild- und Textelemente zu einem wundervoll anzuschauenden Buch.

Beverly Cox und Martin Jacobs

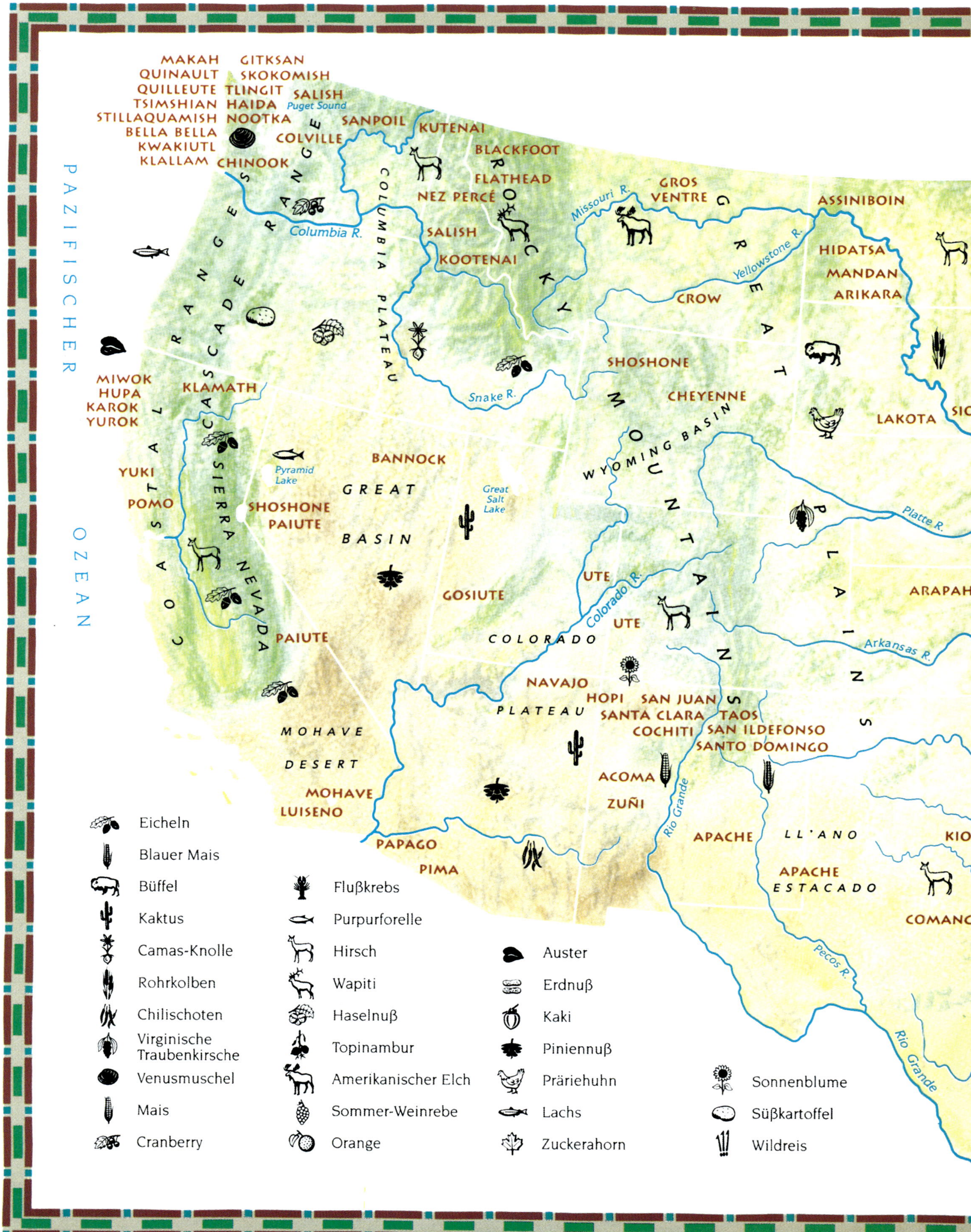
MAKAH
QUINAULT
QUILLEUTE
TSIMSHIAN
STILLAQUAMISH
BELLA BELLA
KWAKIUTL
KLALLAM
GITKSAN
SKOKOMISH
TLINGIT
HAIDA
NOOTKA
SALISH
Puget Sound
SANPOIL
COLVILLE
CHINOOK
KUTENAI
BLACKFOOT
FLATHEAD
NEZ PERCÉ
SALISH
KOOTENAI
GROS VENTRE
ASSINIBOIN
HIDATSA
MANDAN
ARIKARA
CROW
SHOSHONE
CHEYENNE
LAKOTA
SIO
MIWOK
HUPA
KAROK
YUROK
KLAMATH
YUKI
POMO
SHOSHONE
PAIUTE
BANNOCK
GOSIUTE
UTE
UTE
ARAPAH
PAIUTE
NAVAJO
HOPI
SAN JUAN
SANTA CLARA
TAOS
COCHITI
SAN ILDEFONSO
SANTO DOMINGO
ACOMA
ZUÑI
MOHAVE
LUISENO
PAPAGO
PIMA
APACHE
APACHE
KIO
COMANC
PAZIFISCHER OZEAN
CASCADE RANGE
COASTAL RANGE
SIERRA NEVADA
COLUMBIA PLATEAU
ROCKY MOUNTAINS
GREAT PLAINS
WYOMING BASIN
GREAT BASIN
COLORADO PLATEAU
MOHAVE DESERT
LL'ANO ESTACADO
Columbia R.
Missouri R.
Yellowstone R.
Snake R.
Pyramid Lake
Great Salt Lake
Platte R.
Colorado R.
Arkansas R.
Rio Grande
Pecos R.
Rio Grande
Eicheln
Blauer Mais
Büffel
Kaktus
Camas-Knolle
Rohrkolben
Chilischoten
Virginische Traubenkirsche
Venusmuschel
Mais
Cranberry
Flußkrebs
Purpurforelle
Hirsch
Wapiti
Haselnuß
Topinambur
Amerikanischer Elch
Sommer-Weinrebe
Orange
Auster
Erdnuß
Kaki
Piniennuß
Präriehuhn
Lachs
Zuckerahorn
Sonnenblume
Süßkartoffel
Wildreis

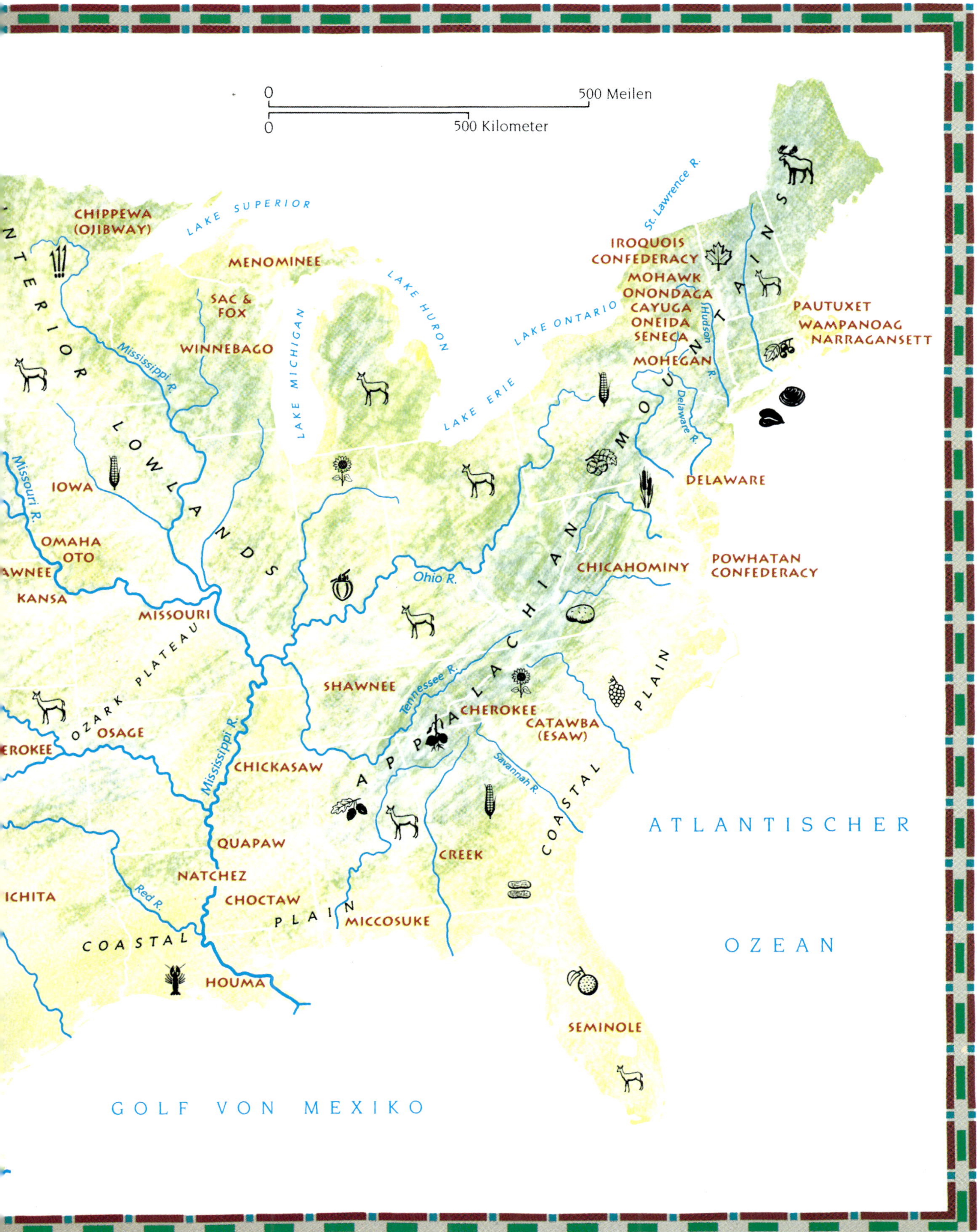

0 500 Meilen
0 500 Kilometer
LAKE SUPERIOR
LAKE MICHIGAN
LAKE HURON
LAKE ONTARIO
LAKE ERIE
St. Lawrence R.
Mississippi R.
Missouri R.
Ohio R.
Tennessee R.
Hudson R.
Delaware R.
Savannah R.
Red R.
INTERIOR LOWLANDS
OZARK PLATEAU
APPALACHIAN MOUNTAINS
COASTAL PLAIN
CHIPPEWA (OJIBWAY)
MENOMINEE
SAC & FOX
WINNEBAGO
IOWA
OMAHA
OTO
AWNEE
KANSA
MISSOURI
OSAGE
EROKEE
ICHITA
IROQUOIS CONFEDERACY
MOHAWK
ONONDAGA
CAYUGA
ONEIDA
SENECA
MOHEGAN
PAUTUXET
WAMPANOAG
NARRAGANSETT
DELAWARE
POWHATAN CONFEDERACY
CHICAHOMINY
SHAWNEE
CHEROKEE
CATAWBA (ESAW)
CHICKASAW
QUAPAW
NATCHEZ
CHOCTAW
CREEK
MICCOSUKE
HOUMA
SEMINOLE
ATLANTISCHER OZEAN
GOLF VON MEXIKO

DIE KÜCHE DER INDIANER

Alle indianischen Völker Nordamerikas aßen vor ihrer Begegnung mit den Europäern Nahrungsmittel, die frisch gesammelt oder gefangen und einfach zubereitet waren. Fisch, Geflügel und Wild bildeten die Hauptgrundlage. Mit Samen, Nüssen und Wurzeln ließen sich Geschmack und Konsistenz der Speisen variieren. Beeren, Früchte und der im Saft des Ahornbaums enthaltene Zucker verliehen ihnen Süße.

Die Garmethoden waren einfach. Fleisch und auch die meisten anderen Nahrungsmittel wurden gekocht, über dem offenen Feuer gebraten oder in einer Grube, die mit heißen Kohlen ausgelegt war, gebacken. Durch Hinzugeben feuchter Blätter in die Grube konnte man die Speisen dämpfen. Samen und Nüsse wurden roh oder geröstet gegessen oder zu grobem Mehl gemahlen, das zum Andicken von Speisen diente und auch mit Wasser zu Brot verbacken wurde. Beeren wurden zerdrückt, ausgestrichen und zu Blättern getrocknet, oder man verarbeitete sie mit gedörrtem Fleisch und mit Fett zu einer Paste – *pemmican* –, die ein Hauptnahrungsmittel darstellte. Die Kombination der Zutaten war schlicht, Würzmittel wurden kaum verwendet: eine Handvoll Holzasche vielleicht, etwas Salz, ein paar Chilischoten oder einige aromatische Beeren.

Beim Essen betrieben die Indianer keinen großen Aufwand. In der Regel wurde am späten Vormittag, nachdem alle aufgestanden waren, die Hauptmahlzeit eingenommen. Sie wurde in einem einzigen Topf zubereitet und aufgetragen, aus dem auch alle, zumeist mit den Fingern, aßen. Wahrscheinlich war Brot die einzige Beigabe und übernahm womöglich die Funktion von Gabel und Löffel, indem man mit ihm Stücke aus dem Topf holte und Flüssigkeit auftunkte. Auch während des übrigen Tages gab es jederzeit etwas zu essen. Eintöpfe brodelten über dem Feuer leise vor sich hin, zwischendurch knabberte man eine Handvoll Trockenfrüchte. Wenn Gäste kamen, wurde ihnen grundsätzlich etwas angeboten. Das verlangte die Gastfreundschaft, die heute in indianischen Gemeinschaften genauso lebendig ist wie ehedem.

Der Speisezettel war natürlich stark von den Jahreszeiten geprägt. Zu den Jagd- oder Sammelzeiten war die Versorgung reichlich, doch stellte die Lagerung ein gewisses Problem dar. Fleisch und Fisch ließen sich durch Trocknen oder Räuchern konservieren. Wenn in den Great Plains die Büffeljagd begann, wurden in den Dörfern zahlreiche Holzgestelle errichtet, auf denen die Frauen die Fleischstreifen wie Wäsche zum Trocknen an der Sonne aufhängten. Dann machten sich die kleineren Jungen einen Spaß daraus, ihre Fähigkeiten als Jäger und Krieger zu erproben: Wer das meiste Fleisch stibitzen konnte, hatte gewonnen.

An der Nordwestküste waren die Sparren der Langhäuser mit geräucherten und getrockneten Lachs- und Heilbuttfilets behängt. Bei schönem Wetter konnten die Heilbutte auf den Hausdächern getrocknet werden, während die fettreichen Lachse in einer kleinen, geschlossenen Hütte langsam geräuchert werden mußten.

Für die Indianer bedeutete Essen mehr als reine Nahrungsaufnahme. Das Sammeln von Vorräten war ein geselliges Unternehmen. In Gruppen zogen die Frauen

Rechte Seite: Kaninchen-Eintopf nach Art der Cherokee

los, um Beeren zu pflücken, nach Wurzeln zu graben, Samen und grüne Pflanzenteile zu sammeln. In Nevada waren buchstäblich ganze Paiute-Dörfer mit der Ernte von Pinienkernen und dem Schälen der kleinen, harten Nüsse beschäftigt.

Das Festessen war wesentlicher Bestandteil vieler Zeremonien. In den Great Plains zum Beispiel kochten die Lakota-Frauen Büffelzungen für ein Festmahl anläßlich des jährlichen Sonnentanzes. Für die Feldbau betreibenden Indianer im Südwesten, die darauf angewiesen waren, daß Mais, Bohnen und Kürbis gut gediehen, waren die Zeremonien zur Sicherung einer erfolgreichen Ernte so notwendig wie die Feldarbeit selbst.

Viele Indianer leben heute nicht mehr in ihrer ursprünglichen Heimat. Als die Europäer in der Neuen Welt auftauchten, brachten sie die Ureinwohner mit neuen Ideen und Dingen in Berührung, die deren Leben veränderten. Genannt seien hier nur die Messing- und Kupferkessel, Gewehre und Fallen aus Metall. Zugleich schleppten sie aber auch neue Krankheiten ein, gegen die die Indianer keine Abwehrkräfte besaßen. Mitunter errichteten sie auch feste Siedlungen inmitten der Jagdgründe der Indianer, oder sie nahmen brachliegende Felder der Indianer in Besitz. Unter diesem Druck unterzeichneten viele indianische Gruppen Verträge, mit denen sie ihr Land teilweise oder sogar ganz aufgaben. Manchmal erhielten sie im Tausch anderes Land und wurden so in neue Gegenden verpflanzt. Die Ahnen der Oneida in Wisconsin beispielsweise lebten einst im nördlichen Teil des Staates New York. Die Choctaw in Oklahoma stammen aus Zentral-Mississippi, und die Vorfahren der Cheyenne in Montana bevölkerten vermutlich vordem die Wälder um die westlichen Großen Seen, und in ihren neuen Heimatgebieten nahmen die Stämme die Nahrungsmittel, die sie dort vorfanden, in ihren Speiseplan auf.

Die zeitgenössischen indianischen Kochbücher spiegeln in ihren Rezepten die Einführung neuer Nahrungsquellen und Zubereitungstechniken durch die Europäer. Weizenmehl, Milch, Hühnereier, Orangen, Zitronen, Pfirsiche, Rind- und Schweinefleisch sind nur einige dieser neuen Lebensmittel, die heute einen festen Bestandteil der indianischen Küche ausmachen. Für die Rezepte in dem vorliegenden Buch werden hauptsächlich einheimische Zutaten verwendet, um die außerordentliche Vielfalt von Nahrungsmitteln, die den amerikanischen Ureinwohnern zur Verfügung standen, zu demonstrieren.

Clara Sue Kidwell

SÜDOSTKÜSTE

UND WALDLAND

DER SÜDOSTEN

Nordamerikas Südosten verfügte von jeher über reiche und verschiedenartigste Ressourcen. In den Wäldern der Region waren Völker der Muskogee-Sprachfamilie – Choctaw, Chickasaw, Creek und Seminolen – und die sprachlich den Irokesen nahestehenden Cherokee heimisch. Gemeinsam gingen sie als die »Fünf zivilisierten Nationen« in die Geschichte ein. Als Hernando de Soto Anfang der vierziger Jahre des 16. Jahrhunderts seine Expeditionen in den Südosten vornahm, betrieben die Vorfahren der muskogeesprechenden Stämme bereits in der Nähe ihrer palisadenumzäunten Dörfer Maisanbau.

In den Küstengebieten begrüßten algonkinsprechende Vertreter der Powhatan-Konföderation die ersten englischen Kolonisten, die 1584 ankamen, um sich auf Roanoke Island vor der Küste Virginias anzusiedeln. Dieser Begegnung verdanken wir die früheste schriftliche und bildliche Schilderung der indianischen Küche: Sie findet sich in Thomas Harriots 1590 erschienenem Buch A *Brief and True Report of the New Found Land of Virginia*. Die Abbildungen zeigen säuberlich mit Mais und Bohnen bepflanzte Felder innerhalb der Einfriedung von Dörfern und zeugen von der Fülle und Vielfalt von Tieren, die gejagt oder gefangen wurden, wie Hirsch, Wildgans, Hornhecht, Krabben, Seebarsch, Kalmare und andere mehr.

Im öffentlichen Leben der Dorfgemeinschaften gaben die Männer den Ton an, die Frauen dagegen hatten im Haushalt das Sagen, und sie vererbten auch den Status innerhalb der Gesellschaft. Es bestanden recht komplexe Klassensysteme. Die Häuptlinge stammten in der Regel aus bestimmten Familiengruppen. Ältere Krieger bildeten eine Art Rat, die sogenannten Geehrten, während jüngere Krieger ihr Ansehen im Kampf erwerben mußten. Frauen und Kinder wurden als eigene Gruppe angesehen. Die Natchez erstaunten die Franzosen mit ihrem hochdifferenzierten System von »Großen Sonnen« (die Oberhäuptlinge), Edlen und Gemeinen, von den Franzosen Stinkende genannt. Der Rang einer »Sonne« wurde übrigens durch die Mutter vererbt.

In weiten Teilen des südöstlichen Nordamerikas waren Mais und Bohnen die Hauptnahrungsmittel. Mais wurde mit Holzasche gekocht, bis die Körner zu einem Brei, dem sogenannten »Hominy«, gequollen waren. Dann wurde dieser Brei entweder getrocknet und in Holzmörsern zu Schrot für die Brotherstellung verarbeitet, oder man bereitete daraus zusammen mit Hirschfleisch und Bohnen nahrhafte Eintöpfe.

Über die Entstehung des Maises erzählen sich die südöstlichen Indianerstämme immer wieder ähnlich lautende Geschichten. Hier eine aus dem Mythenschatz der Miccosuke in Florida und Alabama: Eine Frau bereitete für ihre Familie eine köstliche Speise, die völlig neuartig war. Ihre Söhne fragten sich, woher sie diese bekam, und folgten ihr eines Tages heimlich, um das Rätsel zu lösen. Dabei beobachteten sie, wie ihre Mutter Haut von ihrem Körper abrieb und zu Kügelchen formte. Doch die Mutter entdeckte ihre Söhne und hieß diese, sie nun, da sie ihr Geheimnis entdeckt hatten, zu töten und in einem nahe gelegenen Feld zu begraben. Im nächsten Frühjahr wuchsen Maishalme aus ihrem Grab. Frauen, Mais, die Jahreszeiten, Leben und Sterben, Fruchtbarkeit – all dies hat die Geschichte zum Inhalt, der Mais wird zu einer Metapher mit vielschichtiger Bedeutung.

Viele Stämme im Südosten veranstalteten ein »Grünmaisfest«, bei dem sie nicht nur das Sprießen der Maiskolben, sondern auch den Beginn eines neuen Jahres feierten. Die Creek fegten für ihr *boskita* die Häuser, löschten alte Feuer und zündeten neue an, und sie gingen von Haus zu Haus, um alte Zwistigkeiten beizulegen und etwaigen Groll zu vergessen. Der junge Mais versinnbildlichte für die Dorfbewohner einen Neuanfang.

Die Wälder mit ihren Eichen- und Hickorybäumen lieferten große Mengen von Nußfrüchten. Oft wurden die Eicheln und Nüsse an Suppen oder Eintöpfe gegeben, oder man verwendete sie gemahlen zum Andicken von Speisen. Eicheln mußten meist von ihren Bitterstoffen befreit werden, da sie Gerbsäure enthalten, die Früchte der Weißeiche aber wurden auch roh verzehrt.

Beeren spielten ebenfalls eine wichtige Rolle in der Ernährung der indianischen Bevölkerung. Von der Entstehung der Erdbeeren erzählt eine Geschichte der Cherokee: Eine Frau verließ ihren Ehemann, der ständig mit ihr stritt, und machte sich auf ins Land der Sonne. Ihr Mann war so traurig, daß er die Sonne anrief, sie möge seine Frau zurückschicken. Also ließ die Sonne auf dem Weg der Frau Büschel saftiger Blaubeeren aus dem Boden schießen, doch sie schenkte ihnen keine Beachtung. Darauf versuchte die Sonne es mit Brombeeren, wieder ohne Ergebnis, und dann mit Felsenmispeln. Schließlich ließ die Sonne zu den Füßen der Frau Polster von Erdbeeren sprießen, die es zuvor niemals auf der Erde gegeben hatte. Sie kostete davon, und im selben Augenblick wandte sie sich nach Westen. Da erinnerte sie sich an ihren Mann und begann ihn zu vermissen. Sie pflückte einige der Beeren und kehrte zu ihm zurück, um sie ihm zu geben, und er nahm seine Frau wieder auf.

Eine weitere Frühjahrsdelikatesse waren wilde Zwiebeln, die in Hülle und Fülle vorhanden waren. Als die Fünf Nationen in den dreißiger Jahren des 19. Jahrhunderts aus ihrer Heimat im Südosten vertrieben wurden, nahmen sie ihre Ernährungsgewohnheiten in die ihnen neu zugewiesene Heimat in Oklahoma mit. Bis in die fünfziger Jahre unseres Jahrhunderts veranstaltete der Dacotah Indian Club in Muskogee, Oklahoma, jedes Jahr ein Wild Onion Dinner. Dabei gab es Rühreier mit Wildzwiebeln, Sassafrastee – im Geschmack ähnlich wie heißes stilles *root beer*, ein aus Wurzeln, Kräutern und Gewürzen bereitetes Getränk –, Maisbrot mit eingebackenen Grieben und Huckleberry-Pie. Die Nachbargemeinde Stillwell, in der viele Cherokee lebten, richtete in jedem Frühjahr ein Strawberry-Festival aus. Ganz zweifellos verblaßt der Geschmack der dicken, aber oft holzigen California-Erdbeeren, die man in Supermärkten bekommt, völlig gegenüber der Erinnerung an das intensiv süßsäuerliche Aroma der nur fingernagelgroßen wilden Erdbeeren, die an einem warmen, windigen Frühjahrsnachmittag in Oklahoma frisch gepflückt und zu Eiscreme genossen wurden.

Clara Sue Kidwell

1 Suppenhuhn von 1500 g oder die entsprechende Menge Kaninchenteile
2½ l Wasser
1 Zwiebel, gehackt
120 g gehackte Pecannüsse
Salz und frisch gemahlener Pfeffer
1 EL gehackter frischer Dill (nach Belieben)

HÜHNERSUPPE MIT PECANNÜSSEN NACH ART DER CHEROKEE

Nüsse und Samen sicherten in rauhen Wintern vielen Indianerstämmen das Überleben. Die Natchez nannten den Vollmond im Februar, einer Zeit, in der die Vorräte knapp waren, »Nußmond«. Bis zum heutigen Tag verarbeiten die Choctaw Hickory-Nüsse zum traditionellen *canutchie*. Dafür werden die getrockneten und geschälten Nüsse zerstoßen und zu Kugeln geformt, die man für den Winter einlagern kann. Bei Bedarf werden diese Nußkugeln dann in Wasser aufgelöst und zum Andicken und Würzen von Maisgerichten verwendet. Mit Honig gesüßt, ergeben sie auch ein nahrhaftes Getränk.

Bei diesem Rezept erhält die Suppe durch Pecannüsse einen interessanten Geschmack. Früher halfen sie sicher auch, die Suppe geschickt zu verlängern, wenn die Jagd nicht besonders erfolgreich gewesen war.

Das Huhn mit dem Wasser und der Zwiebel in einen Suppentopf geben. Aufkochen lassen und dann bei verringerter Temperatur zugedeckt 3–4 Stunden leise köcheln lassen. Das Huhn aus dem Topf nehmen und etwas abkühlen lassen. Das Fleisch von den Knochen lösen und in feine Streifen schneiden, dabei die Haut entfernen. Die Fleischstreifen wieder in den Topf zur Brühe geben. Die Pecannüsse einrühren und die Suppe ohne Deckel weitere 5–10 Minuten leise köcheln lassen. Mit Salz, Pfeffer und Dill nach Geschmack würzen.

Für 6 Personen

Erdnüsse, Brühe und Milch in einen schweren Topf geben. Alles bei mittlerer Temperatur 5 Minuten unter häufigem Rühren kochen. Weitere 10 Minuten leise köcheln lassen, dabei gelegentlich rühren. Nach Geschmack salzen und pfeffern und mit dem Schnittlauch bestreuen.

Für 4 Personen

ERDNUSS-SUPPE

Die Erdnüsse sind eine Entdeckung der Inkas. Sie haben sie nicht nur gegessen, sondern auch ihren Toten mit ins Grab gegeben und als dekoratives Motiv auf Töpfen abgebildet. Durch die spanischen Eroberer gelangten die Erdnüsse nach Europa und von dort nach Afrika. Schließlich fanden sie als Nahrung für die Gefangenen auf den Sklavenschiffen ihren Weg zurück in die Neue Welt. Im Südosten der Vereinigten Staaten ernährten sich Indianer, schwarze Sklaven und weiße Siedler von Erdnüssen, die aus Afrika eingeführt worden waren. Heute sind Erdnüsse im Südosten ein wichtiger Wirtschaftsfaktor, zudem sind sie ein schmackhafter Eiweißlieferant.

250 g geröstete Erdnüsse, feingehackt, oder
250 g Erdnußcreme mit ganzen Erdnußstücken
1/2 l Hühnerbrühe
1/2 l Milch oder Sahne
Salz und frisch gemahlener Pfeffer
2 TL frische Schnittlauchröllchen

HOMINY-SUPPE NACH ART DER CHOCTAW

Hinter dem Namen »Hominy« verbirgt sich eine traditionelle indianische Art der Maiszubereitung. Dabei werden die getrockneten Körner von den Kolben gestreift und in heißem Wasser, gemischt mit Holzasche, eingeweicht. Obwohl Rezepte aus verschiedenen Regionen unterschiedliche Mais- und Holzarten verlangen, ist das Prinzip doch stets das gleiche. Die eingeweichten Körner werden nach der überlieferten Methode kräftig mit einem Stock geschlagen (eine modernere Alternative besteht darin, den Mais mit der Asche einfach zu kochen), bis sich die Außenhaut löst und sich die Körner aufblähen. Anschließend wird das Hominy gründlich gewaschen und entweder in frischem Wasser weich gekocht oder zur späteren Verwendung getrocknet.

Diese Suppe der Choctaw schmeckt sicher ungewöhnlich. Wer Buttermilch und Joghurt mag, wird begeistert sein, andere müssen vielleicht erst auf den Geschmack kommen. In den Originalrezepten wird oft fetter Speck verwendet, doch wir haben uns für Bauchspeck entschieden, der magerer und auch weniger salzig ist.

4 Scheiben geräucherter Bauchspeck, gewürfelt
1 Zwiebel, gehackt
225 g gekochtes Hominy, abgetropft
½ l Buttermilch
Salz und frisch gemahlener Pfeffer
1 EL gehackter frischer Dill (nach Belieben)

Den Speck in einem schweren Topf bei mittlerer Temperatur knusprig braten. Das Fett abgießen, so daß im Topf nur ein dünner Film zurückbleibt. Darin die Zwiebel dünsten, bis sie goldbraun und weich ist. Das Hominy hinzufügen und 5 Minuten vorsichtig rühren. Den Topf vom Herd nehmen und die Temperatur auf die niedrigste Stufe herunterschalten. Die Buttermilch einrühren, salzen und pfeffern. Die Suppe etwa 5 Minuten sanft erhitzen, wobei sie jedoch nicht mehr kochen darf. Mit dem Dill bestreuen und warm oder lauwarm servieren.

Für 4–6 Personen

500 g Hirsch- oder Rindfleisch (aus der Keule oder Querrippe)
2 große Zwiebeln, geviertelt
1½ l Wasser
2 reife Tomaten, entkernt und in Scheiben geschnitten
1 große Paprikaschote, entkernt und gewürfelt
100 g Okras
1 Kartoffel, gewürfelt
2 Möhren, in Scheiben geschnitten
100 g Maiskörner
1 Stange Bleichsellerie, gehackt
Salz und frisch gemahlener Pfeffer
Ketchup nach Geschmack

Im Jahr 1540 besuchte Hernando de Soto die der Sprachfamilie der Irokesen zugehörigen Cherokee und berichtete, sie betrieben Landwirtschaft und lebten in Blockhütten, umgeben von gut gepflegten Feldern. Im 17. Jahrhundert baute der Stamm intensive Handelsbeziehungen zu den ersten schottischen und englischen Siedlern auf. Bis 1825 hatten 47 weiße Männer und 73 weiße Frauen in den Stamm eingeheiratet. Sequoya, der berühmte Erfinder des Cherokee-Alphabets, ging aus einer solchen Verbindung hervor. 1828 brachten die Cherokee eine eigene Wochenzeitschrift, den *Cherokee Phoenix*, heraus, und das Analphabetentum war bei ihnen geringer als unter den weißen Siedlern der Region.

Im Gegensatz zu den bekannten *pepper pots* aus Pennsylvania werden für diese Version der Suppe keine Kutteln verwendet, obwohl sie vielleicht gelegentlich durchaus hinzugefügt wurden. Außerdem sind die Zubereitungen der Cherokee in der Regel nicht sehr kräftig oder scharf gewürzt. So enthält diese Suppe auch keine Pfeffer-, sondern eine Paprikaschote.

GEMÜSESUPPE MIT FLEISCH NACH ART DER CHEROKEE

Fleisch und Zwiebeln mit dem Wasser in einen großen, schweren Topf geben. Alles zugedeckt bei hoher Temperatur zum Kochen bringen und dann bei niedriger Temperatur 3 Stunden leise köcheln lassen. Das Fleisch herausnehmen und abkühlen lassen, von den Knochen lösen und zurück in den Topf geben. Das übrige Gemüse zugeben. Die Suppe mit halb aufgelegtem Deckel weitere 1½ Stunden leise köcheln lassen. Mit Salz, Pfeffer und Ketchup nach Geschmack würzen.

Für 4–6 Personen

Die Topinamburs abbürsten. In etwa 5 mm dicke Scheiben schneiden und 1 Minute in kochendem Wasser blanchieren. Abgießen und beiseite stellen.

Die restlichen Zutaten in einen Topf geben und alles einmal aufkochen lassen. Die Topinamburscheiben mit der Marinade übergießen und einige Stunden im Kühlschrank ziehen lassen. Als Beilage oder, auf grünen Salatblättern angerichtet, als Vorspeise reichen.

Für 6 Personen

TOPINAMBUR NACH ART DER CHEROKEE

Der Topinambur, auch Jerusalem- oder Erdartischocke genannt, ist ein einheimisches nordamerikanisches Gewächs und seit langem bei den Indianern als Nahrungspflanze bekannt und beliebt. Die ausdauernde Verwandte der Sonnenblume wird bis zu 3 Meter hoch und treibt gelbe, gänseblümchenartige Blüten von ungefähr 5 Zentimetern Durchmesser. Ihre breiten, rauhen Blätter und behaarten Stengel sind unverwechselbare Kennzeichen. Im ganzen Land werden die Knollen im Herbst nach Einsetzen der ersten Fröste ausgegraben und roh gegessen oder auch auf verschiedene Arten warm zubereitet.

Die Cherokee verarbeiten *gu-ge*, wie der Topinambur bei ihnen heißt, in ihrem beeindruckenden Repertoire pikanter Relishes und Pickles, anderer Konserven und Gelees. Die hier vorgestellte Zubereitung muß im Kühlschrank aufbewahrt und innerhalb von ein bis zwei Wochen aufgebraucht werden.

500 g Topinamburs
120 ml Apfelessig
4 EL Honig
½ TL Senfkörner
¼ TL Dillsamen
1 EL gehackter frischer Dill
Salz nach Geschmack
Salatblätter zum Servieren

4–5 frische Maiskolben
3 EL Mehl
3 Eier, verquirlt
1 EL Zucker
1 TL Salz
¼ TL frisch gemahlener Pfeffer (nach Geschmack)
1 Prise gemahlener Piment oder Fieberbuschbeeren
2 EL Butter
450 ml Milch

MAISPUDDING DER CREEK

Hernando de Soto war der erste Weiße, der weite Teile des Südostens Nordamerikas bereiste, und von ihm sind auch die ersten Berichte über die Vielzahl von Maissorten überliefert, die die Indianer damals anbauten. Viele Stämme feierten jährlich das Grünmaisfest. Bei den Creek hieß es *boskita*. Es war ein Erntedankfest und wurde zugleich als Neubeginn verstanden, ähnlich wie unser Neujahrsfest. Zu diesem Anlaß fegten die Creek den Hauptplatz ihrer Dörfer, räumten ihre Häuser auf und gingen zu ihren Nachbarn, um alte Streitigkeiten beizulegen. Sie löschten die alten Feuer und zündeten neue an, und sie veranstalteten ein Festmahl mit grünem Mais, der die Ergiebigkeit der neuen Ernte versinnbildlichte.

Gegessen wurden die unreifen Kolben mehrerer Sorten, die dem heutigen Futtermais ähnelten. Dagegen stammt der frische Mais, der bei uns auf den Tisch kommt, zumeist von den reifen Kolben des Zuckermaises.

Die Reihen von Maiskörnern mit einem scharfen Messer in Längsrichtung aufschlitzen. Mit dem Messerrücken von oben nach unten über die Kolben streichen, um das Fruchtfleisch herauszudrücken. Benötigt werden etwa 450 ml Fruchtfleisch.

Den Backofen auf 165 °C vorheizen. Mais und Mehl in einer großen Schüssel vermischen. Die Eier und Gewürze gründlich unterrühren. In einem Topf bei mittlerer Temperatur die Butter in der Milch schmelzen. Die heiße Milch mit dem Schneebesen in die Maismischung einrühren. Die Masse in eine gebutterte ofenfeste 2-Liter-Form gießen. In einen Bräter mit heißem Wasser setzen und für 50–60 Minuten in den Ofen schieben, bis die Masse fest geworden ist. Den Pudding als Beilage zu Fleisch oder zusammen mit einem Salat als Hauptgericht servieren.

Für 6 Personen

MAISPUFFER

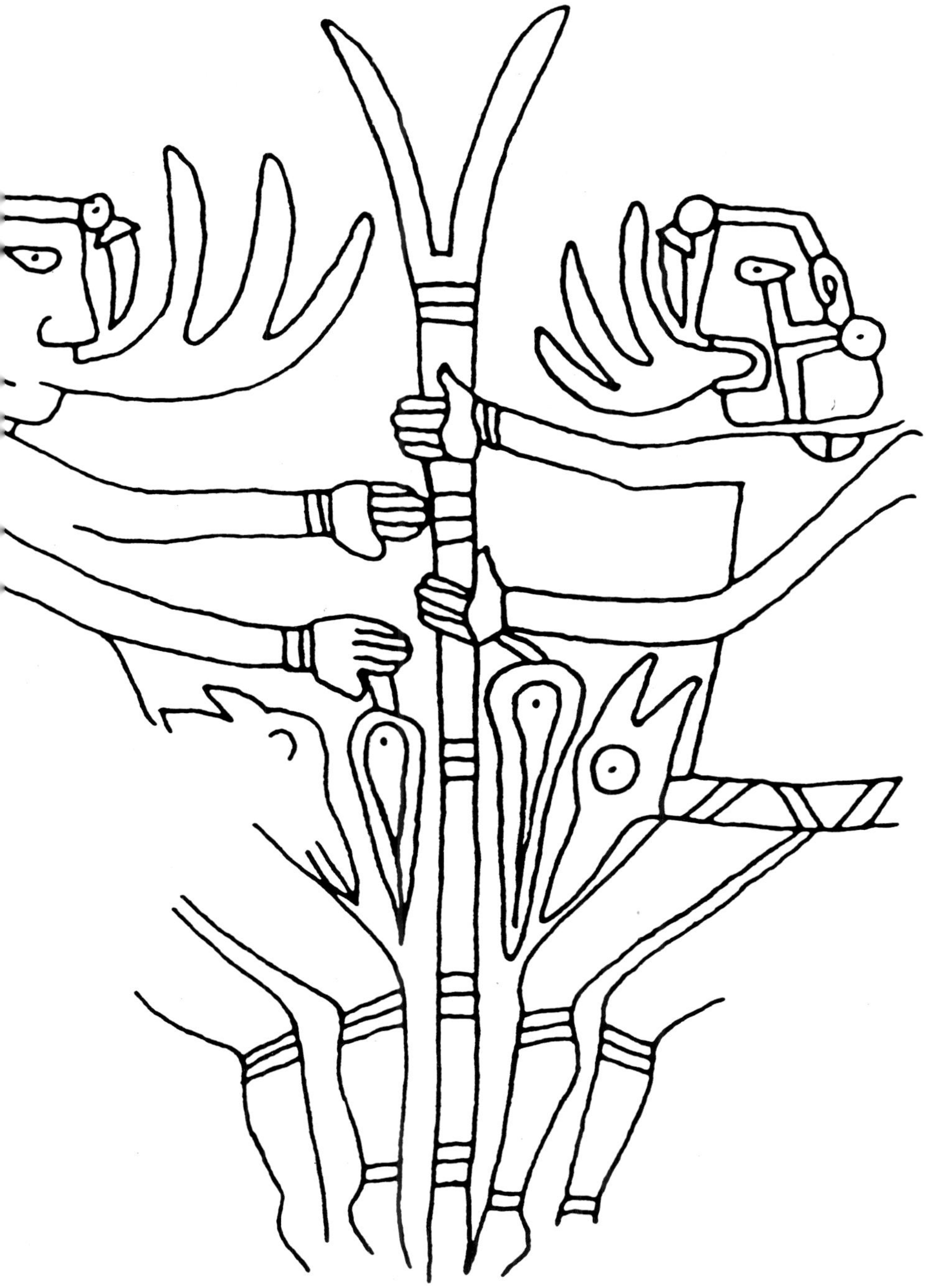

Maismehl, Backpulver und Salz in einer Schüssel vermengen. Das Wasser und 3 Eßlöffel zerlassenes Schmalz einrühren. In einer großen schweren Pfanne oder einer beschichteten Pfanne so viel vom restlichen Schmalz erhitzen, daß der Boden gerade mit Fett überzogen ist. Den Maisteig eßlöffelweise in die Pfanne geben. Die Puffer bei mittlerer Temperatur von beiden Seiten braten, bis sie schön goldbraun sind. Heiß servieren.

Ergibt 8–10 Puffer

180 g Maismehl
1 1/2 TL Backpulver
1/2 TL Salz (nach Geschmack)
170 ml Wasser oder Milch
5 EL Schweineschmalz, Sonnenblumenöl oder Maiskeimöl

Kleine Fladen oder Puffer aus Maismehl waren bei den meisten östlichen Indianerstämmen fester Bestandteil der täglichen Ernährung. Im Südosten nehmen diese Maispuffer eine Favoritenrolle ein. Früher wurden sie oft im Lagerfeuer auf Steinen zubereitet, doch mit Einführung der Eisenpfanne setzte sich das Braten in Schmalz durch. Modernere Rezepte verwenden eher Milch, doch fanden wir die mit Wasser bereiteten Maispuffer sehr schmackhaft, besonders, wenn man sie heiß mit Butter ißt.

2–3 EL Schweineschmalz, Butter oder Sonnenblumenöl
500 g gekochtes Hominy, abgetropft
2 Frühlingszwiebeln, in feine Scheiben geschnitten
4 Eier, verquirlt
Salz und frisch gemahlener Pfeffer

Hominy, ob ganz oder für Grütze zerkleinert, ist im gesamten Süden der Vereinigten Staaten aus der Küche nicht wegzudenken. Bei den Indianerstämmen im Südosten wird es geschmort, gebraten, in Puddings, zu Omeletts oder auch zu *gy-no-he-nv* (Natchez) oder *gy-no-tle-nv* (Cherokee) verarbeitet, einem Getränk, das traditionsgemäß serviert wird, wenn Freunde vorbeischauen.

HOMINY-OMELETT

Verwenden Sie eine schwere Eisenpfanne oder eine beschichtete Pfanne mit etwa 25 cm Durchmesser. Das Schmalz darin bei mittlerer Temperatur erhitzen. Das Hominy und die Frühlingszwiebeln unter häufigem Rühren leicht anbräunen. Die Eier hinzugießen, salzen und pfeffern. Einmal umrühren und dann die Masse stocken und leicht bräunen lassen. Das Omelett mit einem Spatel wenden und auf der zweiten Seite ebenfalls goldgelb braten. Mit geräuchertem Bauchspeck und ungesüßten Plätzchen oder Maisbrot schmeckt das Omelett gut zum Frühstück oder Brunch; kombiniert mit einem Brunnenkressesalat (Rezept S. 66), ergibt es ein herzhaftes Abendessen.

Für 4 Personen

GRÜNE BOHNEN MIT SPECK

450 g getrocknete grüne Bohnen
1½ l Wasser
120 g fetter Speck, ohne Schwarte, in Würfel geschnitten
Salz und frisch gemahlener Pfeffer

Für dieses beliebte Wintergericht benötigt man getrocknete ganze grüne Bohnen. Zarte junge Bohnen werden im Sommer geerntet. Die Enden werden abgebrochen, die Bohnen auf einen kräftigen Faden gezogen und an einem sonnigen Platz zwei Monate getrocknet. Sie sehen aus wie Kniehosen auf der Wäscheleine. Anschließend werden die getrockneten Bohnen als Wintervorrat in Körben gelagert.

Die Bohnen gründlich abspülen. Mit dem Wasser in einen großen, schweren Topf geben und 1 Stunde einweichen. Den Speck hinzufügen und alles bei hoher Temperatur zum Kochen bringen. Anschließend bei niedriger Temperatur 3 Stunden unter gelegentlichem Rühren köcheln lassen, bis die Bohnen weich sind. Damit sie nicht anbrennen, eventuell weiteres Wasser hinzufügen. Das Gericht nach Geschmack salzen und pfeffern. Gut passen dazu Maispuffer (Rezept S. 25), Maisküchlein nach Art der Chippewa (Rezept S. 74) oder Hackenbrot (Rezept S. 73).

Für 4–6 Personen

GEMÜSEEINTOPF NACH ART DER CHEROKEE

Dieses Gericht enthält, wie die sehr ähnliche provenzalische Ratatouille, die Fülle dessen, was im Sommer im Gemüsegarten gedeiht. Etwas Honig und Essig verleihen dem Gemüse eine süß-saure Note, die an eine andere mediterrane Verwandte, die italienische Caponata, erinnert.

500 g Auberginen, in Scheiben geschnitten
500 g Zucchini, in Scheiben geschnitten
500 g reife Tomaten, enthäutet und entkernt
500 g Paprikaschoten, entkernt und in Streifen geschnitten
500 g Zwiebeln, geschält und in Scheiben geschnitten
1 Knoblauchzehe, gehackt
3 EL Sonnenblumenöl
3 EL Essig oder Zitronensaft
2 TL Honig oder Zucker
1½ TL Salz
½ TL frisch gemahlener Pfeffer
1–2 TL Chilisauce oder
1–2 EL gehackter frischer Dill

In einer großen Schüssel das Gemüse mit Knoblauch, Öl, Essig und Honig vermischen. Das Ganze in einen schweren Topf füllen. Salzen, pfeffern und mit der Chilisauce oder dem Dill würzen.

Bei hoher Temperatur erhitzen, bis das Öl richtig heiß geworden ist. Einen Deckel auflegen und das Gemüse bei mittlerer bis niedriger Temperatur etwa 1 Stunde schmoren, bis es gar ist. Heiß oder kalt servieren.

Für 6–8 Personen

MAISPLÄTZCHEN DER NATCHEZ

Als die Franzosen im 16. Jahrhundert erstmals nach Louisiana kamen, trafen sie auf die Natchez, einen der höchstorganisierten Stämme am unteren Mississippi. Ihr großes Dorf am Hochufer über dem Fluß war der Sitz der »Großen Sonne«, eines Herrschers mit absoluten Machtbefugnissen, der auf alle Aspekte des Lebens seiner Untertanen Einfluß nehmen konnte. Die Klasse der »Edlen« stellte die Krieger des Stammes, und die »Gemeinen« oder »Stinkenden« – beides von den Franzosen geprägte Begriffe – bestellten die Felder und trugen als Sammler und Jäger zur Ernährung des Stammes bei. Die Natchez bauten Kürbisse, Squash, Melonen und Tabak an, ihre wichtigste Feldfrucht und Grundlage der meisten ihrer Gerichte aber war der Mais. Im Jahr 1730 zerstörten französische Truppen zusammen mit verbündeten Choctaw die Dörfer der Natchez. Die Überlebenden fanden bei anderen Stämmen Zuflucht. Noch heute leben Abkömmlinge der Natchez im Südosten in kleinen Enklaven unter anderen indianischen Gruppen.

Über die traditionellen Rezepte der Natchez ist nicht viel bekannt, vermutlich aber ähnelte ihre Küche der ihrer Nachbarn. Das nachfolgende Rezept ist typisch für die Stämme dieser Region.

4–5 frische Maiskolben
3 Eier, gründlich verquirlt
2 EL Sahne
2 EL Schnittlauchröllchen oder feine Scheiben von Frühlingszwiebeln
1 TL Salz
3–4 EL Mehl
3–4 EL Schweineschmalz oder Maiskeimöl

Die reihenweise auf den Maiskolben sitzenden Körner mit einem scharfen Messer in Längsrichtung aufschlitzen. Mit dem Messerrücken von oben nach unten das Fruchtfleisch und die Körner abkratzen. Es muß etwa 500 ml ergeben.

Mais, Eier, Sahne, Schnittlauch und Salz in einer Schüssel vermischen. So viel Mehl daruntermengen, daß man einen dickflüssigen Backteig erhält.

In einer schweren Pfanne 2 Eßlöffel Schmalz erhitzen. Den Teig eßlöffelweise hineingeben und die Plätzchen von beiden Seiten je 1–2 Minuten braten, bis sie schön gebräunt sind. Nach Bedarf weiteres Fett in die Pfanne geben.

Ergibt 10–12 Plätzchen

Die Indianer kultivieren und trocknen viele Bohnenarten. Im Südosten besonders beliebt sind weiße, Augen-, Pinto-, Lima- und schwarze Bohnen. Anders als die grünen Bohnen, die noch zart sind, wenn man sie zum Trocknen erntet, werden diese Arten erst geerntet, wenn die Kerne hart sind. Dann werden die Bohnen in einer großen Pfanne über einem kleinen Feuer oder im Ofen bei niedriger Temperatur 10–15 Minuten getrocknet. Der Vorgang ist beendet, wenn sie, in der Hand zusammengedrückt, nicht mehr aneinanderkleben. Anschließend werden die Bohnen in einem Korb oder einer Schüssel, mit einem sauberen Tuch bedeckt, an einen warmen, trockenen und luftigen Platz gestellt. Jeden Tag werden sie sorgfältig durchgemischt, bis nach etwa zwei Wochen kein Anzeichen von Feuchtigkeit mehr festzustellen ist. Jetzt können sie in gut, aber nicht luftdicht verschlossenen Behältern aufbewahrt werden.

Küchlein aus Bohnen kommen in vielfältigen Variationen in der indianischen Küche immer wieder vor. Sie schmecken köstlich, heiß mit geräuchertem Bauchspeck gegessen, und sind ein nahrhafter Proviant für unterwegs. Man kann sie auch, ohne Frühlingszwiebeln zubereitet, mit Ahornsirup servieren.

BOHNENKÜCHLEIN

250 g getrocknete schwarze oder weiße Bohnen
180 g Maismehl
180 ml Milch oder Wasser
2 Eier, verquirlt
2 TL Salz
2 Frühlingszwiebeln, in feine Scheiben geschnitten
2–3 EL Schweineschmalz oder Sonnenblumenöl

Die Bohnen über Nacht in kaltem Wasser einweichen. Abgießen, abspülen und in einem großen Topf mit frischem Wasser bedecken. Bei mittlerer Temperatur etwa 1½ Stunden kochen, bis die Bohnen weich sind. Abgießen und beiseite stellen.

In einer Schüssel das Maismehl mit der Milch, den Eiern und dem Salz vermischen. Bohnen und Frühlingszwiebeln daruntermengen. Aus der Masse 5–8 cm große Küchlein formen.

Das Schmalz in einer großen schweren Pfanne erhitzen. Die Küchlein bei mittlerer Temperatur von beiden Seiten 1–2 Minuten braten, bis sie goldbraun sind. Heiß oder zimmerwarm servieren.

Ergibt 10–12 Küchlein

Wie so viele andere Früchte und Gemüse wurde die Tomate zuerst von den Indianern in Peru kultiviert, bevor sie in den Norden Amerikas gelangte. In Mexiko stießen die spanischen Eroberer auf die weitläufigen Tomatenpflanzungen der Azteken und nahmen Samen mit nach Europa. Als Ziergewächs konnte sich die Tomate dort bald durchsetzen, Zugang in die Küche fand sie indes erst später. Ähnlich erging es ihr in der Neuen Welt, wo sie sich in manchen Gebieten erst nach dem Bürgerkrieg etablieren konnte. Wann die Indianerstämme nördlich von Mexiko begannen, Tomaten zu essen, ist nicht genau bekannt. Im Südosten dagegen findet diese vielseitige Frucht nachweislich schon lange in der indianischen Küche Verwendung.

Besonders hat uns dieses Rezept für Tomatenpuffer gefallen, wobei wir uns einfach nicht entscheiden können, ob sie uns mit oder ohne Frühlingszwiebeln besser schmecken.

TOMATENPUFFER

400 g geschälte, entkernte und gewürfelte grüne oder reife Tomaten
Salz und frisch gemahlener Pfeffer
125 g Maismehl
Schweineschmalz oder Maiskeimöl zum Braten

Die Tomaten in eine Schüssel geben. Salzen und pfeffern und das Maismehl untermischen. Aus der Masse acht Fladen formen.

In einer großen Pfanne Schmalz bei mittlerer bis hoher Temperatur erhitzen. Die Puffer von beiden Seiten jeweils 2–3 Minuten braten, bis sie schön gebräunt sind.

ANMERKUNG: Eine interessante Variante der Tomatenpuffer erhalten Sie, wenn Sie zusätzlich 2 in feine Scheiben geschnittene Frühlingszwiebeln hinzufügen.

Ergibt 8–10 Puffer

SÜSSKARTOFFEL-KÜCHLEIN DER CATAWBA

2 große Süßkartoffeln, gekocht und geschält
2 Eier
60 g Mehl
1 TL Salz
¼ TL gemahlener Piment oder Fieberbuschbeeren
2–3 EL Schweineschmalz oder Pflanzenöl

Die Süßkartoffeln in einer Schüssel zerdrücken. Eier, Mehl und Gewürze daruntermischen.

Das Schmalz in einer großen schweren Pfanne erhitzen. Den Teig mit einem großen Löffel portionsweise ins heiße Fett geben. Die Küchlein auf einer Seite bräunen. Mit einem Spatel wenden, flach drücken und von der zweiten Seite fertigbraten. Heiß mit Butter oder Honig servieren.

Ergibt 10–12 Küchlein

Die Catawba aus der Sioux-Sprachfamilie waren ein mächtiger Stamm im Südosten der Vereinigten Staaten, bestehend aus den eigentlichen Catawba und den Iswa. Sie lebten vom Ackerbau und pflanzten Kartoffeln, Bohnen, Squash und Mais. Den europäischen Siedlern waren sie freundlich gesinnt, gegen ihre nördlichen Nachbarn aber, die Shawnee, Delaware und Irokesen, fochten sie erbitterte Kämpfe. Durch Kriege und Pocken wurden sie stark dezimiert. Heute lebt nur noch eine kleine Gruppe in South Carolina.

MÖHRENBROT

450 g Möhren, geputzt und geraspelt
280 ml Milch
150 g Mehl
150 g Maismehl
1½ TL Backpulver
2 Eier, verquirlt
2 EL geschmolzene Butter oder Schweineschmalz
120 ml Honig
60 g getrocknete Blaubeeren oder Rosinen

Die Frauen der »Fünf zivilisierten Nationen« sind von jeher kundige Gärtnerinnen und Sammlerinnen. Seit vielen Generationen gewährleisten sie mit den Erzeugnissen aus ihren gepflegten Gärten und mit in der freien Natur gesammelten Nüssen, Beeren und anderen wildwachsenden Pflanzen eine gesunde und abwechslungsreiche Kost für ihre Familie. Sie haben verschiedene reizvolle Maisbrotvariationen entwickelt, indem sie die traditionellen Zutaten mit Gemüse wie Möhren oder Süßkartoffeln und dazu mit Honig, getrockneten Beeren und Früchten anreicherten. Die nahrhaften, saftigen Brote ähneln eher einem Kuchen. Dieses Möhrenbrot schmeckt wundervoll, wenn man es warm mit Butter ißt, kann aber auch ein köstlicher Nachtisch sein.

Den Backofen auf 190 °C vorheizen. Die Möhren mit der Milch in einen Topf geben und zum Kochen bringen. Anschließend bei verminderter Hitze 5 Minuten köcheln lassen, dabei gelegentlich rühren. Vom Herd nehmen und abkühlen lassen.

In einer Schüssel Mehl, Maismehl, Backpulver, Eier, Butter und Honig vermischen. Die getrockneten Blaubeeren oder Rosinen und die Möhren mit der Milch einrühren. Eine Kastenform von etwa 12 × 22 cm mit Butter ausstreichen. Den Teig hineingeben. Das Brot 60–70 Minuten backen, bis an einem hineingestochenen Messer beim Herausziehen keine Teigreste mehr haftenbleiben.

Für 6–8 Personen

Die Maishüllblätter etwa 10 Minuten in Wasser kochen, abgießen und beiseite legen. In einer Schüssel Maismehl, Natron und Wasser verrühren. Die Augenbohnen daruntermischen. Aus etwa 4 Eßlöffeln Teig eine Kugel formen und auf ein Maishüllblatt legen. Ein Blattende darüberfalten, danach die beiden Seitenränder und zuletzt das andere Blattende, so daß man ein viereckiges Päckchen erhält. Mit einem schmalen Maisblattstreifen zusammenbinden.

Auf diese Weise den gesamten Teig verarbeiten. Die Päckchen 45–50 Minuten in kochendem Wasser garen. Die Blätter entfernen und die Brötchen servieren – gut schmecken sie mit Butter und Salz. Falls sie nicht gleich benötigt werden, läßt man sie in den Blättern und bewahrt sie im Kühlschrank auf. Vor dem Servieren etwa 10 Minuten in kochendem Wasser oder über Dampf wieder erwärmen.

Ergibt 8 Maisbrötchen

MAISBRÖTCHEN IM HÜLLBLATT

Dieses traditionelle Rezept überließ uns Martha Ferguson vom Choctaw Museum in Philadelphia, Mississippi. Sie erinnert sich noch, wie ihre Großmutter, Viola Johnson, die Maisbrötchen – oder *Bu-na-ha* – vor Festen, insbesondere Hochzeiten, zubereitete. Mrs. Johnson legte großen Wert darauf, das Rezept genau so wiederzugeben, wie es in ihrer Familie überliefert ist. Bei anderen alten Rezepten wird anstelle von Natron Hartholzasche verwendet.

Näheres über diese Maisbrötchen – auch »Shuck Bread« genannt – ist in *Old Trace Cooking* nachzulesen, einem faszinierenden Kochbuch über die regionale Küche, das von Mrs. Gladiola B. Harris verfaßt wurde und im Choctaw Museum verkauft wird. Es enthält Rezepte für Maisbrötchen, wie sie die Choctaw kennen – bei ihnen heißen sie *Bu-na-ha* –, und für die ganz ähnlichen *Bah-na-ha* der Chickasaw. Der Maisteig kann mit halbgar gekochten Augenbohnen, Süßkartoffel- oder Kürbiswürfeln angereichert, aber auch ohne Zusätze zubereitet werden. Die Päckchen werden entweder in kochendes Wasser gegeben oder unter die Kohlen und die Asche der Kochstelle geschoben. Mrs. Harris reicht dazu Butter, während mitunter auch zerlassenes Schweineschmalz empfohlen wird.

8 frische oder getrocknete Maishüllblätter
250 g weißes Maismehl
1 TL Natron
¹/₄ l kochendes Wasser
150 g halbgar gekochte Augenbohnen
Butter und Salz zum Servieren (nach Geschmack)

EICHELPLÄTZCHEN DER CHOCTAW

Wie viele andere nordamerikanische Stämme sammeln auch die Choctaw Eicheln. Die Ernte beginnt, sobald die Schalen sich braun färben und die ersten Eicheln von den Bäumen fallen. Man schält sie wie andere Nüsse auch. Manche Eichelsorten, wie die der Weißeiche, schmecken sogar roh. Andere enthalten einen Gerbstoff, der erst aus den Eicheln herausgezogen werden muß, um sie genießbar zu machen.

Die bei den Choctaw übliche Methode besteht darin, die frisch geschälten Eicheln mit Wasser zu bedecken und 30 Minuten zu kochen. Man gießt sie ab und erneuert das Wasser. Dieser Schritt wird mindestens dreimal wiederholt, bis das Kochwasser die Farbe von sehr leichtem Tee hat und nicht mehr bitter schmeckt. Danach werden die Eicheln an der Sonne oder im Ofen bei niedriger Temperatur – höchstens 65 °C – getrocknet. Jetzt können sie in einer Getreidemühle zu feinem Mehl für Brot oder zu gröberem Mehl gemahlen werden, wie es dieses Rezept verlangt.

100 g grobes Eichelmehl
(siehe Einleitungstext)
60 g Weizenvollkornmehl
1½ TL Backpulver
¼ TL Salz (nach Geschmack)
2 EL Schweineschmalz,
gekühlt, oder jeweils
1 EL Butter und Pflanzenfett,
ebenfalls beides gekühlt
Etwa 3 EL Milch
Gelee zum Servieren

Den Backofen auf 200 °C vorheizen. Die beiden Mehlsorten mit dem Backpulver und dem Salz in einer Schüssel vermischen. Das Schmalz mit den Fingerspitzen oder dem Handrührgerät einarbeiten, bis sich feine Streusel bilden. Die Milch einrühren. Den Teig auf eine leicht bemehlte Arbeitsfläche geben und 12 mm dick ausrollen. Kreise mit einem Durchmesser von etwa 4 cm ausstechen. Die Ofentemperatur auf 190 °C herunterschalten. Die Plätzchen auf ein gefettetes Backblech geben und in 12–15 Minuten goldgelb backen. Mit Gelee servieren.

Ergibt 10–12 Plätzchen

FLUSSKREBS-EINTOPF NACH ART DER CHOCTAW

Im *Picayune Creole Cookbook* findet sich in der Ausgabe von 1929 eine interessante Erklärung zum Ursprung der Gumbos, jener berühmten Eintöpfe der kreolischen Küche: »Filé, ein Pulver aus den jungen, zarten Blättern des Sassafrasbaums, wurde erstmals von den Choctaw-Indianern in Louisiana hergestellt. Die Squaws sammelten die Blätter und breiteten sie auf einem Steinmörser zum Trocknen aus. Wenn sie richtig gedörrt waren, zerrieben sie sie zu einem feinen Pulver, das sie durch ein Haarsieb strichen. Dann brachten sie das Filé-Pulver von ihrem Reservat, das ihnen am Bayou Lacombe bei Mandeville in Louisiana als Heimat zugewiesen worden war, zweimal in der Woche nach New Orleans, um es auf dem berühmten französischen Markt zu verkaufen. Die Indianer verwendeten Sassafras für viele verschiedene medizinische Zwecke, und die Kreolen, die allem Neuen gegenüber sehr aufgeschlossen waren, erkannten die Verwendungsmöglichkeiten des Sassafraspulvers – oder Filé – und ersannen das bekannte Gericht namens Gumbo Filé.«

Mit der Anerkennung der Choctaw als Erfinder des Filé war das *Picayune* schon auf dem richtigen Weg, doch hätte es unserer Ansicht nach noch etwas weiter gehen und ihnen auch die Erfindung des Gumbo und generell die Verwendung von Sassafraspulver in der Küche zuschreiben sollen. Wären die Choctaw nicht mit ihrem Beispiel vorangegangen, hätten wohl nicht einmal die entdeckungsfreudigen Kreolen ein Mittel zum Andicken ihrer Eintöpfe zur Verfügung gehabt.

4 EL Sonnenblumenöl oder Schweineschmalz
120 g in Scheiben geschnittene Frühlingszwiebeln
60 g gehackte Paprikaschoten
1 Stange Bleichsellerie, in Scheiben geschnitten
½ TL Dillsamen
450 g Topinamburs, gebürstet und in feine Scheiben geschnitten
250 g Maiskörner
1 TL gehackte rote Chilischote oder Louisiana Hot Pepper Sauce nach Geschmack
1200 ml Wasser
700 g lebende Flußkrebse, sorgfältig abgespült
2–3 TL Filé-Pulver (siehe Einleitungstext)
Salz nach Geschmack
1 EL gehackte frische Petersilie oder Dill

In einem großen Topf Salzwasser zum Kochen bringen. Die Krebse, mit dem Kopf vorweg, hineingeben und im sprudelnd kochenden Wasser 3–4 Minuten garen. Aus dem Topf heben und abtropfen lassen.

Das Öl in einer großen, schweren Pfanne mit hohem Rand oder einem flachen Bratentopf erhitzen. Frühlingszwiebeln, Paprika, Sellerie und Dillsamen hinzufügen und bei mittlerer bis niedriger Temperatur in etwa 8 Minuten zart bräunen, dabei häufig rühren. Topinamburs, Mais und Chilischote dazugeben. Alles bei mittlerer bis hoher Temperatur kurz braten. Das Wasser hinzugießen und zum Kochen bringen. Die Temperatur verringern und alles etwa 10 Minuten leise köcheln lassen, bis die Topinamburs knapp gar sind. Die Krebse dazugeben, dann langsam das Filé-Pulver in den kochenden Eintopf einrühren. Vom Herd nehmen und zugedeckt 5 Minuten ruhen lassen. Nach Geschmack salzen. Mit gehackter Petersilie oder Dill bestreuen und gleich servieren. Die Krebse werden mit den Fingern gegessen, für den Eintopf legen Sie Löffel auf. Das Gericht nicht wieder aufwärmen, da sonst das Filé Fäden zieht.

Für 4–6 Personen

Dieses Rezept für Filé-Gumbo stammt von Zoeanna Varret von der Houma Nation in Dulac, Louisiana. Seit Jahrhunderten verwenden die Stämme in Louisiana und Mississippi getrocknete und gemahlene Sassafrasblätter zum Andicken und Würzen ihrer Suppen und Eintöpfe. Dieses sogenannte Filé-Pulver, dazu die aus Mexiko und Westindien eingeführten Chilischoten und die französische Roux, eine Mehlschwitze, bilden die Grundlage der berühmten Gumbos der kreolischen und Cajun-Küche. Die Gumbos der Houma werden ohne Mehlschwitze zubereitet und sind meist leichter und weniger herzhaft als die anderen Versionen dieses Eintopfes. Laut Mrs. Varret kann ein Houma-Gumbo auch Krabben, Shrimps und geräucherte Wurst enthalten. Sie selbst mag keine stark gewürzten Speisen, doch geben manche Köche der Houma einen kräftigen Schuß Louisiana Hot Pepper Sauce an ihre Gumbos.

FILÉ-GUMBO MIT HUHN NACH ART DER HOUMA

1 Huhn (1500–1800 g), in Portionsstücke geteilt
Salz und frisch gemahlener Pfeffer
100 ml Pflanzenöl
2 große Zwiebeln, gehackt
1 grüne Paprikaschote, gehackt
1 l Wasser
1½ TL Filé-Pulver
Louisiana Hot Pepper Sauce nach Geschmack

Die Hühnerteile abspülen und trockentupfen. Salzen und pfeffern und beiseite legen. Das Öl in einem großen, schweren Topf bei mittlerer Temperatur erhitzen. Zwiebeln und Paprikaschote unter häufigem Rühren 10–12 Minuten dünsten, bis sie kräftig gebräunt sind. Das Öl bis auf etwa 1 Eßlöffel abgießen. Die Hühnerteile in den Topf geben und 12–15 Minuten von allen Seiten kräftig anbräunen. Falls sie dabei ansetzen, ein wenig Wasser dazugeben und den Bratensatz mit einem Spatel losrühren. Wenn das Fleisch schön gebräunt ist, das restliche Wasser angießen. Das Huhn bei mittlerer bis niedriger Temperatur weitere 20–30 Minuten leise köchelnd garen, bis es durch und durch zart ist. Das Filé-Pulver einrühren und den Topf vom Herd nehmen. Zugedeckt 5 Minuten ruhen lassen. Den Gumbo mit Salz, Pfeffer und nach Belieben mit Louisiana Hot Pepper Sauce würzen. Mit Reis servieren.

Für 4–6 Personen

KANINCHEN-EINTOPF NACH ART DER CHEROKEE

1 Kaninchen (1500–1800 g), küchenfertig vorbereitet und in Portionsstücke geteilt (ersatzweise 1 Huhn gleichen Gewichts)
Salz und frisch gemahlener Pfeffer
Cayennepfeffer (nach Geschmack)
4 Scheiben geräucherter Bauchspeck, gewürfelt
1½ l Hühnerbrühe oder Wasser
2 Zwiebeln, geschält und geviertelt
2 große rote Kartoffeln, kräftig abgebürstet und mit der Schale gewürfelt
1 Knoblauchzehe, gehackt
1 Lorbeerblatt
½ TL getrockneter Oregano oder Thymian (nach Geschmack)
280 g frische Lima-Bohnen
280 g frische Maiskörner
3 reife Tomaten, geviertelt
2 EL gehackte frische Petersilie

Nach altem Brauch der Algonkin und Irokesen hing auch bei den Powhatan, Chicahominy und Cherokee stets ein Kessel mit Suppe oder Eintopf über dem Feuer für den Fall, daß überraschend Gäste kamen. Ein beliebtes Rezept kombinierte Wild – meist Eichhörnchen, Kaninchen oder Truthahn – mit Mais, Bohnen und Tomaten. Genau wie bei den köstlichen Suppen, die die Frauen der französischen Siedler kochten, richteten sich jedoch auch bei diesen traditionellen Eintöpfen die Zutaten letzten Endes danach, welche Reste es zu verwerten gab.

Uns sagte dieser Eintopf der Cherokee besonders zu, bei dem die Kaninchenteile in Schweineschmalz angebräunt werden, bevor man die Brühe und das Gemüse hinzufügt. Andere traditionelle indianische Rezepte verzichten dagegen auf diesen Schritt.

Die Kaninchenteile trockentupfen. Mit Salz, Pfeffer und Cayennepfeffer würzen. Den Speck in einem großen, schweren Topf bei mittlerer bis niedriger Temperatur auslassen. Wenn das gesamte Fett ausgebraten ist, den Speck herausnehmen und beiseite legen.

Die Kaninchenteile bei mittlerer bis hoher Temperatur im heißen Fett ringsum etwa 10 Minuten leicht bräunen. Die Brühe hinzugießen, einmal aufkochen und dann 15 Minuten leise köcheln lassen. (Wenn Sie auf das Anbraten verzichten, lassen Sie alles zusammen 30 Minuten leise köcheln.) Den ausgebratenen Speck und die übrigen Zutaten mit Ausnahme der Petersilie hinzufügen. Den Eintopf 30–40 Minuten leise köcheln lassen, bis Fleisch und Gemüse gar sind. Mit Salz und Pfeffer abschmecken, mit der Petersilie bestreuen und servieren.

Für 4–6 Personen
(Abbildung S. 13)

Die Bitterorange – oder Pomeranze – gelangte im 16. Jahrhundert mit den Spaniern nach Florida. Es dauerte nicht lange, bis sich die Köche der Seminolen und Creek, die schon damals frischen Fisch mit Trauben und anderen einheimischen Früchten füllten, den exotischen Neuzugang zu eigen gemacht hatten.

Noch heute wickeln indianische Köche Speisen, die gedämpft, gekocht oder in der heißen Asche des Lagerfeuers gegart werden sollen, zum Schutz häufig in Weinblätter.

POMPANO MIT ORANGEN-TRAUBEN-FÜLLUNG NACH ART DER SEMINOLEN

2 Pompanos oder Red Snapper à 700–900 g, küchenfertig vorbereitet
¼ TL gemahlener Piment oder Fieberbuschbeeren
Salz und frisch gemahlener Pfeffer
1 kleine Zitrone
2 kleine Orangen, in Scheiben geschnitten
8–10 blaue Trauben, halbiert und entkernt
2 Frühlingszwiebeln, in feine Scheiben geschnitten
2 EL Butter
30 große frische Weinblätter (ersatzweise eingelegte Weinblätter, gewässert)

Den Backofen auf 200 °C vorheizen. Die Fische innen und außen mit den Gewürzen einreiben und, ebenfalls innen und außen, gleichmäßig mit Zitronensaft beträufeln. Die Hälfte der Orangenscheiben, die Trauben und die Frühlingszwiebeln in die Fische geben. Die restlichen Orangenscheiben auf den Fischen verteilen. Butterflöckchen in und auf die Fische geben. Die Fische in zwei bis drei Lagen leicht angefeuchtete Weinblätter einwickeln und mit Küchengarn binden. Einen großen Bräter mit Rosteinsatz und Deckel 2,5 cm hoch mit kochendem Wasser füllen. Die Fische auf den leicht eingeölten Rost legen und zugedeckt für 25–30 Minuten in den Ofen schieben. Sie sind gar, wenn sich das Fleisch an der dicksten Stelle mit einer Gabel mühelos zerteilen läßt. Die Fische auf einem Bett von Weinblättern servieren.

Für 4–6 Personen

GEWÜRZKUCHEN DER SHAWNEE

Der Überlieferung nach schätzte Tenskwatawa, der Prophet und berühmte Medizinmann der Shawnee, diesen Gewürzkuchen ganz besonders. Tenskwatawa war der Bruder von Tecumseh, jenem Häuptling, der die brillante Idee hatte, die Stämme unter einem Anführer zu vereinen, um so das Vordringen der Weißen in indianisches Gebiet zu stoppen. Tecumseh besaß Charisma und Engagement. Er besuchte Stämme von Florida bis zum Quellgebiet des Missouri und konnte sogar ehemalige Feinde überzeugen, seiner Union beizutreten. Unglückseligerweise machte der Prophet am 7. November 1811 Tecumsehs Pläne zunichte: Während sein Bruder in seiner Mission unterwegs war, startete Tenskwatawa in Tippecanoe, Indiana, einen übereilten Angriff gegen die Truppen von General William Henry Harrison. Die Indianer wurden besiegt und die Union zerschlagen.

Ab dem 18. Jahrhundert waren geräucherter Bauchspeck und fetter Speck fester Bestandteil der indianischen Ernährung, und häufig ersetzte Schweineschmalz das bis dahin zum Kochen benutzte Bärenfett. Zucker und Gewürze wie Nelken und Muskatnuß wurden ebenfalls verwendet, obgleich letztere nicht billig waren. Wir ziehen die moderne Version dieses Rezepts mit Pflanzenfett und Milch vor.

400 g Zucker
180 g Pflanzenfett oder Schweineschmalz
450 ml Milch oder Wasser
130 g getrocknete, entkernte wilde Trauben oder Rosinen
1 TL gemahlener Piment oder Fieberbuschbeeren
1 TL gemahlene Gewürznelken
1 TL gemahlene Muskatnuß
½ TL Salz
450 g Mehl
2 TL Backpulver
1 TL Natron
120 g gehackte Pecan- oder Walnüsse

Zucker und Pflanzenfett in einem großen, schweren Topf erhitzen und dabei rühren, bis der Zucker geschmolzen ist. Milch, Rosinen, Gewürze und Salz einrühren. Alles einmal aufkochen, dann vom Herd nehmen und abkühlen lassen.

Den Backofen auf 175 °C vorheizen. Mehl, Backpulver und Natron in die abgekühlte Milchmischung sieben und alles gründlich vermengen. Die Nüsse daruntermischen. Den Teig in eine gebutterte Springform von etwa 24 cm Durchmesser geben. Den Kuchen etwa 1 Stunde backen. Er ist gar, wenn an einem in die Mitte hineingestochenen Messer beim Herausziehen kein Teig haftenbleibt.

Für 6–8 Personen

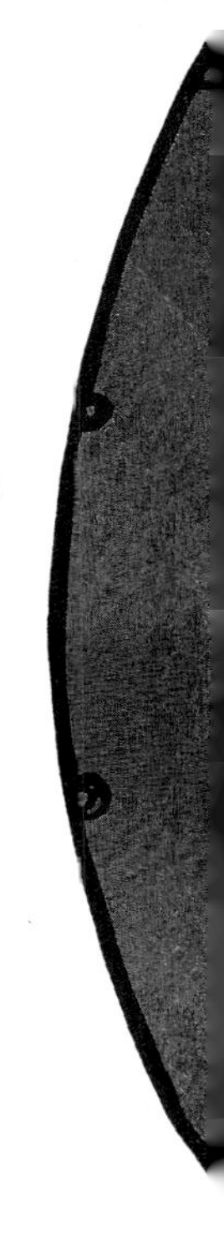

Sorghum ist ein Bartgras mit zuckerhaltigem Stengel. Für die Indianer wie für die ersten weißen Siedler im Südosten der Vereinigten Staaten war der daraus gewonnene Sirup ein beliebtes Süßungsmittel. Er besitzt einen charakteristischen Geschmack, nicht so süß und etwas kräftiger als Zuckerrohrsirup. Doch sind beide Siruparten in vielen Rezepten austauschbar. Wie man früher aus Sorghum – oder Zuckerhirse – Sirup gewonnen hat, ist von Ende September bis Ende Oktober jeden Samstag bei der French Camp Academy in French Camp, Mississippi, zu sehen.

BROTPUDDING MIT SORGHUMSIRUP

500 g Brotwürfel
(etwa 8 Scheiben)
50 g Korinthen
2 Eier, verquirlt
75 ml Sorghumsirup
1 Prise Salz
450 ml Milch

Den Backofen auf 175 °C vorheizen. Eine 20 × 26 cm große Auflaufform mit Brotwürfeln auslegen und die Korinthen darüberstreuen. Eier, Sirup und Salz in einer Schüssel verrühren. Die Milch in einem Topf erhitzen, bis sie beginnt zu sieden, und dann mit den Eiern verrühren. Die Mischung über die Brotwürfel gießen. Die Form in ein Wasserbad setzen und für 1 Stunde in den Ofen stellen, bis die Flüssigkeit weitgehend aufgesogen und der Pudding oben zart gebräunt ist. Warm servieren.

Für 6 Personen

Huckleberries gehören zur gleichen Familie wie Blaubeeren, sind jedoch kleiner und dunkler. Beide Arten waren aus der Ernährung der südöstlichen Stämme nicht wegzudenken: Sie wurden roh gegessen, geschmort, zusammen mit Fleisch gegart und auch in großen Mengen für den Winter getrocknet.

Einige der ersten schottischen und englischen Händler heirateten in bedeutende Cherokee-Familien ein. Ihre Vorliebe für Gebackenes kommt in den Pies, Kuchen und Fruchtaufläufen zum Ausdruck, die die indianische Küche dieser Region bis heute stark prägen.

BLAUBEERKUCHEN NACH ART DER CHEROKEE

100 g Butter, zimmerwarm
100 g Zucker
100 ml Honig
3 Eier, verquirlt
100 ml Milch
180 g Mehl
2 TL Backpulver
1 Messerspitze Salz
1 Tasse frische Blaubeeren oder Huckleberries (ersatzweise auch Tiefkühlware), gut abgetropft und mit 1 EL Mehl gemischt

Den Backofen auf 175 °C vorheizen. Butter, Zucker und Honig in einer Schüssel schaumig schlagen. Eier und Milch gründlich einrühren. Mehl, Backpulver und Salz dazusieben und alles gut vermengen. Die Beeren vorsichtig unter den Teig ziehen. Diesen in eine 12 × 23 cm große Kastenform füllen. Den Kuchen etwa 1 Stunde backen, bis er goldbraun ist und an einem in die Mitte hineingestochenen Messer kein Teig haftenbleibt.

Für 6–8 Personen

Rechte Seite: Brombeerauflauf nach Art der Creek

In den südöstlichen Staaten Nordamerikas wachsen wilde Brombeeren in Hülle und Fülle. Die indianischen Köche haben zur Erntezeit alle Hände voll damit zu tun, Pies und Aufläufe zu backen und aus den zerdrückten Früchten Saft, Gelee und Wein zu bereiten. Brombeeren, Huckleberries und Blaubeeren werden, ebenso wie Trauben, auf Gestellen an der Sonne getrocknet und dann für die kalten Wintermonate eingelagert, wenn eine Schüssel mit dampfenden Fruchtklößchen (Rezept S. 48) ein willkommener Genuß ist.

BROMBEERAUFLAUF NACH ART DER CREEK

75 ml Milch
1 Ei, verquirlt
2 EL zerlassene Butter oder Schweineschmalz
1 TL Backpulver
³/₄ TL Salz
160 g Maismehl
170 ml Honig
600 g frische oder tiefgefrorene Brombeeren

Den Backofen auf 190 °C vorheizen. Milch, Ei, Butter, Backpulver und Salz in einer Schüssel vermischen. Das Maismehl und 110 ml Honig einrühren – es muß sich ein dickflüssiger Teig ergeben. Die Beeren in eine gebutterte Auflaufform geben und den restlichen Honig mit einem Löffel darüberträufeln. Den Teig eßlöffelweise auf den Beeren verteilen. Den Auflauf 30–35 Minuten backen, bis er goldgelb überkrustet ist und die Beeren leise kochen.

Für 6 Personen

Mit wilden Trauben zubereitete »blaue« Klößchen sind bei den »Fünf zivilisierten Nationen« eine beliebte Nachspeise. Im südöstlichen Waldland sieht man überall entlang der Flüsse die Sommer-Weinrebe. Ihre kleinen, dunkelblauen Beeren werden von den Indianern gesammelt und zu Pies, Gelee und vor allem zu »blauen« Klößchen verarbeitet. Die Trauben werden auch als Wintervorrat an den Stielen getrocknet. Bei Bedarf werden sie dann abgezupft, in Wasser gekocht und zerdrückt. Der durchgeseihte Saft ergibt, mit Maismehl eingedickt und mit Honig gesüßt, ein Getränk namens *Oo-Ni-Na-Su-Ga Oo Ga-Me*, oder er wird zu Sirup eingekocht, in dem man Klößchen garziehen läßt. Diese sind nicht so leicht und luftig, wie wir sie kennen, sondern ziemlich fest. Um Klößchen zu erhalten, sticht man den Teig mit einem Löffel ab. Man kann den Teig aber auch ausrollen und in Streifen schneiden. Der Traubensaft läßt sich auch gut durch Blaubeersaft ersetzen.

KLÖSSCHEN IN TRAUBENSAUCE

1 kg frische Sommer-Weinbeeren oder andere blaue Trauben
110 ml Honig
125 g Mehl
1 EL Zucker
2 1/2 TL Backpulver
1/4 TL Salz
1 EL Butter, gekühlt
1 EL Schweineschmalz oder Pflanzenfett, gekühlt
75 ml Milch
Crème double oder Eiscreme (nach Belieben)

Die Trauben in einem großen, flachen Topf mit Wasser bedecken. Einmal aufwallen lassen und dann bei mittlerer Temperatur 6–8 Minuten kochen. Dabei immer wieder rühren und die Früchte mit einem Löffel zerdrücken, um den gesamten Saft zu gewinnen. Den Topfinhalt über einer Schüssel durch ein großes Sieb seihen. Die Schalen nochmals auspressen und dann wegwerfen. Den Saft wieder in den Topf geben. Benötigt werden etwa 900 ml, daher gegebenenfalls Wasser hinzufügen. Den Honig einrühren und den Topf beiseite stellen.

Mehl, Zucker, Backpulver und Salz in einer Schüssel vermischen. Butter und Schmalz hinzufügen und alles mit dem Handrührgerät oder den Fingerspitzen zu einer bröseligen Mischung verarbeiten. Mit einer Gabel langsam die Milch einrühren, so daß man einen weichen Teig erhält. Auf einer leicht bemehlten Arbeitsfläche kurz durchkneten und dann mit einem Löffel von dem Teig Klößchen abstechen.

Den Traubensaft erhitzen und ohne Deckel etwa 5 Minuten kochen lassen. Die Klößchen in die sprudelnde Flüssigkeit geben und darauf achten, daß sie nicht zusammenkleben. Zugedeckt bei mittlerer bis niedriger Temperatur 15–18 Minuten köcheln lassen, bis sie durch und durch gar sind. Die gegarten Klößchen mit dem Saft in Dessertschalen anrichten. Nach Belieben mit Crème double oder Eiscreme servieren.

Für 4–6 Personen

Die Maiskörner von den Kolben lösen und für eine andere Zubereitung beiseite stellen. Die Kolben mit dem Wasser in einen Topf geben. Einmal aufkochen und dann zugedeckt 12–15 Minuten kochen lassen. Die Kolben herausnehmen und die Flüssigkeit durch ein Mulltuch oder einen Filter seihen. Falls nötig, mehr Wasser hinzufügen, so daß man insgesamt 675 ml erhält.

Die Flüssigkeit zurück in den Topf geben und den Zucker einrühren. Die Mischung kochen, bis sich der Zucker aufgelöst hat. Das Pektin einrühren und alles noch 1 Minute kochen. Den Topf vom Herd nehmen. Die Flüssigkeit abschäumen und mit einem Schöpflöffel in sterilisierte Gläser füllen.

Fest verschließen und an einem kühlen, dunklen Ort aufbewahren.

Ergibt 675 ml

Mais war den Indianern heilig, und kein Teil der Pflanze wurde verschwendet. Die Körner wurden auf verschiedenste Weise zubereitet, die Hüllblätter kamen beispielsweise bei der Herstellung von Maisbrötchen zur Verwendung, oder man machte aus ihnen Puppen für die Kinder, die Halme wurden an die Tiere verfüttert, und aus den grünen Kolben bereitete man süßes Gelee und Maissirup.

Dieses Rezept stammt von Rubye Alley Bumgarner aus Sylva, North Carolina. Viele Jahre betrieb sie die Sunset Farms, einen Landgasthof in den Ausläufern der Great Smoky Mountains, und hat sich damit in ihrer Gegend als Köchin einen Namen gemacht. Darüber hinaus schrieb sie ein Buch mit wundervollen Geschichten und Rezepten namens *Sunset Farms, Spring Fryers Caused It All*. Ihr Maiskolbengelee besitzt ein zartes Aroma, das an Apfelgelee erinnert.

MAISKOLBENGELEE NACH ART DER CHEROKEE

12 frische Maiskolben
900 ml Wasser
800 g Zucker
85 ml flüssiges Pektin

Den braunen Zucker, die Pecannüsse, die Korinthen und das Gewürz in einer kleinen Schüssel vermischen. Aus den Äpfeln von oben das Kerngehäuse herausschneiden – es soll eine größere Höhlung für die Füllung entstehen, ohne jedoch die Schale auf der Unterseite zu verletzen. In jeden Apfel 1 Teelöffel Butter und dann 1 Eßlöffel der Füllung geben. Die Äpfel fest in Alufolie einwickeln und mit der Unterseite direkt auf die glühenden Kohlen setzen. Die Äpfel nach 5 Minuten mit einer Grillzange umdrehen, so daß sie aufrecht stehen, und weitere 3–5 Minuten backen.

Für 4 Personen

50 g brauner Zucker
25 g gehackte Pecannüsse
4 TL Korinthen oder Rosinen
1 Messerspitze gemahlener Piment, Zimt oder Fieberbuschbeeren
4 Kochäpfel
4 EL Butter

GEBACKENE ÄPFEL NACH ART DER CHEROKEE

Als sich die Cherokee von den im Norden lebenden Irokesen abspalteten und nach Süden zogen, behielten sie viele ihrer alten Gewohnheiten bei. Sie aßen gern Äpfel, häufig roh, aber auch gebacken. Für diese Zubereitung, die bei den Irokesen *Wada-Gonduk* und bei den Cherokee *Su-Ga-Ta* hieß, schob man zunächst die Glut in der Kochstelle beiseite, legte die Äpfel auf die Asche und harkte die Glut wieder darüber zusammen. Das hier vorgestellte Rezept der Cherokee für köstliche gebackene Äpfel aus dem Lagerfeuer zeigt, wie sich die Kochkunst der Cherokee mit der Einführung neuer Zutaten im Laufe der Zeit verändert hat.

6 große Orangen
6 EL Honig
1 EL Zitronensaft

Im 16. Jahrhundert brachten die ersten spanischen Expeditionen die Bitterorange als Mittel gegen Skorbut nach Florida. Weggeworfene oder auch gepflanzte Kerne keimten, und bald war der Baum heimisch geworden. Als der Naturforscher William Bartram zweihundert Jahre später die Seminolen besuchte, bekam er in Honig marinierte Orangen angeboten. Obwohl die neuen Züchtungen viel süßer sind, schmecken sie mit etwas Honig doch ganz besonders gut. Ein Spritzer Zitronensaft verleiht ihnen die einstige herbe Note.

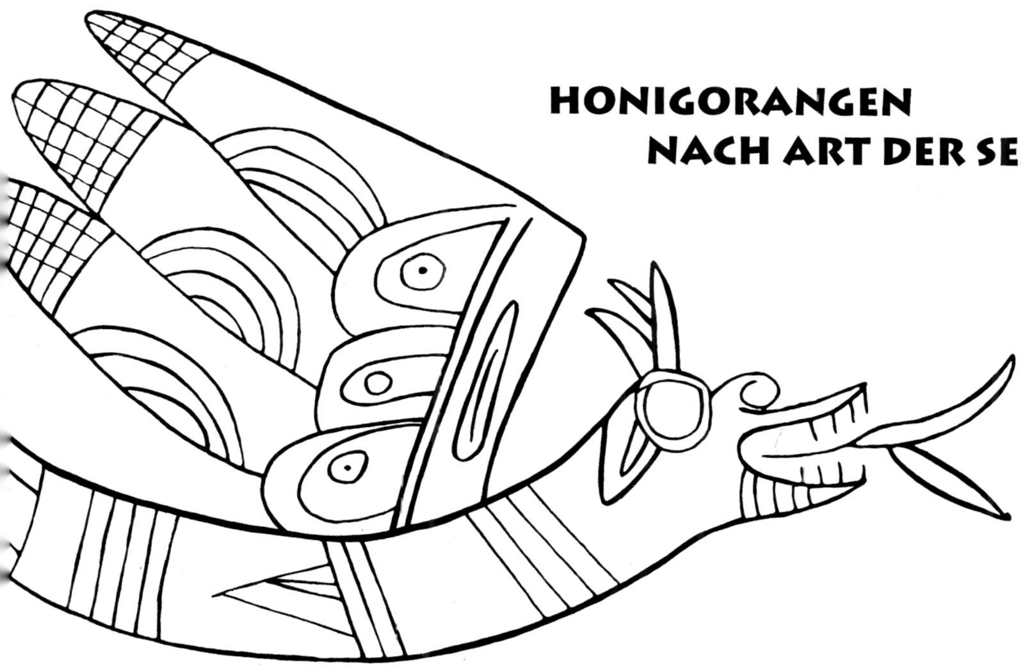

HONIGORANGEN NACH ART DER SEMINOLEN

Von den Orangen das obere Drittel wie einen Deckel abschneiden. Die Fruchtsegmente mit einem scharfen Messer und einem Grapefruitlöffel behutsam herauslösen. Mit Honig und Zitronensaft in eine Schüssel geben und vorsichtig miteinander mischen. Die Orangenspalten wieder in die Schalen füllen und die Deckel auflegen. Vor dem Servieren mindestens 4 Stunden bei Zimmertemperatur marinieren lassen.

Für 6 Personen

Die amerikanische Kaki oder Persimone (eine Verballhornung des Algonkin-Wortes *pessimin*) wächst überall im Südosten der Vereinigten Staaten wild. Schon früher verwendeten die dort lebenden Indianer und Weißen die Früchte gern in Puddings, Broten und anderen Zubereitungen. Diese sind zwar viel kleiner und schmecken auch anders als die Kakipflaumen der aus China und Japan stammenden Art, die im Herbst und Winter bei uns auf den Markt kommen. Dennoch sind diese Kakis ein angemessener Ersatz.

Das Rezept stammt von Lola Lively Burgess, einer Choctaw, die mit einem Cherokee verheiratet ist. Den Pudding gibt es in ihrem Eagle's Nest Gift Shop in Cherokee, North Carolina, zu kaufen.

KAKI-PUDDING NACH ART DER CHOCTAW

8–12 sehr reife Kakis
2 Eier
400 ml Buttermilch
400 g Zucker
6 EL zerlassene Butter
250 g Mehl
Crème double, geschlagen, oder Eiscreme (nach Geschmack)

Mit einem Löffel das Fruchtfleisch aus den Kakis lösen und im Mixer pürieren oder durch ein Sieb streichen – benötigt werden 450 ml Fruchtpüree.

Den Backofen auf 190 °C vorheizen. Die Eier in einer Schüssel verquirlen. Buttermilch, Zucker, Butter, Mehl und Kakipüree dazugeben und alles gründlich verrühren. Die Mischung in eine flache ofenfeste Form aus säurefestem Material von etwa 23 × 30 cm gießen. Den Pudding 35–40 Minuten backen, bis er oben gleichmäßig gebräunt ist. In gleichmäßige Stücke schneiden und warm oder zimmerwarm servieren. Nach Belieben geschlagene Sahne oder Eiscreme dazu reichen.

Für 6–8 Personen

NORDOST-
KÜSTE

UND
WALDLAND

DER NORDOSTEN

Bevor die ersten Europäer Nordamerika besiedelt hatten, bestand die traditionelle Ernährung der Indianer von der Atlantikküste bis zum Mississippi und von Südkanada bis zur Chesapeake Bay aus verschiedensten Nüssen, Beeren, Samen, Wurzeln, Wildarten, Fischen und Meeresfrüchten. Hummer, Venusmuscheln und Miesmuscheln kamen in den Küstengewässern reichlich vor. Hirsche bevölkerten die Wälder in großer Zahl, und Scharen von Truthühnern tummelten sich in der Nachbarschaft indianischer Dörfer, wo sie sich Küchenabfälle holten und gelegentlich auch Futter bekamen. Dieses Wildgeflügel hatte mit den schweren, fleischigen Truthähnen, die heute bei festlichen Anlässen auf den Tisch kommen, kaum etwas gemein. Die Tiere waren klein, sehr schnell und, sofern es sich nicht um Jungtiere handelte, vermutlich äußerst zäh.

An der Nordostküste und im angrenzenden Waldland waren die Völker der beiden bedeutendsten Sprachfamilien, Irokesisch und Algonkin, ansässig. Der mächtigen Irokesen-Liga, im späten 16. Jahrhundert von dem großen Mohawk-Häuptling Hiawatha gegründet, gehörten die Mohawk, Onondaga, Cayuga, Oneida und Seneca an. Die Irokesen, die als die Römer der Neuen Welt apostrophiert wurden, waren hochorganisiert, militaristisch und gewiefte Politiker. Während die Konföderation anfangs das Gebiet des heutigen Staates New York beanspruchte, dehnten die Irokesen ihren Einflußbereich in den folgenden zwei Jahrhunderten auf das gesamte Gebiet vom Ottawa River bis zum Tennessee und vom Kennebec River bis zum Michigansee aus.

Die Irokesen lebten in festen Dörfern, bestehend aus rindenverkleideten Langhäusern. Zur Nahrungsbeschaffung betrieben sie Jagd und Ackerbau. In den Familien spielten die Frauen, wie bei den meisten Feldbau betreibenden Stämmen, eine besondere Rolle. Jedes Wohnhaus beherbergte eine Familiengruppe, geleitet von einer Frau und bestehend aus deren Töchtern mit ihren Ehemännern sowie den noch unverheirateten Söhnen. Verwandtschaftlich verbundene Sippen bildeten *owichiras*, und die älteren Frauen dieser Sippen wählten aus ihren männlichen Mitgliedern die *sachems* – Häuptlinge –, die im Großen Rat der Irokesen-Liga saßen.

Die wichtigsten Feldfrüchte der Irokesen – Mais, Bohnen und Squash – galten als weiblich. Sie wurden die »Drei Schwestern« genannt. Irokesische Mythen erzählen von drei schönen Mädchen, die oft bei Mondschein um die Felder in der Nachbarschaft wandelten. Die Mohawk-Frauen pflanzten die Maiskörner in Löcher, die sie mit Grabstöcken in die Erde bohrten. Wenn die Samen gekeimt waren, häuften sie um die Basis der jungen Halme Erde an, um Schädlinge abzuhalten. Dann pflanzten sie Bohnen, deren Sprosse an den Maishalmen nach oben, der Sonne entgegen, rankten. Manchmal wurde dazwischen noch Squash kultiviert, dessen breite, schattenspendende Blätter den Boden feucht hielten.

Zeiten der Jagd, des Sammelns und des Feldbaus und die Zeremonien, die die Freigebigkeit der Natur sichern sollten, bestimmten den Lebensrhythmus der Irokesen. Der jährliche Festzyklus begann mit einem Ahornfest im zeitigen Frühjahr, gefolgt von einem Pflanzfest. Das Erdbeerfest war Ausdruck der Freude über die kleinen, jungen wilden Erdbeeren, die eine besondere Delikatesse darstellten und den nahenden Frühling ankündigten. Noch heute wird in manchen Irokesengemeinschaften bei Zeremonien der Saft wilder Erdbeeren getrunken. Das Grünmaisfest fiel in die Zeit, in der sich die ersten jungen Maiskolben zeigten. Dabei wurde der unreife Mais von den Kolben gekratzt und gegessen. Im Herbst gab es ein Erntefest, und Anfang Februar schließlich das Mittwinterfest, bei dem unter anderem ein weißer Hund getötet, gekocht und gegessen wurde.

Die Algonkin-Sprachgruppe kann in den Vereinigten Staaten auf die größte Verbreitung verweisen. Zwar waren die Algonkin-Stämme in ihrer Bündnispolitik und Lebensweise nicht so formell strukturiert wie die Irokesen, doch schlossen auch sie sich zu Konföderationen zusammen. An der Nordküste, im heutigen Maine und New Hampshire, bildete die Abnaki-Konföderation, bestehend aus den Abnaki, Penobscot, Passamaquoddy und Malecite, einen sehr starken Algonkin-Block. Im Süden beanspruchten die Delaware – eine weitere Algonkin-Konföderation aus drei mächtigen Stämmen, die nach ihren Totemsymbolen als Schildkröte, Truthahn und Wolf bekannt waren – das Gebiet vom heutigen Staten Island und Manhattan bis ins nördliche Delaware. Weiter westlich beherrschten die »Drei Feuer« – Chippewa, Potawamani und Ottawa – die Waldgebiete um die Großen Seen.

Außer in den gemäßigteren südlichen Gebieten, wo ein kontinuierlicher Feldbau möglich war, lebten die Algonkin-Völker von der Jagd und vom Sammeln und betrieben etwas Landwirtschaft. Das ganze Jahr hindurch zogen die Familiensippen immer wieder weiter, dorthin, wo es zur jeweiligen Zeit Nahrung gab. Ihre kuppelförmigen Wigwams waren aus gebogenen Schößlingen gefertigt, die mit geflochtenen Matten oder Rinde bedeckt waren. Im Sommer und Herbst sammelten die Frauen Eicheln, Butternüsse, Hickory-Nüsse, Walnüsse, Trauben, Gänsefußsamen, Kanada-Pflaumen, Haselnüsse, Weißdornfrüchte, Pflaumen, Bärentrauben, zwei Arten von Kirschen, Brombeeren, Blaubeeren, Holunderbeeren, Bucheckern, Sumachbeeren und Zahnwurz. Nicht alles war an ein und demselben Ort zu finden, doch vermittelt die Aufzählung einen Eindruck von der Vielfalt der Nahrungspflanzen, die das Waldland bot. Beeren spielten in der Ernährung der nordöstlichen Stämme eine wichtige Rolle. In der Vorstellung der Chippewa war der Weg ins Jenseits nicht mit guten Vorsätzen gepflastert, sondern mit dicken, saftigen Beeren, die die Seele versuchten, anzuhalten und davon zu essen, anstatt die Reise fortzusetzen.

Eine der Samen liefernden Pflanzen, die im Gebiet um die Großen Seen am intensivsten genutzt wurde, war der Wildreis. Im gesamten Nordosten wachsen in flachen Seen verschiedene Arten von Wassergras, doch wird der Wildreis heute am ehesten mit den Chippewa in Minnesota in Verbindung gebracht. Schon lange vor Ankunft der Europäer wurde er gesammelt. Ein französischer Forscher, François de Crepieul, beobachtete 1672 als erster Europäer die Indianer bei der Ernte in der Gegend der Green Bay am Michigansee. Es heißt, Wildreis sei einst das nahrhafteste Lebensmittel der nordamerikanischen Urbevölkerung gewesen, und bis heute ist er für die Indianer im Gebiet um die Großen Seen eine wichtige Säule der Ernährung. Geerntet wird von Ende August bis Anfang September. Inzwischen wird der Wildreis kommerziell auf Feldern angebaut und maschinell geerntet, doch behaupten die Chippewa in Minnesota, mit dem wildwachsenden *mahnomin* – so heißt der Wildreis bei ihnen – sei er nicht zu vergleichen. Viele praktizieren bis heute die traditionelle

Erntetechnik, bei der sie mit ihren Kanus durch die Reispflanzen paddeln und dabei die Samen mit Holzstäben herausschlagen, so daß sie ins Boot fallen.

Früher kochten die Chippewa Wildreis über einem kleinen Feuer in Birkenrindengefäßen, den sogenannten *makuks*. (Birkenrinde verbrennt nicht, wenn sie mit Feuchtigkeit getränkt ist.) Wildreis wurde mit Hirsch, Fisch, Bärenfleisch, Wildgeflügel, Beeren, Ahornzucker und Tierfett, das als Würze diente, kombiniert. Ebenso wurde er zu grobem Mehl gemahlen und zum Brotbacken verwendet. Und man konnte Puffreis daraus machen. Nach wie vor ist Wildreis für die Chippewa von Bedeutung, und im Stadtgebiet von Minneapolis und St. Paul genauso wie in den sieben Chippewa-Reservaten in Minnesota veranstalten sie jeden Herbst ein *Mahnomin*-Fest mit ihren traditionellen Gesängen und Tänzen und reichlich Wildreis.

Ein weiteres wichtiges einheimisches Nahrungsmittel ist der Ahornzucker. Der Zuckerahorn findet sich von Alabama bis zum Oberen See, und im gesamten Nordosten bedienten die Indianer sich seiner zur Zuckergewinnung. Um wirklich guten Saft zu entwickeln, braucht der Zuckerahorn kalte, frostige Nächte. Wenn die ansteigenden Temperaturen im Spätwinter oder zeitigen Frühjahr den Saft im Baum wieder tauen lassen, beginnt das Abzapfen. Im späten 18. Jahrhundert beobachtete ein Missionar bei den Delaware in Westpennsylvania, daß 26–30 Liter des Saftes nötig waren, um ein Pfund Zucker zu gewinnen. Der Saft wurde über dem Feuer auf die Konsistenz von Sirup eingedickt. Ein Teil davon wurde auf kleiner Flamme gekocht, bis er sich in Zucker verwandelte. Wenn man den heißen Saft bis zum Erkalten ständig rührte, granulierte er. Meist aber wurde er in einem Kessel oder anderen Gefäß zu Kuchen geformt, die in Körben aufbewahrt wurden. Anfang dieses Jahrhunderts gaben die Chippewa in Minnesota ihren Kindern als Süßigkeit eine Art Lutscher aus Ahornzucker, geformt in kleinen, runden Birkenrinden-*makuks*.

Die Zuckergewinnung ist sehr aufwendig. Warum das so ist, erzählt eine Geschichte der Abnaki aus Maine: Eines Tages stellte Gluskabe fest, daß die Abnaki fett und faul wurden. Sie legten sich einfach unter die Ahornbäume und ließen den nahrhaften Sirup direkt in ihren Mund laufen. Daß sie aufstehen sollten, um zu fischen, zu jagen oder den Boden zu bestellen, sahen sie nicht ein. Da nahm Gluskabe einen großen Eimer Wasser und goß ihn über die Bäume, wodurch der Saft dünn und bitter wurde. Von nun an mußten die Menschen hart arbeiten, um süßen Sirup zu erhalten, und so konnten sie nicht vergessen, den Geistern für ihre Nahrung zu danken.

Die Wildpflanzen lieferten den Indianern nicht nur Samen und Wurzeln, sondern im Frühjahr auch Blattgemüse. Aufzeichnungen aus dem 19. Jahrhundert ist zu entnehmen, daß die Delaware die ersten zarten Schößlinge von Löwenzahn, Kermesbeere, Gänsefuß, Senf, Ampfer und Brunnenkresse sammelten, um sie roh zu essen oder auch mit Fleisch zuzubereiten.

Durch die Kombination von Wild, Fisch, Nüssen, Beeren und anderen eßbaren Pflanzenteilen, die sich im nordöstlichen Waldland fanden, mit ihren Erzeugnissen aus dem Ackerbau verschafften sich die indianischen Stämme dieser Region eine gesunde und ausgewogene Ernährung. Viele ihrer einstigen Speisen sind heute begehrte Delikatessen.

Clara Sue Kidwell

Rehrücken mit Ahornsirup und Apfelessig

MUSCHELSUPPE

12 große Venusmuscheln, gewaschen
2 dicke Scheiben geräucherter Bauchspeck, gewürfelt
1 große Zwiebel, gehackt
700 ml Hühnerbrühe
250 g junge Kartoffeln, gewürfelt
1/2 TL Salz
1/4 TL frisch gemahlener Pfeffer
4–5 reife Eiertomaten, gehäutet, entkernt und gewürfelt

In Amerika bezeichnet man diese Art von Suppen aus Muscheln und Meeresfrüchten als »Chowder«. Der Name leitet sich vom französischen »chaudière«, dem Eisenkessel, in dem diese Suppen früher gekocht wurden, ab. Schon vor Ankunft der Europäer aber kannten die Stämme an der Ostküste eine Suppe aus einheimischen Venusmuscheln – Clams – und Kartoffeln. Daraus gingen zwei Varianten hervor: In Neuengland enthält der »Clam Chowder« üblicherweise Sahne, in der Manhattan-Küche dagegen wird er mit Tomaten zubereitet. Dafür haben wir uns entschieden, denn schließlich ist die Tomate eine »Uramerikanerin« par excellence und spielt überdies heute in zahlreichen internationalen Gerichten eine Hauptrolle.

Die Muscheln über einer Schüssel öffnen, das Fleisch auslösen und den Muschelsaft auffangen. Das Muschelfleisch würfeln, den Saft durch ein Haarsieb filtern und beiseite stellen.

Den Speck in einem großen schweren Topf bei mittlerer Hitze leicht anbraten. Die Zwiebel in etwa 5 Minuten weich dünsten. Hühnerbrühe, Muscheln und Kartoffeln hinzufügen, salzen und pfeffern. Alles zugedeckt bei niedriger Temperatur 30 Minuten leise köcheln lassen, dabei gelegentlich rühren. Die Tomaten dazugeben und die Suppe nochmals 30 Minuten garen. Heiß servieren.

Für 4–6 Personen

Diese herzhafte, mit Maismehl angedickte Fischsuppe ist sowohl bei den Küsten- als auch bei den Waldlandstämmen der Irokesen-Liga sehr beliebt. Die Zutaten variieren, je nachdem, welche Fische zur Verfügung stehen und welche Gemüse zur jeweiligen Jahreszeit wachsen. Im Frühjahr und Sommer kommen zarte, junge Blätter von Gänsefuß, Ampfer und Brunnenkresse hinein, während im Herbst und Winter Pilze, getrocknete Bohnen und Wurzelgemüse verarbeitet werden.

IROKESISCHE FISCHSUPPE

900 ml Hühnerbrühe
120 g Frühlings- oder Haushaltszwiebeln, gehackt
2 EL Maismehl
350 g Schellfisch-, Forellen- oder Seebarschfilets
250–300 g frische Lima-Bohnen
4–6 Wildpilze oder Shiitake, in feine Scheiben geschnitten
2 EL gehackte frische Petersilie
2 EL gehackter frischer Dill
Salz und frisch gemahlener Pfeffer

Die Hühnerbrühe mit den Zwiebeln und dem Maismehl in einen großen Topf geben und bei niedriger Temperatur 10 Minuten leise köcheln lassen. Fischfilets, Bohnen und Pilze hinzufügen. Alles weitere 25 Minuten kochen, dabei gelegentlich rühren und die Fischfilets in kleine Stücke zerpflücken. Petersilie und Dill darüberstreuen und den Topf nach einer Minute vom Herd nehmen. Die Suppe mit Salz und Pfeffer abschmecken und sofort servieren.

Für 4–6 Personen

Gartenkürbis, Squash und Flaschenkürbis gehören zu den ältesten kultivierten Nutzpflanzen Amerikas. Während erstere bei den meisten Indianerstämmen, die traditionsgemäß Feldbau betreiben, gängige Kochzutaten sind, werden getrocknete Flaschenkürbisse seit langem als Gefäße für Wasser und Brühe benutzt. Einst wurde bei den nordöstlichen Waldlandindianern der Kürbis für eine Suppe zunächst in der heißen Asche gebacken. Dann wurde er geschält und gehackt, mit Brühe aus Wild, auch Federwild, verrührt und schließlich mit Ahornsirup und den gemahlenen und getrockneten Beeren des Fieberbuschs gewürzt, eines Strauches, der wild im gesamten östlichen Waldland vorkommt. Als Ersatz für das traditionelle Gewürz, das schon in den USA nicht leicht zu bekommen ist, eignet sich Piment.

KÜRBISSUPPE

1 kleiner Kürbis (etwa 30 cm Duchmesser)
1–2 EL Erdnuß- oder Sonnenblumenöl
Salz und frisch gemahlener Pfeffer
¼–½ TL gemahlene Fieberbuschbeeren oder Piment
1–3 EL Ahornsirup oder Honig
700–900 ml Hühner- oder Rinderbrühe
Feine Scheiben vom Grün von Frühlingszwiebeln, gehackte Haselnüsse, geröstete Kürbis- und Sonnenblumenkerne zur Garnierung

Den Backofen auf 175 °C vorheizen. Den Kürbis in eine Form setzen und etwa 1 Stunde backen, bis er sich mühelos mit einem Messer einstechen läßt. Abkühlen lassen, einen Deckel abschneiden und die Kerne mit einem Löffel herauslösen.

Die Kerne von den Fasern säubern und mit Öl und Salz nach Geschmack vermischen. Auf einem Backblech verteilen und für 15–20 Minuten in den Backofen schieben, bis sie knusprig und schön gebräunt sind. Einige Kerne werden zur Garnierung verwendet, der Rest schmeckt gut als Knabberei zwischendurch.

Das Kürbisfleisch aus der Schale lösen und zerdrücken oder, wenn eine feinere Konsistenz gewünscht ist, im Mixer pürieren.

In einen großen Topf geben. Mit Salz, Pfeffer und Fieberbuschbeeren oder Piment würzen und den Ahornsirup darüberträufeln. Langsam Brühe einrühren, bis die gewünschte Konsistenz erreicht ist. Die Suppe bei mittlerer Temperatur etwa 5 Minuten köcheln lassen, bis sie heiß ist. Mit Frühlingszwiebeln, Haselnüssen und geschälten Kürbiskernen garnieren. Hübsch sieht es aus, wenn man sie in der Kürbisschale serviert.

Für 4–6 Personen

Beim Anlegen ihrer Nutzgärten berücksichtigten die Indianer neben praktischen auch ästhetische Gesichtspunkte. Stangenbohnen wurden direkt neben Mais gepflanzt, so daß sie an ihm emporranken und ihn gleichzeitig schützen konnten. Squash fungierte mit seinen großen Blättern als Bodendecker, der die Erde feucht und kühl hielt. Am Rand des Gartens standen Sonnenblumen, die eine hübsche Umrandung bildeten und zugleich eiweißreiche, vielseitig verwendbare Samen lieferten.

Eine besonders nahrhafte Sonnenblumenart bildet köstlich schmeckende Knollen, die sogenannten Topinamburs oder Erdartischocken. Man könnte sie leicht mit Ingwerwurzeln verwechseln. Geschmacklich aber liegen sie zwischen Kartoffeln und Wasserkastanien. Das im Spätherbst geerntete Gemüse ist sehr typisch für die indianische Küche und kann roh in Salaten gegessen, aber auch wie Kartoffeln gegart werden.

TOPINAMBUR-SUPPE

900 g Topinamburs
1,4 l Hühnerbrühe
120 g Frühlingszwiebeln, in feine Scheiben geschnitten
Salz und frisch gemahlener Pfeffer
2 EL gehackter frischer Dill

Die Topinamburs sorgfältig abbürsten und in leise sprudelndem Wasser 30–40 Minuten garen. Abgießen, schälen und zerdrücken. Das Topinamburpüree in einem großen Topf mit der Brühe und den Frühlingszwiebeln verrühren.

Die Suppe etwa 15 Minuten köcheln lassen. Mit Salz und Pfeffer abschmecken, mit dem Dill bestreuen und servieren.

Für 4–6 Personen

SONNENBLUMENKERNSUPPE

Sonnenblumenkerne sind als Grundnahrungsmittel der Indianer noch älter als die berühmten »Drei Schwestern«, Mais, Bohnen und Kürbis. In den indianischen Gärten wuchsen viele Sonnenblumenarten, die nicht nur ihrer Schönheit wegen, sondern auch als wertvolle Eiweißlieferanten geschätzt waren. Sonnenblumenkerne wurden gepreßt, um das Öl zu gewinnen, und zu Paste zerrieben, die wie Butter zum Kochen verwendet wurde. Aus den gerösteten Kernen und Schalen braute man ein kaffeeähnliches Getränk. Außerdem wurden die Kerne zwischendurch geknabbert und zum Kochen gebraucht, wie in dieser Suppe.

300 g Sonnenblumenkerne, geschält
1¼ l Hühnerbrühe
3 kleine Frühlingszwiebeln, in feine Scheiben geschnitten
2 EL gehackter frischer Dill
Salz und frisch gemahlener Pfeffer

Die Sonnenblumenkerne mit der Hühnerbrühe und den Frühlingszwiebeln in einen großen Topf geben. Alles ohne Deckel bei niedriger Temperatur etwa 1 Stunde leise köcheln lassen. Den Dill einrühren. Die Suppe mit Salz und Pfeffer abschmecken und sofort servieren.

Für 4–6 Personen

450 g weiße, Kidney-, kleine Lima-, Pinto- oder schwarze Bohnen
4–6 Scheiben fetter Speck oder dick aufgeschnittener geräucherter Bauchspeck
120 ml Ahornsirup
120 ml Melasse
1 TL Senfpulver
Salz (nach Geschmack)

Einst benutzten die Algonkin und Irokesen den Boden als Backofen. Töpfe mit Bohnen, aromatisiert mit Ahornsirup und wilden Senfsamen, wurden in Gruben gesetzt, die mit erhitzten Steinen ausgekleidet waren. Die Töpfe wurden mit Erde abgedeckt, und das Gargut simmerte stundenlang vor sich hin. Als fetter Speck und Melasse aufkamen, bereicherten sie alsbald auch diese Suppe, deren Rezept bis heute aktuell ist.

GEBACKENE BOHNEN MIT AHORNSIRUP, MELASSE UND SPECK

Die Bohnen in einem großen Topf mit Wasser bedecken und über Nacht einweichen. Abgießen, mit frischem kaltem Wasser bedecken und bei niedriger Temperatur in 2–3 Stunden weich kochen. Dabei nach Bedarf weiteres Wasser zugeben, damit nichts ansetzt. Die Bohnen abgießen.

Eine ofenfeste 1,3-Liter-Form mit den Speckscheiben auskleiden. Die Bohnen mit dem Ahornsirup, der Melasse und dem Senfpulver in einer Schüssel vermischen. Wenn Sie geräucherten Bauchspeck verwenden, die Mischung nach Geschmack leicht salzen. In die Form geben und zugedeckt 2 Stunden bei 150 °C backen, dabei gelegentlich durchmischen. Anschließend in der offenen Form weitere 30 Minuten backen.

Für 6 Personen

Brunnenkresse, eine dem Senf verwandte Pflanze, ist überall in den Bächen Nordamerikas anzutreffen. Sie wurde, ebenso wie verschiedene andere wilde Blattgemüse, von den Indianern gesammelt und roh für Salate verwendet.

Die nordöstlichen Stämme stellten aus dem Saft des Zuckerahorns Essig her. Dafür wurde der Saft, angereichert mit Knospen und Zweigen, an einem sonnigen Platz vergoren und dann durch ein Tuch geseiht. Dieser fermentierte Ahornsaft ergab mit Ahornsirup, Honig oder Zucker und Öl eine beliebte Salatsauce.

2–3 Bund Brunnenkresse
3 EL Apfelessig
2 EL Ahornsirup
6 EL Sonnenblumenöl
1 Frühlingszwiebel, in feine Scheiben geschnitten

BRUNNENKRESSESALAT

Die Brunnenkresse in kaltem Wasser waschen, das zwei- bis dreimal erneuert wird. Die harten Stiele entfernen. Essig und Ahornsirup in einer Salatschüssel vermischen. Langsam das Öl mit dem Schneebesen einrühren. Die Brunnenkresse mit der Frühlingszwiebel zum Dressing geben. Den Salat rasch durchmischen und sofort servieren.

Für 4–6 Personen

Den Backofen auf 175 °C vorheizen. Den Kürbis halbieren, die Kerne und Fruchtfasern entfernen. In eine Backform, in der die Kürbishälften nebeneinander Platz haben, Wasser geben. Die Kürbisse mit der Schnittfläche nach unten hineinlegen. Etwa 30 Minuten backen, bis sie weich geworden sind. Die Kürbishälften umdrehen. In die Höhlungen jeweils 1 Eßlöffel Honig und 1 Teelöffel Haselnußbutter geben und gleichmäßig bis über die oberen Ränder verstreichen.

Die Kürbisse leicht mit Piment bestreuen, nach Geschmack auch salzen und pfeffern. Weitere 30–40 Minuten backen, bis sie schön glaciert sind. Zu Braten jeder Art, Geflügel oder Wild servieren.

Für 6 Personen

GEBACKENER KÜRBIS MIT HASELNUSSHONIG

Butter aus zerriebenen Nüssen oder Samen findet in der traditionellen Küche der nordamerikanischen Indianer als Aufstrich oder Würzmittel häufig Verwendung. Die hier benötigte Haselnußbutter läßt sich herstellen, indem man blanchierte Haselnüsse in der Küchenmaschine oder im Mixer zu einer glatten Paste verarbeitet. Haselnußbutter gibt es auch in vielen Delikatessengeschäften und Naturkostläden zu kaufen.

3 mittelgroße Eichelkürbisse
225 ml Wasser
6 EL Honig
6 TL Haselnußbutter (siehe erläuternden Text)
Gemahlener Piment oder Fieberbuschbeeren
Salz und frisch gemahlener Pfeffer

»Succotash« ist in seinen zahlreichen Variationen nicht nur ein indianisches Grundgericht, sondern seit langem bei allen Amerikanern sehr populär. Bei den Algonkin- und Irokesen-Stämmen im Nordosten hing stets für hungrige Gäste oder Familienmitglieder ein Kessel mit Essen, nicht selten »Succotash«, über dem Feuer. Diese interessante Version aus der Küche der Mohikaner, bei der die Maiskolben im Ganzen verwendet werden, lernten wir durch einen Vortrag der bekannten Ethnobotanikerin und Schriftstellerin Barrie Kavasch kennen. Sie bekam das Rezept von Cortland Fowler, einem angesehenen Historiker und Älteren der Mohikaner. Nachdem man die Maiskörner gegessen hat, kann man noch an dem süßen Kolben knabbern. Das Originalrezept verlangte Bärenfett anstelle von Butter.

SUCCOTASH NACH ART DER MOHIKANER

4 frische Zuckermaiskolben
500 g frische Lima-Bohnen
240 ml Wasser
50 g Butter
Salz und frisch gemahlener Pfeffer
160 g Frühlingszwiebeln, in Scheiben geschnitten
1 grüne und 1 rote Paprikaschote (oder auch 2 grüne), entkernt und gewürfelt (nach Belieben)

Die Maiskolben mit einem großen, scharfen Messer in knapp 4 cm lange Stücke schneiden. Mit den Bohnen, dem Wasser, der Butter sowie Salz und Pfeffer nach Geschmack in einen großen Topf geben.

Einen Deckel auflegen und alles bei hoher Temperatur zum Kochen bringen. Anschließend bei mittlerer bis niedriger Temperatur 10 Minuten leise köcheln lassen. Die Frühlingszwiebeln und Paprikawürfel einrühren und das Gericht weitere 6–10 Minuten sanft garen, bis die Bohnen weich und die Paprikaschoten gar, aber noch knackig sind. Den Deckel abnehmen und den Fond bei hoher Temperatur in 3–4 Minuten etwas einkochen lassen.

Für 6 Personen

Wasser ist der Feind von Pilzen. Daher wäscht man sie möglichst nicht, sondern entfernt etwaigen Schmutz mit einer weichen Bürste oder feuchtem Küchenpapier. Die Morcheln auf einer Seite von oben nach unten einritzen und, falls nötig, innen ausreiben. Falls sie sehr sandig sind, mehrmals in frischem, kaltem Wasser waschen und dann sorgfältig trockentupfen. Die Pilze in feine Streifen schneiden.

Das Öl in einer großen Pfanne bei mittlerer bis hoher Temperatur erhitzen. Morcheln und Frühlingszwiebeln etwa 1 Minute unter ständigem Rühren braten. Salzen und pfeffern und sofort servieren.

Für 4–6 Personen

225 g frische Morcheln, nach Belieben auch mit anderen Wildpilzen kombiniert
3 EL Haselnußöl, Butter oder Schweineschmalz
2 Frühlingszwiebeln, in feine Scheiben geschnitten
Salz und frisch gemahlener Pfeffer

MORCHELN NACH ART DER ONEIDA

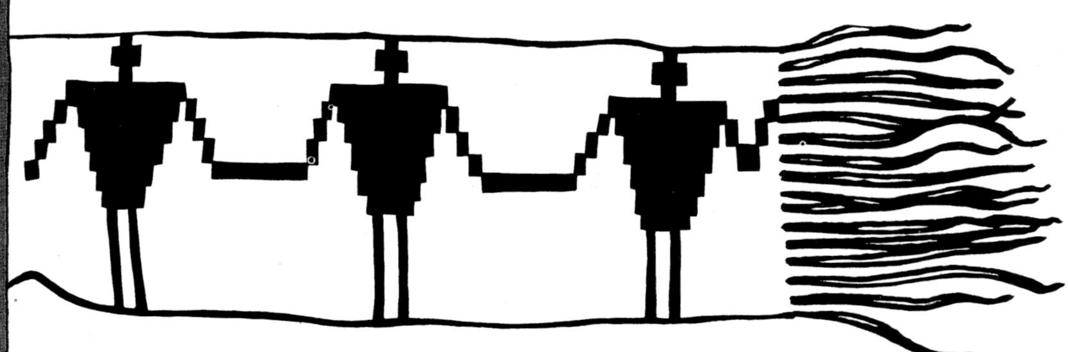

Morcheln sind eine begehrte – und kostbare – Delikatesse. Bob Smith, Angehöriger der Oneida Nation, erinnert sich, wie er sie in jedem Frühjahr pfundweise für seine Mutter, eine hervorragende Köchin, sammelte. Sie briet die Pilze einfach in Öl oder Butter. Die Speisemorchel wächst überall im Nordosten der Vereinigten Staaten. Von der giftigen Frühlorchel unterscheidet sie sich dadurch, daß ihr wabenartig strukturierter, eiförmiger Hut in den hohlen Stiel übergeht und nicht überhängt. Wenn Sie jedoch kein Experte sind, empfehlen wir, nur gekaufte Wildpilze zu verarbeiten.

HASELNUSSKÜCHLEIN

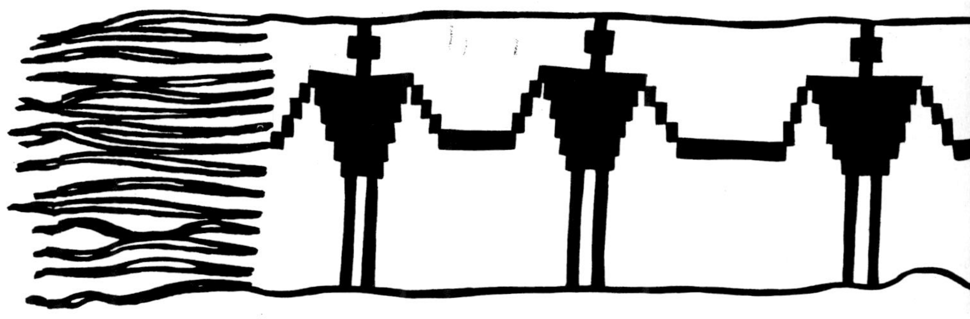

225 g blanchierte Haselnüsse
450 ml Wasser
60 g grobes Maismehl
½ TL Salz
1 EL Ahornsirup oder Honig
75 ml Öl oder Schweineschmalz zum Braten

Der Haselstrauch ist wild überall in den nordöstlichen Wäldern anzutreffen. Seine Früchte wurden von den dort heimischen Stämmen gesammelt und roh oder geröstet gegessen. Sie wurden auch zu Mehl gemahlen oder zerrieben, um Butter oder Öl herzustellen. Auch bei uns kann man im Herbst wildwachsende Haselnüsse sammeln.

Bei den Irokesen war das Frühstück die Hauptmahlzeit oder vielmehr die einzige feste Mahlzeit des Tages. Es bestand aus Fleisch, verschiedenen Maisgerichten sowie den Gemüsen, Früchten und Nüssen der jeweiligen Jahreszeit, die wahrscheinlich häufig mit Ahornsirup und aromatischen Beeren gewürzt wurden. Wir haben dieses Rezept adaptiert, das ideal für einen gemütlichen, ausgiebigen Sonntagsbrunch ist. Etwaige Reste können gut aufbewahrt werden. So hat man eine feine Kleinigkeit für Besuch im Haus, der überraschend hereinschneit – fast wie die Irokesen, bei denen stets Töpfe mit warmem Essen für unerwartete Gäste oder auch für den eigenen Hunger, der sich tagsüber einstellte, über dem Feuer hingen.

Die Nüsse feinhacken. Das Wasser in einem Topf aufkochen. Die Nüsse hineingeben und 30 Minuten kochen, bis sie weich sind. Maismehl, Salz und Ahornsirup einrühren und das Ganze 30 Minuten quellen lassen.

Das Öl in einer großen Pfanne bei mittlerer bis hoher Temperatur erhitzen. Den Haselnußteig eßlöffelweise ins Öl geben.

Wenn die Küchlein auf der einen Seite gebräunt sind, wenden, flach drücken und von der zweiten Seite ebenfalls bräunen. Auf Küchenpapier abtropfen lassen. Mit knusprig gebratenem Speck und Ahornsirup servieren.

Für 4–6 Personen

150 g Wildreis, gewaschen
240 ml Wasser
½ TL Salz
2 EL Maismehl
2–3 EL Schweineschmalz
oder Maiskeimöl

WILDREISKÜCHLEIN

Seit dem 18. Jahrhundert und vermutlich auch schon früher spielte der Wildreis im Leben der Algonkin in der Region um die Großen Seen als Nahrungsmittel wie auch als Handelsgut und Tauschmittel eine zentrale Rolle. Noch heute ernten und verarbeiten Angehörige der Chippewa (Ojibwa) und Menomini den Wildreis wie einst ihre Vorfahren. Dieses Rezept ist eine interessante Variation der bekannten »Johnnycakes« aus Maismehl. Gut schmecken die Wildreisküchlein als Beilage zu Ente oder Hirsch, aber ebenso mit durchwachsenem Speck und Ahornsirup zum Frühstück.

Den Reis mit dem Wasser und dem Salz in einen mittelgroßen Topf geben. Einmal aufkochen und dann 30–35 Minuten leise köcheln lassen, bis er gar, aber noch bißfest ist.

Das Maismehl einrühren. Die Mischung abkühlen lassen. Aus dem Teig 8–10 Küchlein von etwa 7 cm Durchmesser formen. Das Schmalz in einer großen Pfanne bei mittlerer Temperatur erhitzen. Die Küchlein von beiden Seiten je 2–3 Minuten knusprig goldbraun braten.

Für 4–6 Personen

Den Backofen auf 190 °C vorheizen. Das Wasser in einem Topf zum Kochen bringen. Maismehl, Salz, Butter und nach Belieben Dill einrühren. Den Teig in eine gebutterte quadratische Form von 20 cm Kantenlänge füllen. Das Brot 25 Minuten backen. Vor dem Servieren in quadratische Stücke schneiden.

Für 6–8 Personen

NOKAKE – HACKENBROT DER ALGONKIN

Die ersten europäischen Siedler in Nordamerika erlernten von den Indianern die Herstellung größerer Maisbrote ohne Verwendung von Backtriebmittel. Das Brot wurde auf einem Brett neben dem Feuer gebacken, wobei man es nach der Hälfte der Backzeit wendete. Oft diente das Blatt einer Hacke zum Abstützen des Backbretts neben dem Feuer oder auch der Brote während des Abkühlens, daher der Name für diese Brote.

450 ml Wasser
250 g Maismehl
2 TL Salz
2 EL Butter
1 EL gehackter frischer Dill
(nach Geschmack)

Maismehl, Wasser, Haselnußöl, Ahornsirup und Salz in einer Schüssel vermischen.

In einer großen Pfanne 2 Eßlöffel Öl bei mittlerer bis hoher Temperatur erhitzen. Den Teig eßlöffelweise hineingeben. Die Küchlein mit einem Spatel flach drücken und von beiden Seiten knusprig und goldbraun braten. Nach Bedarf weiteres Öl hinzugeben.

Für 4–6 Personen

MAISKÜCHLEIN NACH ART DER CHIPPEWA

180 g Maismehl
110 ml Wasser
4 EL Haselnußöl, zerlassene Butter oder Schweineschmalz
4 EL Ahornsirup oder Honig
½ TL Salz (nach Geschmack)
3–4 EL Öl zum Braten

Einfache Küchlein aus Maismehl und Wasser, ob sie nun gebraten oder gebacken werden, waren und sind in der indianischen Küche weit verbreitet. Die Maisküchlein der Chippewa sind eng verwandt mit den sogenannten »Johnnycakes« aus Maismehl und den Maispuffern (Rezept S. 25). Obwohl sie alle warm am besten schmecken, dienten sie doch auch als Proviant während der Jagd oder wenn der Stamm in ein neues Gebiet zog.

Das aus grünem Mais hergestellte Blattbrot der Irokesen ist eigentlich eher ein Gemüsegericht. Es erinnert an die ebenfalls aus frischem Mais hergestellten mexikanischen Tamales oder auch an die gedämpften Maisbrötchen der Navajo (Rezept S. 163). Bei manchen Rezepten für diese Sommerspezialität werden die Päckchen in kochendes Wasser gegeben, allerdings erzielten wir mit dem Dämpfen bessere Ergebnisse.

BLATTBROT DER IROKESEN

Die Maishüllblätter von den Kolben abziehen und beiseite legen. Die Maiskolben mit dem Ende nach oben halten und die Körnerreihen mit einem scharfen Messer in Längsrichtung einritzen. Die Körner von oben nach unten mit der Messerklinge abkratzen. In der Küchenmaschine oder im Mixer zu einer Paste verarbeiten. Nach Bedarf Maismehl einrühren, so daß man einen nicht zu flüssigen Teig erhält.

Den Teig mit Salz und Pfeffer abschmecken.

Die Maishüllblätter unter fließendem kaltem Wasser abspülen und trockentupfen. Auf ein großes Blatt 3–4 Eßlöffel Teig geben und mit weiteren Blättern völlig umhüllen. Die Enden mit Blattstreifen zubinden. Auf diese Weise den gesamten Teig verarbeiten. Sechs Maiskolben ergeben 12–15 kleine Päckchen.

Diese Maispäckchen über kochendem Wasser etwa 45 Minuten dämpfen. Leicht abkühlen lassen und dann die Blätter entfernen. Mit zerlassener Butter bestreichen und servieren.

Für 4–6 Personen

6 frische Maiskolben
1–3 EL Maismehl (nach Bedarf)
Salz und frisch gemahlener Pfeffer
Zerlassene Butter

Zum Räuchern von Fisch errichteten die im östlichen Waldland heimischen Indianer ein einfaches Tipi aus gekreuzten Stangen, über die sie Birkenrinde legten. Die Fische wurden kopfüber oben im Tipi aufgehängt, und darunter wurde in einem Eimer oder Kessel ein rauchendes Holzfeuer entfacht. Bis heute wird diese überlieferte Methode von Liebhabern geräucherter Speisen praktiziert, wobei jedoch als Abdeckung eine Zeltplane meist die Birkenrinde ersetzt.

RÄUCHERFISCH MIT AHORNZUCKER

4 Bachsaiblinge à etwa 225 g
100 g grobes Meersalz
200 g Ahornzucker oder brauner Zucker
1 TL grobgemahlener schwarzer Pfeffer
½ TL zerriebenes Lorbeerblatt
Späne von Ahorn, Hickory oder einem anderen aromatischen Holz

Die Fische säubern und gründlich unter kaltem Wasser abspülen. Salz, Ahornzucker, Pfeffer und Lorbeerblatt vermischen. Die Fische trockentupfen und innen und außen mit der Würzmischung einreiben. An einem kühlen, trockenen Ort etwa 1 Stunde beizen.

Die Fische abspülen. An einem kühlen, trockenen und windigen Platz an den Kiemendeckeln aufhängen und etwa 30 Minuten trocknen lassen. Währenddessen die Holzspäne in Wasser einweichen.

Wer keine »Räucherkammer« besitzt oder extra bauen möchte, kann statt dessen einen großen Gartengrill mit Abdeckung verwenden. Ein Holzkohlenfeuer entfachen und alle Abzuglöcher öffnen. Während das Feuer brennt, Küchengarn um die Kiemendeckel der Fische schlingen. Die Garnenden durch die Lüftungslöcher in der Grillhaube ziehen und miteinander verknoten, so daß die Fische von der Haube herabhängen – der Abstand zwischen Schwanzflosse und Holzkohle soll mindestens 15 cm betragen. Wenn sich auf der glimmenden Holzkohle eine weiße Ascheschicht gebildet hat, eine Schicht feuchte Holzspäne daraufstreuen und die Grillhaube aufsetzen. Die Fische etwa 1 Stunde räuchern, dabei alle 15–20 Minuten weitere Holzspäne zugeben, um die Rauchbildung in Gang zu halten. Die Fische abnehmen und heiß oder zimmerwarm servieren. Im Kühlschrank hält sich auf diese Weise geräucherter Fisch etwa eine Woche.

Für 4–6 Personen

75 ml Ahornsirup
6 Blaufischfilets (insgesamt etwa 1200 g)
Gemahlener Piment oder Fieberbuschbeeren
Grobgemahlener schwarzer Pfeffer
Salz
2–3 TL Maiskeimöl

BLAUFISCH MIT AHORNSIRUP

Im Frühjahr zogen viele nordöstliche Stämme an die Atlantikküste. Ab April konnten sie in den Buchten und dort mündenden Flüssen Fische fangen, die zu ihren Laichplätzen zogen. Auf den American Shad folgte im Mai der Blaufisch, ein gefräßiger Raubfisch, der in Schwärmen vor der Küste alles jagt. Mit Hilfe von Speeren, Netzen, Reusen und Wehren fingen die Indianer große Mengen von Fisch. Was nicht gleich frisch gegessen werden konnte, konservierte man durch Trocknen oder Räuchern.

Der kräftige Geschmack des Blaufischs wird bei diesem Rezept durch Ahornsirup und das pfeffrige Aroma der Gewürze ausgeglichen. Selbst diejenigen, die das Fleisch des Blaufischs sonst geschmacklich zu streng und fettreich finden, mögen ihn oft in dieser Zubereitung.

Den Ahornsirup in eine flache Schüssel geben. Die Fischfilets hineinlegen und wenden, bis sie gleichmäßig mit Sirup überzogen sind, danach mit den Gewürzen bestreuen. Den Grillrost leicht einölen. Die Filets in 12–15 cm Abstand von der Glut bzw. den Heizelementen des Elektrogrills von beiden Seiten 2–4 Minuten grillen. Dabei ein- oder zweimal mit dem Sirup bestreichen. Sie sind fertig, wenn das Fleisch sich gut zerpflücken läßt und leicht glaciert ist. Dazu knusprig gebratenen durchwachsenen Speck, Maisküchlein nach Art der Chippewa (Rezept S. 74) und Brunnenkressesalat (Rezept S. 66) servieren.

Für 6 Personen

Fisch und Kartoffeln in einem großen Topf mit Wasser bedecken, salzen und pfeffern. Zugedeckt bei mittlerer Temperatur 25 Minuten garen, danach abgießen und gut abtropfen lassen. Den Dill dazugeben und alles zerdrücken oder pürieren.

Klößchen von 5–7 cm Durchmesser formen und nach Belieben in Maismehl wälzen – so werden sie knuspriger. Reichlich Öl auf 190 °C erhitzen. Die Klöße etwa 1 Minute ausbacken, bis sie schön gebräunt sind. Aus dem Öl nehmen, gut abtropfen lassen und sofort servieren.

Für 6 Personen

KABELJAUKLÖSSCHEN

Frischer und getrockneter Kabeljau war für die nordöstlichen Küstenstämme ein wichtiges Nahrungsmittel. Er kam so reichlich vor, daß die europäischen Siedler ihn auch »Cape-Cod-Truthahn« nannten. Diese Klößchen, heute in Neuengland ein Klassiker, entstammen ursprünglich der indianischen Küche. Eine interessante Variante ergibt sich durch Verwendung von Süßkartoffeln anstelle normaler Kartoffeln. So bereiteten einst die Algonkin manchmal diese Klößchen zu.

670 g frisches Kabeljaufilet
400 g Kartoffeln, geschält und gewürfelt
2 TL Salz
½ TL frisch gemahlener Pfeffer
2 EL gehackter frischer Dill
Maismehl (nach Belieben)
Öl zum Ausbacken

CLAMBAKE

Wie so viele amerikanische Kochtraditionen verdanken wir auch das »Clambake« – übersetzt »Muschelbacken« – den Indianern. Die Stämme in den nordöstlichen Küstenregionen, vor allem die Penobscot und Narraganset, hoben im Sand Mulden aus, die sie mit flachen, beinahe handtellergroßen Steinen auskleideten. Darauf entfachten sie ein Holzfeuer. Wenn es heruntergebrannt war, wurden verkohltes Holz und Asche beiseite gefegt und eine dicke Schicht feuchter Seetang auf die glühendheißen Steine gelegt. Dann kamen abwechselnd Lagen von Muscheln, Kartoffeln, kleinen Hummern und Maiskolben in ihren Hüllblättern hinein, mitunter zusätzlich Austern, Miesmuscheln, Blaufische, Makrelen und kleine, in Maishüllblätter gewickelte Würste. Jede Lage wurde dünn mit Seetang und das Ganze zuletzt mit einer nassen Decke oder Tierhaut abgedeckt, die mit Steinen beschwert wurde. Wenn die Grube nach etwa einer dreiviertel Stunde wieder geöffnet wurde, waren die Meeresfrüchte und Gemüse im Dampf gegart. Bis heute hat das »Clambake« nicht an Beliebtheit verloren. Wie man es auch in der Küche zubereiten kann, beschreibt nebenstehendes Rezept.

250 g frischer Seetang (nach Belieben)
6 lebende Hummer à etwa 650 g
1–2 EL grobes Meersalz
6 Zuckermaiskolben, äußere Hüllblätter entfernt
18–20 kleine neue Kartoffeln, abgebürstet, aber ungeschält
3 Dutzend Venusmuscheln in den Schalen (möglichst Large Steamers), gereinigt (siehe Anmerkung)
1 Bund Frühlingszwiebeln, geputzt
Zerlassene Butter als Dip (nach Geschmack)

In einem großen Topf gesalzenes Wasser zum Kochen bringen. Die Hummer mit dem Kopf vorweg in das sprudelnd kochende Wasser geben. Nach etwa 2 Minuten aus dem Wasser heben und abtropfen lassen.

Einen großen Bratentopf mit Einsatz und fest schließendem Deckel bis knapp unterhalb des Einsatzes mit Wasser füllen. Eine Lage Seetang hineingeben. Die Hummer nebeneinander und möglichst so darauflegen, daß die Schwänze nach außen weisen. Mit etwas Salz bestreuen und mit Seetang abdecken. Den Deckel auflegen und das Wasser zum Kochen bringen. Die Hummer etwa 20 Minuten dämpfen. Nach der Hälfte der Garzeit den Deckel kurz lüften und den Mais dazugeben.

Gleichzeitig einen Dämpftopf bis unterhalb des Einsatzes mit Wasser füllen. In den Einsatz eine Lage Seetang und darauf die Kartoffeln geben. Leicht salzen und dünn mit Seetang bedecken. Den Topf verschließen und das Wasser zum Kochen bringen. Nach 15 Minuten die Muscheln und Frühlingszwiebeln hineingeben, dabei den Deckel nur kurz lüften. Alles noch 6–8 Minuten dämpfen, bis die Muscheln sich geöffnet haben und die Kartoffeln gar sind. Das Essen in den Töpfen auftragen. Dazu reicht man häufig zerlassene Butter als Dip.

ANMERKUNG: Die Muscheln zum Reinigen in eine Schüssel mit Salzwasser geben und eine große Handvoll Maismehl hinzufügen. Über Nacht in den Kühlschrank stellen. Am Morgen haben die Muscheln den enthaltenen Sand weitgehend ausgeschieden.

Für 6 Personen

Die Enten abspülen und trockentupfen. Wenn Sie die Innereien für die Füllung verwenden möchten, von den Mägen die zähe äußere Haut abziehen, die Innereien in feine Scheiben schneiden und beiseite legen. Die Enten innen und außen salzen und pfeffern. Das Öl in einer großen, hohen Pfanne bei mittlerer bis hoher Temperatur erhitzen. Die Innereien kurz anbraten. Pilze, Zwiebeln, Haselnüsse und Dillsamen dazugeben. Alles zusammen noch etwa 1 Minute unter Rühren braten, bis Pilze und Nüsse zart gebräunt sind. Wildreis und Dill hinzufügen. Das Ganze salzen, pfeffern und durchmischen. Die Füllung abkühlen lassen. Den Backofen auf 260 °C vorheizen. Hals und Bauchhöhle der Enten locker mit der vorbereiteten Mischung füllen. Die Halsöffnung mit einem Spieß verschließen und die an der Bauchöffnung freiliegende Füllung mit Alufolie abdecken, damit sie nicht austrocknet. Die Haut ringsum mit einer spitzen Gabel einstechen – so kann während des Garens der Saft austreten und den Braten feucht halten. Die Temperatur auf 180 °C herunterschalten und die Enten in den Ofen schieben. Die Garzeit beträgt etwa 30 Minuten pro 500 g. Während der Bratzeit zwei- bis dreimal die Haut einstechen und die Enten mit dem Bratensaft begießen. Sie sind gar, wenn beim Einstechen des Schenkels klarer Saft ohne jegliche rosa Färbung austritt.

Für 6–8 Personen

ENTEN GEFÜLLT MIT WILDREIS UND PILZEN

Nach einer Legende der Chippewa wurde der Wildreis entdeckt, als ein Krieger bei der Rückkehr in sein Lager eine Ente vorfand, die auf dem Rand seines Suppentopfes saß. Erschreckt flog die Ente davon und ließ dabei einige Körner in die Suppe fallen. Der Krieger aß die Suppe und stellte fest, daß die Körner köstlich schmeckten. Am nächsten Morgen zog er in die Richtung, in die die Ente geflogen war, und gelangte zu einem See, an dem Scharen von Enten von dem Wassergras pickten, das später den Namen *manomin* erhielt – übersetzt bedeutet das Wort aus der Sprache der Chippewa (Ojibwa) »gutes Getreide«.

Die indianischen Köche verwendeten für dieses Gericht Wildenten, die sich von Wildreis ernähren. Greifen auch Sie unbedingt zu, wenn Sie auf dem Markt Wildenten finden. Da sie magerer sind, werden sie mit fettem oder durchwachsenem Speck bardiert, damit sie beim Garen nicht austrocknen. Wenn Sie Ente rosa bis blutig mögen, rechnen Sie als Garzeit nur 18–20 Minuten pro 450 g Gewicht.

2 Wildenten à 1500–1800 g
Salz und frisch gemahlener Pfeffer nach Geschmack
3 EL Haselnuß- oder Sonnenblumenöl
180 g Wildpilze, in Scheiben geschnitten
120 g Frühlingszwiebeln, in Scheiben geschnitten
120 g blanchierte Haselnüsse
½ TL Dillsamen
600 g gekochter Wildreis
2 EL gehackter frischer Dill oder Petersilie

Das Wasser mit einer Prise Salz in einem Topf zum Kochen bringen. Den Wildreis einrühren. Zugedeckt bei niedriger Temperatur 50–60 Minuten leise köcheln lassen, bis er das gesamte Wasser aufgenommen hat. Mit einer Gabel auflockern und beiseite stellen.

WILDREISOMELETT NACH ART DER CHIPPEWA

In einer 20 cm großen Pfanne – verwenden Sie eine schwere Eisenpfanne oder eine mit Antihaft-Beschichtung – den Speck bei mittlerer Temperatur knusprig braten. Das Fett bis auf etwa 2 Eßlöffel abgießen. Frühlingszwiebeln und Wildreis zum Speck geben und kurz unter Rühren braten. Die Eier in einer Schüssel mit Salz und Pfeffer leicht verschlagen. In die Pfanne gießen und mit einer Gabel rühren, bis die Masse zu stocken beginnt. Das Omelett auf der Unterseite leicht bräunen lassen, währenddessen nicht mehr rühren. Einen großen flachen Teller oder Deckel auf die Pfanne legen, diese mit einem Schwung umdrehen und das Omelett vom Teller wieder in die Pfanne gleiten lassen. Auf der zweiten Seite noch einige Sekunden braten. Wie eine Torte aufschneiden und heiß oder zimmerwarm servieren. Dazu Brunnenkressesalat (Rezept S. 66) servieren.

Für 4–6 Personen

225 ml Wasser
Salz nach Geschmack
70 g Wildreis, gewaschen
4 Scheiben geräucherter Bauchspeck, in schmale Streifen geschnitten
4 Frühlingszwiebeln, in feine Scheiben geschnitten
6 Eier
Frisch gemahlener Pfeffer

Es gibt bei den Chippewa verschiedene Legenden, wie sie den Wildreis entdeckt hätten. Eine erzählt von Wenebojo. Eines Tages hörte er, wie das Gras im See ihn rief. Er baute ein Kanu und paddelte mit seiner Großmutter Nokomis hinaus auf den See. Das Gras sagte ihm, es sei gut zu essen, und so kosteten Wenebojo und Nokomis von ihm. Seither essen die Chippewa Wildreis. Besonders köstlich schmeckt dieses Omelett, wenn man einige gebratene Morcheln hinzufügt.

In den seen- und flußreichen Jagdgebieten der Irokesen und Algonkin gab es Kanadagänse in großer Zahl. Falls Sie für dieses Gericht eine Wildgans verwenden, denken Sie daran, daß sie magerer ist als die Hausgans, auf die sich die hier genannten Garzeiten beziehen. Bei einer Wildgans rechnen Sie pro 500 g etwa 3 Minuten weniger und decken die Brust mit einem ölgetränkten Mulltuch ab. Begießen Sie den Braten durch das Tuch, und entfernen Sie es eine halbe Stunde vor Ende der Garzeit, so daß die Haut schön gebräunt wird.

1 Gans von 4500–5500 g
2 EL Sonnenblumen- oder Maiskeimöl
3/4 TL gemahlener Piment oder Fieberbuschbeeren
1 l Wasser
250 g Maisbrot, gewürfelt
2 Äpfel, geschält und gewürfelt
250 g Pflaumen, gewürfelt
120 g Frühlingszwiebeln, in feine Scheiben geschnitten
3/4 TL gemahlener Ingwer
Salz und frisch gemahlener Pfeffer nach Geschmack
250 ml Apfelwein
4 TL Maisstärke
2 EL kaltes Wasser

GEBRATENE GANS MIT APFELWEIN

Den Backofen auf 230 °C vorheizen. Die Gans ausnehmen und, falls nötig, absengen und etwaige Kiele herausziehen. Mit kaltem Wasser abspülen und trockentupfen. Innen und außen mit Öl und Piment einreiben.

Die Innereien mit dem Wasser in einen Topf geben und bei mittlerer Temperatur in 30–40 Minuten gar kochen. Die Innereien herausnehmen, hacken und für die Sauce beiseite legen, die Brühe ebenfalls beiseite stellen.

Brot, Äpfel, Pflaumen und Frühlingszwiebeln in einer Schüssel vermengen. 250–450 ml der Brühe dazugießen und durchmischen. Die Füllung mit Ingwer, Salz und Pfeffer abschmecken. Die Gans locker damit füllen und dressieren. Mit der Brust nach oben in einen Bräter mit Rosteinsatz geben. Die Ofentemperatur auf 180 °C herunterschalten. Die Gans hineinschieben und 20–25 Minuten pro 500 g garen. Nach 30 Minuten die Haut an Brust, Keulen und Beinen einstechen, damit das Fett austreten kann, und die Gans mit Apfelwein beschöpfen. Diese beiden Schritte während des Bratens noch mehrmals wiederholen. Die Gans aus dem Ofen nehmen und auf eine Servierplatte geben.

Den Bratensaft in einen großen, hitzebeständigen Meßbecher gießen und das Fett abschöpfen. Insgesamt werden 450 ml benötigt, daher eventuell etwas von der Brühe oder aber Wasser hinzugießen. Den Bratensaft wieder in den Bräter geben und die gehackten Innereien hinzufügen. Die Maisstärke in etwas kaltem Wasser auflösen und einrühren. Die Sauce bei mittlerer Temperatur unter ständigem Rühren 2–3 Minuten kochend eindicken lassen. Zuletzt mit Salz und Pfeffer abschmecken.

Für 8 Personen

Bei ihrer Ankunft in Plymouth fanden die Pilgerväter, von denen viele aus der Stadt stammten und auf das harte Leben in der Natur kaum vorbereitet waren, gewissermaßen ein unsichtbares Tischleindeckdich vor. Seen und Flüsse waren voll von Fischen, Schal- und Krustentieren, und das östliche Waldland wartete mit Wildgeflügel und anderem Wild sowie Wurzeln, Samen und Beeren in Hülle und Fülle auf. Dem unkundigen Auge aber erschien das Land öde und unwirtlich. Hätten die ersten Siedler nicht durch Squanto, den einzigen Überlebenden der durch die Pocken ausgelöschten Pautuxet, und durch Chief Massasoit von den benachbarten Wampanoags Unterstützung erfahren, würde das heute in den Vereinigten Staaten so wichtige Thanksgiving wahrscheinlich nicht gefeiert werden. Die wilden Truthühner, die es beim ersten Erntedankfest gab, waren vermutlich am Spieß gebraten. Wenn Sie das mit Ihrem Grill auch können, gönnen Sie sich diesen Genuß. Gehen Sie dafür nach folgender Anleitung vor, und streichen Sie den Honig nur während der letzten 60 Minuten auf, damit der Braten nicht verbrennt.

1 kleiner Truthahn von 4500–5500 g
2 EL Haselnuß- oder Erdnußöl
½ TL gemahlener Salbei
½ TL gemahlener Piment oder Fieberbuschbeeren
Salz und frisch gemahlener Pfeffer
1 Bund Frühlingszwiebeln oder Wildzwiebeln
3–4 EL Honig
Auf Küchengarn aufgezogene Cranberries und Lorbeer- oder Salbeiblätter zur Dekoration (nach Belieben)

GEBRATENER TRUTHAHN MIT HONIG

Den Backofen auf 180 °C vorheizen. Den Truthahn ausnehmen und die Innereien für die Sauce beiseite legen.

Den Truthahn abspülen und trockentupfen. Innen und außen mit Öl einreiben und mit Salbei, Piment, Salz und Pfeffer würzen. Die Zwiebeln in Hals und Bauchhöhle geben und den Vogel, falls erwünscht, dressieren. In einen Bräter setzen und in den Ofen schieben. Die Garzeit beträgt pro 500 g etwa 20 Minuten, beim Einstechen des Schenkels muß zuletzt klarer Saft ohne die geringste rosa Färbung austreten.

Den Truthahn während der letzten 60 Minuten zwei- bis dreimal mit Honig bestreichen. Bei der Zubereitung in einem Bräter erhält man einen guten Bratensaft für eine Sauce, nicht jedoch beim Braten am Spieß.

Den Truthahn nach Belieben mit einer Cranberrykette dekorieren.

Für 8–10 Personen

FÜR DIE SAUCE:

Truthahnhals und -innereien
650 ml Wasser
2 Stangen Bleichsellerie
2 Frühlingszwiebeln
Entfetteter Bratensaft des Truthahns
4 TL Maisstärke, in
2 EL kaltem Wasser verrührt
Salz und frisch gemahlener Pfeffer

Die Truthahnleber hacken und beiseite legen. Die restlichen Innereien und den Hals mit dem Wasser, dem Sellerie und den Frühlingszwiebeln in einen Topf geben. Alles bei mittlerer Temperatur zum Kochen bringen.

Anschließend bei mittlerer bis niedriger Temperatur etwa 40 Minuten köcheln lassen, bis die Innereien gar sind. Die Brühe durchseihen und beiseite stellen. Die Innereien hacken und zur Leber geben. Den Bratensaft mit so viel Brühe in einen Topf geben, daß man 450 ml erhält. Aufkochen lassen, dann die Innereien und die Maisstärke einrühren. Die Sauce bei mittlerer Temperatur unter häufigem Rühren eindicken lassen. Zum Schluß nach Geschmack salzen und pfeffern.

Viele Stämme im Nordosten der Vereinigten Staaten stellten Ahornsirup und -zucker her, indem sie Ahornsaft in Rindengefäßen langsam einkochten. Mit Einführung des Eisenkessels durch europäische Händler wurden die Rindengefäße verdrängt. Aus Ahornsirup und Cranberries läßt sich im Handumdrehen eine Sauce zubereiten, die köstlich zu Wild- und Geflügelgerichten schmeckt. Eine Prise gemahlener Piment oder Fieberbuschbeeren verleiht ihr eine besonders aparte Note.

250 g frische Cranberries
225 ml Ahornsirup
225 ml Wasser
$^{1}/_{4}$ TL gemahlener Piment oder Fieberbuschbeeren (nach Geschmack)

CRANBERRY-SAUCE MIT AHORNSIRUP

Beeren, Ahornsirup und Wasser in einen Topf geben. Alles bei mittlerer bis hoher Temperatur zum Kochen bringen und dann bei mittlerer bis niedriger Temperatur unter häufigem Rühren etwa 15 Minuten köcheln lassen, bis die Beeren aufgeplatzt sind und man eine sämige Sauce erhält. Mit Piment würzen. Die Sauce zimmerwarm servieren. Am besten wird sie einige Stunden im voraus zubereitet, damit die Aromen gut miteinander verschmelzen können.

REHRÜCKEN MIT AHORNSIRUP UND APFELESSIG

225 ml Ahornsirup
225 ml Apfelessig
6 Wacholderbeeren oder Pimentkörner oder Fieberbuschbeeren, zerstoßen
2 Rehrücken (jeweils etwa 1200 g), die Rippen nicht gekürzt, aber freigelegt und der Rückenknochen zerbrochen oder entfernt, um das Aufschneiden des Bratens zu erleichtern
2 EL Pflanzenöl
Salz und Pfeffer nach Geschmack
225 g geräucherter Bauchspeck in feinen Scheiben

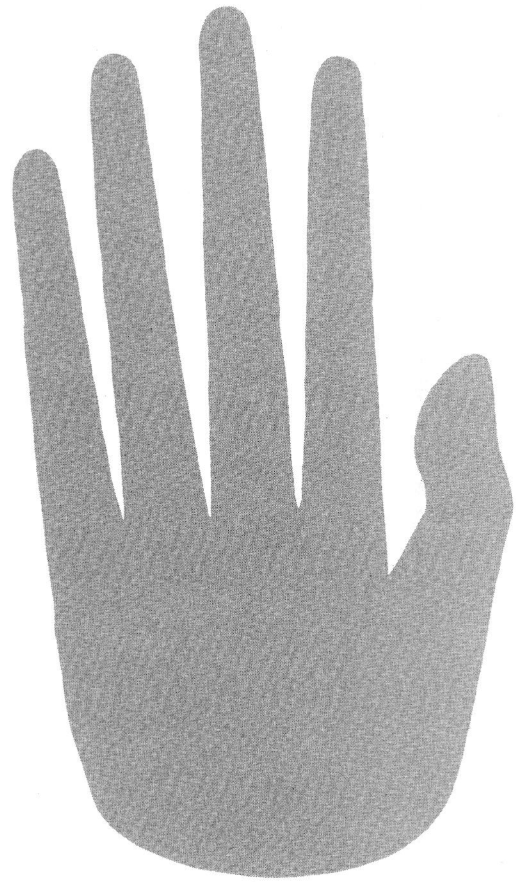

Rehe und Hirsche bevölkerten das nordöstliche Waldland in großer Zahl und dienten den dort lebenden Stämmen als wertvolle Fleischlieferanten.

Wie Bob Smith, Angehöriger der Oneida Nation, uns sagte, waren die Krieger der Irokesen davon überzeugt, daß »man ist, was man ißt«. Indem sie das Fleisch mutiger oder grimmiger Tiere wie Hirsch oder Bär aßen, glaubten sie diese Charaktereigenschaften in sich selbst zu stärken. Die moderne Ernährungswissenschaft bestätigt den Wahrheitsgehalt dieser uralten Vorstellung, bezieht sich dabei aber eher auf das in den Speisen enthaltene Fett und Cholesterin. Wild, das magerer als Rind und Lamm ist, schickt sich an, in den Vereinigten Staaten die Nummer eins unter den dunklen Fleischsorten zu werden.

Ahornsirup, Essig und Gewürzbeeren in einer großen, flachen Schüssel vermischen. Die Rehrücken hineingeben und zugedeckt im Kühlschrank über Nacht beizen, dabei zwei- bis dreimal wenden. Aus der Marinade nehmen und mit Öl einreiben – die Marinade zum späteren Begießen des Bratens aufheben. Die Rehrücken leicht mit Salz und Pfeffer bestreuen. Den Backofen auf 200 °C vorheizen. Die Rehrücken in einen mit Öl ausgestrichenen Bräter geben, in den sie gerade hineinpassen. Dabei die Rippen in der Mitte überkreuzen, wie auf S. 57 zu sehen. Die Speckstreifen über den Braten legen und nach Belieben die Rippenenden mit Folie abdecken, damit sie nicht verbrennen. Als Garzeit rechnet man pro 500 g etwa 10 Minuten (blutig) bzw. 13–14 Minuten (rosa). Die Rehrücken während des Garens zwei- bis dreimal mit der Marinade begießen. Den fertigen Braten aus dem Ofen nehmen und vor dem Aufschneiden locker zugedeckt 15 Minuten ruhen lassen.

Den Braten zwischen den ersten beiden Rippen auf einer Seite durchschneiden. Das erste Kotelett ablösen und dann genauso auf der anderen Seite verfahren. Bei dieser Technik bleibt der Braten genauso stehen, wie er gebraten wurde.

Für 6–8 Personen
(Abbildung S. 57)

900 ml Milch
225 ml Ahornsirup
50 g Butter
80 g Maismehl
½ TL gemahlener Ingwer
¼ TL gemahlene Muskatnuß
200 g Korinthen oder Rosinen
Eiscreme (nach Belieben)

Während man diesen Pudding heute als Dessert serviert, wurde er ursprünglich am späten Vormittag bei der Hauptmahlzeit des Tages als Beilage zu Fleisch und Gemüse gegessen. In den frühen Rezepten werden Maismehl und Trockenfrüchte oder Beeren mit Wasser und Nußbutter gekocht, und das Ganze wird mit Ahornsirup oder Honig gesüßt. Als die Auswahl an Zutaten wuchs, ersetzte Milch oder Sahne oft das Wasser, und der Pudding wurde mit Eiern, Melasse und weiteren Gewürzen angereichert. Unsere Version liegt irgendwo in der Mitte und ist überraschend leicht und delikat.

INDIANISCHER PUDDING

Den Backofen auf 150 °C vorheizen. Eine 1,8-Liter-Auflaufform buttern. 675 ml Milch und den Ahornsirup in einem Topf bei mittlerer Temperatur erhitzen. Kurz vor dem Aufwallen die Butter einrühren. Maismehl, Ingwer und Muskatnuß in einer Schüssel vermengen. Die Mischung langsam zur heißen Milch geben. Das Ganze bei niedriger Temperatur etwa 10 Minuten eindicken lassen. Die Korinthen einrühren. Die Mischung in die Form geben. Die restliche Milch darübergießen, jedoch nicht rühren. Den Pudding 2½ Stunden backen, bis er die gesamte Milch aufgenommen hat und schön gebräunt ist. Warm servieren und nach Belieben Eiscreme dazu reichen.

Für 6 Personen

Für die Irokesen ist das Erdbeerfest – *Ha-Nun-Da-Yo* – eines der bedeutendsten Dankfeste im Jahresablauf. In seinem 1851 erschienenen Buch *League of the Iroquois* beschrieb Louis Henry Morgan eine Zubereitung, die bei diesem Fest serviert wurde. »Den Abschluß bildete ein Festmahl aus Erdbeeren. In großen Rindentabletts waren sie mit Ahornsirup nach Art eines Gelees zubereitet; und in dieser Manier genossen die Menschen diese große Köstlichkeit der Natur.« Heutzutage versteht man unter *Ha-Nun-Da-Yo* üblicherweise ein Getränk aus Erdbeersaft und Wasser.

Die kleinen, aromatischen wilden Erdbeeren, die nur im Juni und Juli zu finden sind, werden in der indianischen Küche auf verschiedenste Weise verarbeitet. Eine traditionelle Zubereitung ist dieses Brot.

BROT MIT WILDEN ERDBEEREN NACH ART DER IROKESEN

70 g Haselnußbutter (erhältlich in Delikatessen- und Naturkostläden)
400 ml Wasser
110 ml Honig
125 g Mehl
125 g Maismehl
1 TL Natron
1 TL Salz
1 Tasse wilde Erdbeeren oder größere Zuchterdbeeren, in Scheiben geschnitten

Den Backofen auf 190 °C vorheizen. Die Nußbutter mit dem Wasser in einem Topf zum Kochen bringen. Vom Herd nehmen, den Honig einrühren und die Mischung leicht abkühlen lassen.

Mehl, Maismehl, Natron und Salz in einer großen Schüssel vermengen. Die Nußbuttermischung dazugeben. Zuletzt die Erdbeeren unterheben. Den Teig in eine gefettete Kastenform füllen und 30–35 Minuten backen, bis an einer in die Mitte hineingestochenen Messerklinge kein Teig haftenbleibt.

Für 6–8 Personen

CRANBERRY-PUDDING

675 ml Cranberry-Saft
110 ml Ahornsirup
80 g Weizengrieß
225 ml Cranberry-Sauce mit Ahornsirup (Rezept S. 88, nach Belieben)

Cranberries werden seit langem von den Stämmen der östlichen Waldgebiete als vitaminreiche und schmackhafte Bereicherung ihrer Kost im Herbst und Winter genutzt. Auf der Suche nach Gerichten mit Cranberries fiel uns in Herb Walkers *Indian Cooking* dieses Rezept mit seiner ungewöhnlichen Zutatenkombination und Zubereitungstechnik auf. Die nachstehende Adaption des Rezepts ergibt einen luftig-leichten süßen Genuß, bei dem man ins Schwärmen gerät.

In einem mittelgroßen Topf den Cranberry-Saft mit dem Ahornsirup bei mittlerer Temperatur aufkochen. Langsam den Grieß einrieseln lassen, dabei ständig rühren. Die Mischung bei niedriger Temperatur unter ständigem Rühren weitere 10 Minuten kochen. In eine große Schüssel geben und 10 Minuten kräftig schlagen, bis sich das Volumen verdreifacht hat. Den Pudding warm oder gekühlt servieren. Nach Belieben Cranberry-Sauce mit Ahornsirup darüberträufeln.

Für 6 Personen

Überlieferungen zufolge war eine der Speisen, die die Pilgerväter bei ihrem ersten Erntedankfest am meisten faszinierte, ein wundersames, explodierendes Getreide. Aus Spaß und als Geschicklichkeitsspiel warfen die Indianer Puffmais ins Feuer und fingen die mit einem Knall herausschießenden Körner wieder auf. Popcornkugeln mit Ahornsirup sind bei den Algonkin seit langem besonders beliebt.

POPCORNKUGELN MIT AHORNSIRUP NACH ART DER ALGONKIN

50 g Popcornmais
½ TL Salz (nach Belieben)
225 ml Ahornsirup
1½ TL Butter

Das Popcorn nach der Packungsanweisung herstellen und nach Belieben salzen. Ahornsirup und Butter in einem schweren Topf bei mittlerer bis hoher Temperatur erhitzen. Dabei ständig rühren und kochen, bis einige Tropfen des Sirups in kaltem Wasser weiche Kugeln bilden. Die Mischung über das Popcorn gießen. Sobald sie so weit abgekühlt ist, daß man sich nicht mehr verbrennt, das Popcorn durchmischen und mit den Händen Kugeln formen. Auf einem gebutterten Backblech erkalten lassen und in einem luftdichten Behälter aufbewahren.

Ergibt etwa 8 Stück

AHORNSIRUP-BONBONS

Schon vor geraumer Zeit stellten die östlichen Waldlandindianer »Snow Candy« her, und bis heute ist diese Süßigkeit in Vermont sehr populär. Dort wird der Sirup, wenn er die richtige Konsistenz (harter Bruch) erreicht hat, auf den Schnee geträufelt, wo er alsbald erstarrt. Diese Bonbons sind ein Genuß, aber leider auch eine Gefahr für die Zähne.

1½ TL Butter
225 ml Ahornsirup

Ein Backblech mit Alufolie auslegen. Die Butter in einem schweren Topf bei mittlerer bis hoher Temperatur schmelzen. Den Ahornsirup dazugeben und unter ständigem Rühren kochen, bis das Zuckerthermometer 144 °C anzeigt oder ein wenig Sirup, in kaltes Wasser getropft, glashart wird. Den Topf in einen größeren Topf mit kaltem Wasser stellen, um den Kochvorgang zu stoppen.

Den Sirup sofort auf das Blech gießen und erkalten lassen. Die Platte in bonbongroße Stücke brechen. Nach dem völligen Abkühlen in einen luftdichten Behälter füllen und an einem kühlen, trockenen Platz aufbewahren.

Ergibt etwa 150 g

DIE GREAT PLAINS

DIE GREAT PLAINS

Forscher, die erstmals in dieses Gebiet im Zentrum des nordamerikanischen Kontinents kamen, nannten die Great Plains »Great American Desert«. Im Westen werden sie von den Rocky Mountains begrenzt, im Osten von den Seen und Waldgebieten. Die weite, baumlose Prärie geht im Süden in sanft hügelige Ebenen über. Für die Stämme, die dort lebten, war dieses Gebiet keineswegs eine Wüste, denn der hiesige Boden und die Gewässer schenkten ihnen eine Fülle von Nahrungsmitteln. Ein Netz großer Flüsse wie Missouri, Platte und Mississippi und zahlreicher Bäche ließ überall inmitten trockener Landstriche grüne Inseln entstehen.

Die Plains sind geographisch in drei Regionen gegliedert. In den Northern Plains, zu denen auch die südlichsten Gebiete der kanadischen Provinzen Alberta, Saskatchewan und Manitoba gehören, waren die Sarsi, Blackfoot, Plains-Ojibwa, Plains-Cree und Assiniboin beheimatet. Die Central Plains – das östliche Colorado, Montana, Wyoming, North und South Dakota, Nebraska und das westliche Minnesota – waren die Heimat mehrerer großer Stammesgruppen wie der Gros Ventre, Crow, Wind River Shoshone, Mandan, Hidatsa, Arikara, Teton Lakota, Yanktonai-Dakota, Santee-Dakota, Cheyenne, Omaha, Pawnee, Arapahoe, Oto und Iowa. In den Southern Plains schließlich, die Kansas, Oklahoma und Texas umfassen, lebten die Kansa, Missouri, Osage, Jicarilla-Apache, Kiowa, Kiowa-Apache, Quapaw, Comanche, Wichita und Lipan-Apache.

Viele Plains-Stämme kamen ursprünglich aus den östlichen Waldgebieten und brachten eine traditionelle Feldbaukultur mit. Im Schwemmland entlang den Flüssen betrieben Stämme wie die Mandan, Hidatsa, Arikara, Omaha, Pawnee und Wichita weiterhin Feldbau. Bis 1775 aber hatten viele in den Central Plains ihr Pflanzerleben aufgegeben und sich der Bisonjagd zugewandt. In Gruppen durchstreiften sie zu Pferde die weiten Ebenen, um dem Tier nachzustellen, das für sie nicht nur Nahrungsgrundlage geworden war, sondern zugleich auch Materialien für ihre Behausungen, Kleidung, Kochgefäße, Behältnisse aus ungegerbtem Leder sowie Werkzeuge aus Knochen und Horn lieferte. In den Anfangszeiten waren die Bisons in Abgründe oder in Canyons mit steilen Felswänden getrieben und dann getötet worden. Kadaver, die durch das Eis gebrochen und von den Frühjahrsfluten stromabwärts getrieben worden waren, wurden geborgen. Mit der Verbreitung des Pferdes entwickelten sich die Plains-Indianer zu geschickten Jägern, die im Ritt einen Pfeil oder eine Kugel treffsicher abschießen konnten. (Die Stämme der Central Plains gelangten durch den Handel mit den Comanche in den Besitz des Pferdes, das von den Spaniern nach New Mexico gebracht worden war.)

Alle Plains-Stämme waren auf den Bison angewiesen. Ihre Methoden der Jagd sowie der Konservierung und Zubereitung des Fleisches waren sich ähnlich. Jene, die in festen Siedlungen am Missouri und an anderen großen Flüssen lebten, kultivierten weiterhin Mais, Bohnen, Kürbis und Sonnenblumen und gingen in kleinen Gruppen der Jagd in den Ebenen nach. Andere wie die Lakota folgten den großen Bisonherden und verlegten dabei immer wieder ihr Lager. Die Stämme an den Flüssen stellten Tonwaren her und bevorzugten langsame Garmethoden. Da sich die zerbrechlichen irdenen Gefäße für ein Nomadenleben jedoch nicht eigneten, entwickelten die Plains-Stämme andere Techniken im Zusammenhang mit der Haltbarmachung und Zubereitung von Fleisch. Aus der Haut des Bisonbuckels etwa stellten sie Kochgefäße her, indem sie sie über einen Erdhaufen stülpten und an der Sonne trocknen ließen. Ein solcher Topf wurde nahe dem Feuer in der Mitte des Wigwams, wo sich auch die Kochutensilien und Küchenvorräte befanden, in eine Mulde gesetzt. Man füllte Wasser ein und gab dann mit Hilfe von Zangen aus Holz oder Knochen Steine hinein, die zuvor im Feuer erhitzt worden waren – und natürlich mit Bedacht ausgesucht, da sie nicht gleich bersten durften, wenn sie mit dem kalten Wasser in Berührung kamen. Auf diese Weise wurde das Wasser zum Kochen gebracht, so daß man frisches oder getrocknetes Fleisch in kleinen Würfeln oder dünnen Scheiben, Wildgemüse und Knollen garen konnte. Meist wurden die Steine im Verlauf des Garvorgangs mehrmals erneut erhitzt.

Bei einer anderen Garmethode wurde der gesäuberte Magen eines frisch erlegten Tieres an senkrecht in den Boden gesteckte Stangen gehängt. Hinein kamen Wasser und Fleisch, darunter auch Innereien wie Lunge, Leber, Nieren, Milz und Gedärm, sowie die erhitzten Steine. Nicht nur das eingefüllte Fleisch wurde bei diesem Verfahren gegart, sondern auch das »Kochgefäß« selbst, das, ebenso wie die Brühe, mitverzehrt wurde. Viele Plains-Stämme wandten ähnliche Garmethoden an: Der Name, den die Dakota den Assiniboin gaben, bedeutet übersetzt etwa »die mit Steinen kochen«.

Frisches Fleisch wurde auch gebraten, und Kutteln sowie andere Innereien, die nahrhaftes Fett enthielten, wurden um Stöcke gewickelt und über der Glut gegrillt. Die Därme wurden wie Luftballons aufgeblasen, getrocknet und dann für die Lagerung zu kompakten Bündeln zusammengelegt. Durch Rösten über dem offenen Feuer wurden sie zu einem knusprigen Leckerbissen, der ähnlich schmeckte wie Grieben.

Das unstete Leben der Jagdvölker in den Ebenen setzte voraus, daß Hausrat und Vorräte sich mühelos transportieren ließen. »Jerky« – Dörrfleisch – ist nur eines von vielen Beispielen für die verschiedenartigen und geschickten Methoden, um Nahrungsmittel zu trocknen und ihr Volumen zu verringern. Dafür wurden dünne Fleischscheiben ausgebreitet an der Sonne getrocknet, flach geklopft und zur späteren Verwendung in Lederbehälter gepackt. Eine andere Methode bestand darin, das Fleisch über glühender Holzkohle zu braten und dann mit Steinen zu einem faserigen Brei zu zerreiben, der mit Knochenmark gemischt und anschließend in handliche Rohlederbehälter gefüllt wurde. Dieses *wakapapi*, wie es bei den Dakota hieß, war eine wichtige Suppengrundlage. Mit etwas kochendem Wasser verrührt, wurde es zu einer Art Haschee. Ein Name, der ebenfalls für diese Zubereitung häufig gebraucht wird, ist »Pemmikan«. Genaugenommen aber bezeichnet das indianische Wort eben dieses zerriebene getrocknete und gebratene Fleisch, allerdings vermischt mit frischen oder getrockneten Früchten wie Virginischen Traubenkirschen, Felsenmispeln oder wilden Johannisbeeren. Auf die Jagd oder in den Kampf nahmen die Indianer Stücke von »Pemmikan« mit. Man aß es immer nur in kleinen Mengen, da man meinte, es quelle im Magen noch auf.

Wildgemüse und -beeren stellten eine willkommene Bereicherung der Ernährung der Plains-Indianer dar, die sich hauptsächlich auf Fleisch stützte. Getrockneter Mais, Squash und Wildreis, die sie im Tauschhandel von den östlichen oder an den Flüssen lebenden Stämmen bezogen, rundeten die Ernährung ab. Fast allen Plains-Stämmen dienten Mais, Bohnen, Squash und Sonnenblumen auch dann noch als Nahrung, als sie sich das Pferd zunutze gemacht hatten und zum Nomadentum übergegangen waren. Dies beweisen zwei historische Fakten, die selten zur Kenntnis genommen werden: erstens, daß viele Stämme diese Nahrungsmittel anbauten und damit handelten, bevor sie die Plains besetzten; und zweitens, daß die Stämme, nachdem sie den Feldbau zugunsten der Bisonjagd aufgegeben hatten, diese Gemüse bei den Stämmen, die sie weiterhin kultivierten, regelmäßig gegen ihr Dörrfleisch, gegerbte Häute und kunstvoll verzierte Kleidung eintauschten.

Mais, Bohnen und Squash ließen sich auf verschiedene Arten trocknen und im Volumen verringern. Den Mais ließ man am Kolben reifen, um dann die Körner abzustreifen und mit Asche zu Hominy zu verkochen. (Die in der Asche enthaltene Lauge löste die Außenhaut, und das Innere quoll auf.) Das Hominy wurde so gegessen, mitunter auch zerdrückt, so daß es die Konsistenz von Haferschleim annahm, oder an der Sonne getrocknet und später wieder in Wasser eingeweicht. Reifer getrockneter Mais wurde auch über dem Feuer gedörrt, was anfangs in Tongefäßen und später in Metalltöpfen oder -pfannen erfolgte. Manchmal entstand dabei auch Popcorn. Vor allem die in Flußnähe lebenden Stämme dörrten den Mais und verarbeiteten ihn dann in einem Holzmörser mit einem hölzernen Stößel oder geeigneten Steinen zu grobem Mehl. Es wurde mit zerriebenen Sonnenblumenkernen oder ganzen geschälten Nüssen, Felsenmispeln, etwas Wasser und heißem, geschmolzenem Talg oder Knochenmark vermischt. Aus der Mischung formte man eiförmige Kugeln, die bei den Sioux *wagmiza wasna* hießen. Bei den Mandan, Hidatsa und Arikara war es üblich, diese Maiskugeln auf Jagd- oder Kriegszüge mitzunehmen, so wie die keinen Feldbau treibenden Stämme Fleisch-*wasna* oder »Pemmikan« als Proviant schätzten. Gelegentlich wurden die Maiskugeln auch eingetauscht und fanden so ihren Weg in die Küche vieler Plains-Stämme. Die traditionelle Zubereitung lebte in den Reservaten fort, wo sich die einstigen Bisonjäger auf den Maisanbau verlegten.

Eine dritte Art der Maisbehandlung bestand darin, noch grüne Maiskolben in ihren Hüllblättern zehn bis fünfzehn Minuten zu rösten oder halbgar zu kochen und dann zum Abkühlen beiseite zu legen. Die Kolben, deren innere Hüllblätter noch intakt waren, wurden zu bis zu einen Meter langen Zöpfen geflochten und an der Sonne getrocknet. Bei einer anderen Methode wurden die Körner von den Kolben geschnitten und ausgebreitet an der Sonne gedörrt. Dabei schrumpften sie merklich und konnten somit gut gelagert und transportiert werden. Auf diese Weise behandelter Mais wird noch heute in der für die Plains typischen Maissuppe verarbeitet. In Flüssigkeit quillt er wieder auf das dreifache Volumen auf.

Bohnen wurden jung geerntet und gekocht, so wie unsere heutigen grünen Bohnen, oder man ließ sie an der Pflanze ausreifen und trocknen und drosch sie dann. Squash und Kürbis wurden spiralförmig aufgeschnitten, um Stöcke gewickelt an der Sonne getrocknet und schließlich zur Lagerung in Stücke gebrochen. Für frischen

Squash und Squash-Blüten waren verschiedene Zubereitungsarten bekannt; die Kerne wurden, wie heute auch noch, getrocknet und geröstet.

Virginische Traubenkirschen, Felsenmispeln, Bisonbeeren, wilde Pflaumen, Sandkirschen, gelbe und schwarze Johannisbeeren, wilde Himbeeren, kleine Walderdbeeren und Hagebutten wurden zur jeweiligen Jahreszeit gesammelt und für die spätere Verwendung getrocknet. Die Knospen des Feigenkaktus aß man gern roh. Beeren mit hartem Kern wurden üblicherweise mit Steinen zerdrückt, das Mus zu Küchlein geformt und diese getrocknet. Die Steine von Wildpflaumen wurden von Hand einzeln herausgedrückt und die Früchte, locker aufgehäuft, getrocknet. Weiche Beeren ließ man einfach im Ganzen trocknen und füllte sie dann in Säcke. All diese getrockneten Beeren wurden in Wasser eingeweicht und zu einer dicken Sauce oder einem Pudding eingekocht, der bei den Dakota *wojap* hieß. Eingeweichte Beeren bereicherten auch andere Zubereitungen, etwa Fleisch- und Maisgerichte, oder wurden ganz gegessen. Nach ihrer Umsiedlung in die Reservate sammelten und trockneten die Frauen der Plains-Indianer weiterhin wilde Beeren und lernten darüber hinaus, sie zu Marmeladen und Gelees zu verarbeiten oder einzumachen. Konzentrierter Traubenkirschensaft ist heute eine beliebte Beigabe zu gebratenen Fladen oder Pfannkuchen.

Wildreis, wilde weiße Rüben, die Rhizome des Rohrkolbens, eine wilde, der Batate ähnliche Kartoffel, Gänsefuß, Brennesselblätter, das Innere junger Rohrkolbenstengel und die auf dem Eschen-Ahorn wachsenden Pilze, die bei den Dakota »Baumohren« heißen, sind einige der bekanntesten Gemüse der Plains-Indianer. Wilde weiße Rüben oder Wildreis ließen sich für die Lagerung trocknen, die meisten anderen Gemüsesorten aß man frisch zur jeweiligen Jahreszeit.

Wilde Minze, die innere Rinde der Ulme und der Virginischen Traubenkirsche sowie die Wurzeln wilder Rosensträucher wurden gesammelt, gelagert und als Tee aufgebrüht. Aus wildem, breitblättrigem Salbei, Kalmus und Wacholderbeeren bereitete man milde Tees zu Heilzwecken.

Allen Plains-Stämmen, nomadischen Jägern wie seßhaften Feldbauern, bot das Land ausreichend Nahrung. So ist es nur verständlich, daß sie es »Mutter« nannten. Pflanzen und Tiere, ob wild oder domestiziert, die Gewässer und Mineralien – sie alle waren den amerikanischen Ureinwohnern heilig. Bis heute haben sich die Plains-Indianer ihre Achtung vor diesen alten Nahrungsmitteln bewahrt. Zwar kommen sie bei uns nicht regelmäßig auf den Tisch, doch sind sie ein wesentlicher Bestandteil aller traditionellen Feste und bilden dabei ein wichtiges Bindeglied zwischen uns und unseren Ahnen.

Arthur Amiotte

In den Plains wächst eine wilde weiße Rübe, die bei den Dakota, einem Stamm der Sioux, *tinpsila* heißt. Sie wird im Juni geerntet, wenn sich die lavendelfarbenen bis violetten Blüten voll entfaltet haben. Man unterscheidet eine runde, hartschalige Sorte und die lange, schlanke mit zarter Schale, die sogenannte »Cheyenne turnip« oder *sahiyela tinpsila* (*sahiyela* bezeichnet zugleich die Blüte von *tinpsila*). Da man während der kurzen Blütezeit möglichst viele der Wurzeln sammeln wollte, wurde die ganze Familie – auch die Männer und Kinder – eingespannt. Ursprünglich verwendeten die Indianer zum Ausgraben angespitzte Stöcke. Seit der Einrichtung der Plains-Reservate in den sechziger und siebziger Jahren des vorigen Jahrhunderts benutzen sie dagegen Brecheisen mit geschärftem Ende.

SUPPE VON WEISSEN RÜBEN UND MAIS NACH ART DER SIOUX

Wilde weiße Rüben werden, nachdem die Schale entfernt ist, roh gegessen oder mit Frisch- oder Dörrfleisch, frischen Kutteln oder getrocknetem Mais gekocht.

Für die Einlagerung werden sie geschält und mit den Stengeln zusammengeflochten. Dabei bilden die kleineren, zarten Wurzeln den Anfang, zum Ende hin werden immer ältere und dickere verarbeitet. Von dem Zopf werden nach Bedarf Stücke heruntergeschnitten. Oft werden rohe weiße Rüben auch, um Vorratsplatz zu sparen, in Scheiben geschnitten oder geviertelt und ausgebreitet getrocknet.

Ganze getrocknete weiße Rüben werden vor der Verwendung über Nacht eingeweicht, was ihre Garzeit um die Hälfte verkürzt. Andernfalls müssen sie bis zu fünf Stunden kochen, um weich zu werden. Gegart erinnern wilde weiße Rüben geschmacklich und in ihrer Konsistenz an Kartoffeln, besitzen aber einen stärkeren Erdgeschmack.

750 g Rinder-, Hirsch- oder Büffelknochen mit viel anhaftendem Fleisch, in Stücke gehackt
1½ l Fleischbrühe oder Wasser
100 g weiße Rüben, 80 g Steckrüben und 1 Pastinake, alles gewürfelt, oder 250 g frische oder getrocknete und eingeweichte wilde weiße Rüben, gewürfelt
200 g frischer Mais oder 100 g getrockneter Mais (Chicos)
Salz und frisch gemahlener Pfeffer

Alle Zutaten mit Ausnahme der Gewürze in einen Suppentopf geben. Das Ganze einmal aufwallen lassen und dann die Temperatur drosseln, bis es nur noch leise sprudelt. Abschäumen, einen Deckel auflegen und 30–60 Minuten köcheln lassen, bis das Gemüse gar ist. Die Knochen aus der Suppe heben. Das Fleisch von den Knochen schaben und zurück in die Suppe geben. Die Suppe mit Salz und Pfeffer abschmecken und heiß servieren.

Für 6–8 Personen

KRAFTBRÜHE MIT BEEREN NACH ART DER BLACKFOOT

Möglicherweise entstand dieses Rezept, als jemand beim Zubereiten der Suppe eine Handvoll »Pemmikan« hineingab, das ihr aufgrund der enthaltenen getrockneten Beeren eine reizvolle süße Note verlieh. Da man nach einem Festmahl üblicherweise übriggebliebenes Essen mit nach Hause nahm, ist auch denkbar, daß dabei Suppe und Beerenpudding in einen Behälter gegeben wurden und so diese köstliche Kombination entstand.

750 g Rind- oder Büffelfleisch (Kamm), gesäubert und gewürfelt
3 EL Schweineschmalz oder Pflanzenöl
1 l Fleischbrühe oder Wasser
120 g Frühlingszwiebeln, in Scheiben geschnitten
150 g frische Blaubeeren, Brombeeren oder Felsenmispeln, gewaschen und abgetropft
1 EL Honig
Salz und frisch gemahlener Pfeffer

Das Fleisch in einem schweren Suppentopf im heißen Fett anbräunen. Brühe, Frühlingszwiebeln, Beeren und Honig hinzufügen. Alles 1 Stunde sanft kochen lassen, bis das Fleisch zart ist. Zuletzt nach Geschmack salzen und pfeffern.

Für 4–5 Personen

Viele der nordamerikanischen Indianer sammelten und aßen Wildpilze. Für die Indianer in den Plains aber, wo es spärlich regnet, waren Pilze eine Delikatesse. Frauen und Kinder kannten genau die verschiedenen genießbaren Sorten. Die Pilze wurden gebraten oder auch an Suppen und Eintöpfe gegeben. Ein Teil der Ernte wurde auch als Wintervorrat getrocknet.

350 g Wildpilze (Morcheln, Pfifferlinge, Hallimasche oder Austernseitlinge)
4 Scheiben geräucherter Bauchspeck
2 Frühlingszwiebeln, in Scheiben geschnitten
Salz und frisch gemahlener Pfeffer

GEBRATENE WILDPILZE MIT ZWIEBELN

Die Pilze möglichst nur mit einem feuchten Tuch abwischen. Falls sie sehr sandig sind, zwei- bis dreimal in frischem kaltem Wasser zügig waschen und dann trockentupfen. (Morcheln werden zuvor an einer Seite aufgeschnitten, da die Stiele ebenfalls Sand enthalten können.) Große Pilze in Scheiben schneiden. Den Speck in einer großen Pfanne bei mittlerer bis niedriger Temperatur auslassen. Herausnehmen, hacken und beiseite stellen. Die Temperatur auf eine mittlere bis hohe Stufe hochschalten. Die Pilze mit den Frühlingszwiebeln in die Pfanne geben und 1–2 Minuten scharf braten, bis sie gerade gar sind. Die Speckstückchen hinzufügen und alles rasch vermischen. Salzen, pfeffern und heiß servieren.

Für 4–6 Personen

750 g Topinamburs
2–3 EL Pflanzenöl oder anderes zerlassenes Fett
Salz (nach Geschmack)

GEGRILLTE TOPINAMBURS

Die Plains-Indianer aßen die Wurzeln und Knollen verschiedener Wildpflanzen. Besonders geschätzt sind die Wurzelstöcke des Pfeilkrauts, die das Pfeilwurzmehl liefern, wilde weiße Rüben, die man Ende Juni bis Juli bei Handelsposten in oder in der Nähe von Reservaten kaufen kann, und Topinamburs. Sie sind von diesen dreien die einzigen, die kommerziell vertrieben werden. In Geschmack und Konsistenz liegen sie irgendwo zwischen jungen Kartoffeln und Wasserkastanien.

Eine traditionelle indianische Zubereitungsart für Wurzeln und Knollen bestand darin, eine kleine Grube auszuheben, mit Steinen auszulegen und darauf ein Holzfeuer zu entfachen. Wenn es heruntergebrannt war, schob man die heiße Glut etwas beiseite, legte das Gemüse in die Mulde und bedeckte es mit der Glut. Bei einem Grillfest ließe sich das Gericht auf diese klassische Weise zubereiten, doch liefert auch der Elektrogrill gute Resultate.

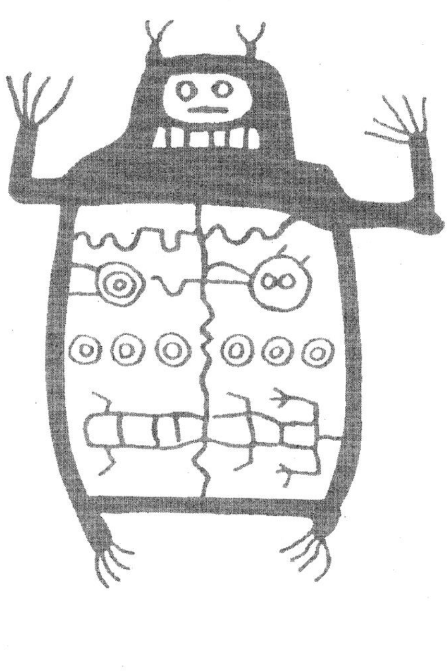

Den Elektrogrill einschalten. Die Topinamburs waschen und gründlich abbürsten. Mit dem Öl einreiben und mit Salz bestreuen. In etwa 15 cm Entfernung von den Heizelementen 20–30 Minuten grillen. Sie sind gar, wenn sie sich leicht mit einer Gabel einstechen lassen. Gegrillte Topinamburs schmecken gut anstelle von Kartoffeln als Beilage zu Fleisch oder Fisch.

Für 6 Personen

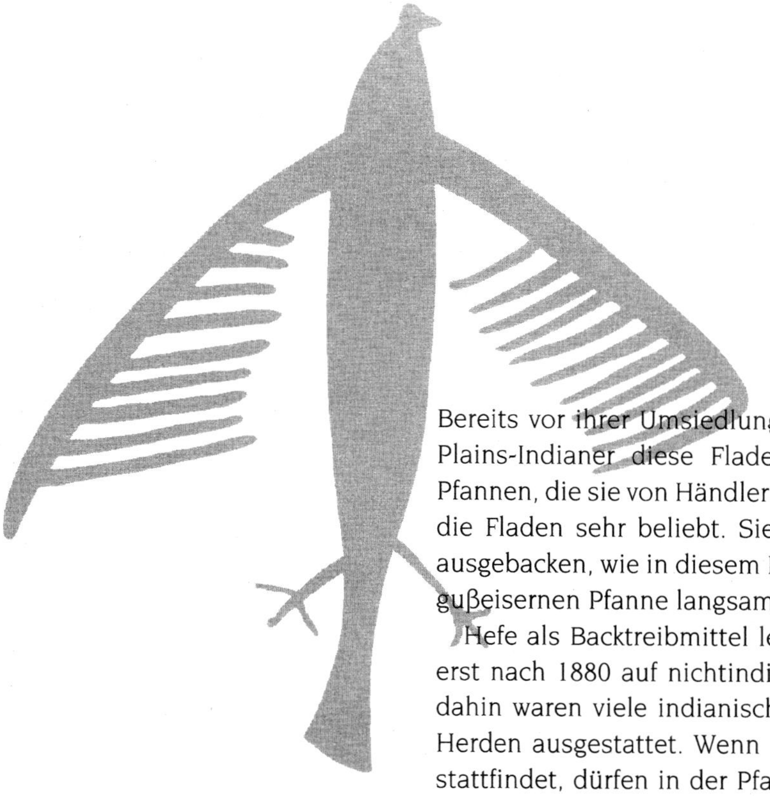

Bereits vor ihrer Umsiedlung in die Reservate bereiteten die Plains-Indianer diese Fladen in gußeisernen Kesseln und Pfannen, die sie von Händlern erworben hatten. Bis heute sind die Fladen sehr beliebt. Sie werden entweder schwimmend ausgebacken, wie in diesem Fall, oder auch in einer gefetteten gußeisernen Pfanne langsam gebraten.

Hefe als Backtreibmittel lernten die jungen Indianerfrauen erst nach 1880 auf nichtindianischen Internaten kennen. Bis dahin waren viele indianische Haushalte mit holzbefeuerten Herden ausgestattet. Wenn heute in einer Siedlung ein Fest stattfindet, dürfen in der Pfanne zubereitete Hefefladen, Pies und Kuchen nicht fehlen. Bei einem Fest im Umfeld eines traditionellen Lagers dagegen werden die Fladen eher mit Backpulver zubereitet.

AUSGEBACKENE HEFEFLADEN DER BLACKFOOT

In der faszinierenden Schilderung der traditionellen Lebensweisen der Blackfoot, veröffentlicht von Beverly Hungry-Wolf unter dem Titel *Die weisen Frauen der Indianer*, fanden wir das Rezept, das hier in leicht bearbeiteter Fassung vorgestellt wird. Die Autorin empfiehlt, die Fladen mit Marmelade und heißer Schokolade an kalten Wintertagen zu servieren. Manchmal schneidet sie sie auch an einer Seite auf und füllt sie mit einer Mischung aus gekochten Bohnen und anderem Gemüse sowie geriebenem Käse.

225 ml lauwarmes Wasser
1 Tütchen (7 g) Trockenbackhefe
2 EL weiche Butter
1 EL Zucker
1 TL Salz
300–375 g Mehl
Fett zum Ausbacken

Das Wasser in eine Backschüssel geben. Die Hefe einstreuen und 5 Minuten stehenlassen. Butter, Zucker, Salz und 300 g Mehl hinzufügen. Alles vermengen und nach Bedarf weiteres Mehl einkneten, bis man einen festen Teig erhält. Diesen 1 Stunde gehen lassen. In einem hohen Topf reichlich Fett auf 180 °C erhitzen. Aus dem Teig Fladen von 10 cm Durchmesser und etwa 6 mm Höhe formen. Von jeder Seite etwa 1 Minute goldbraun ausbacken.

Ergibt 8–10 Fladen

MAISBROT DER CHEYENNE

Bevor sie nomadisierende Bisonjäger wurden, lebten die Cheyenne im heutigen Minnesota und am Missouri in festen Siedlungen und bauten Mais an. Ihre heiligen Rituale erzählen bis heute davon, wie sie »ihren Mais verloren«, als sie in die Great Plains zogen.

Mit der Herstellung feiner Maisbrote wie diesem begannen sie vermutlich in den Anfängen ihres Reservatlebens, als junge Indianerinnen in verschiedenen staatlichen und kirchlichen Internaten in oder bei den Reservaten die Haushaltsführung erlernten. Dabei wurde den jungen Frauen auch das Backen von Broten und Kuchen im Herd beigebracht, den sie bis dahin nicht kannten.

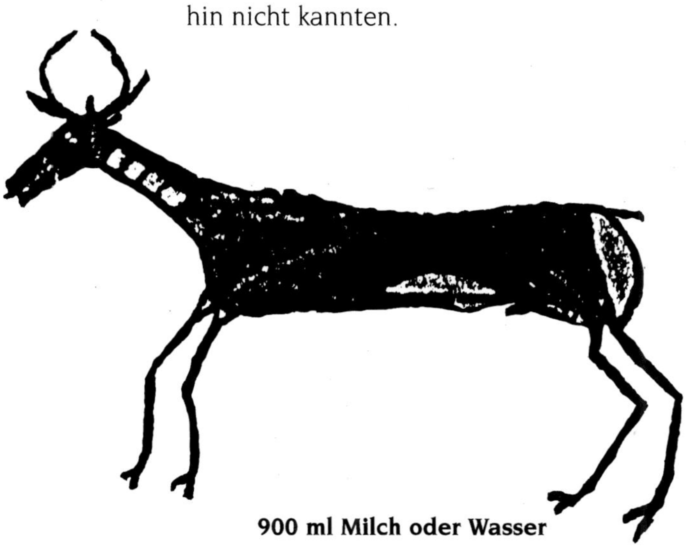

900 ml Milch oder Wasser
250 g gelbes oder weißes Maismehl
3 Eier, getrennt
4 EL zerlassene Butter
1½ TL Salz
½ TL frisch gemahlener Pfeffer

Den Backofen auf 190 °C vorheizen. Die Milch in einem großen Topf bei mittlerer Temperatur zum Kochen bringen. Langsam das Maismehl einrühren und einige Minuten unter Rühren kochen, bis es eindickt. Eigelb, Butter und Gewürze mit dem Schneebesen unterziehen. In einer zweiten Schüssel die Eiweiß zu steifem Schnee schlagen. Unter den Teig heben und diesen in eine 2-Liter-Backform füllen. Das Brot 30–40 Minuten backen, bis es locker aufgegangen und die Oberseite goldbraun ist.

Für 6 Personen

Die beiden Mehlsorten mit der Hefe, dem Zucker und dem Salz in einer Schüssel vermengen. Milch einrühren, bis man einen glatten Teig erhält, und diesen 15 Minuten ruhen lassen. Den Teig großzügig eßlöffelweise in eine heiße, gefettete gußeiserne Pfanne geben. Sobald sich oben Blasen zeigen, die Küchlein wenden und von der zweiten Seite goldbraun braten. Zu geschmortem Waldhuhn (Rezept S. 130) oder nach Belieben auch mit Ahornsirup servieren.

Ergibt 10–12 Küchlein

MAISKÜCHLEIN

Die nomadischen Plains-Stämme trieben regelmäßigen Handel mit ihren vorwiegend vom Feldbau lebenden Nachbarn. Daher hatten sie meist Vorräte an getrocknetem Mais, den man mahlen und in der Asche des Lagerfeuers zu Küchlein backen konnte. Nach Einrichtung der Reservate und der zunehmenden Verbreitung von Weizenmehl, Hefe, gußeisernen Backplatten (»griddles«) und Bratpfannen entwickelten sich aus dem einfachen Grundrezept feinere Brote und Pfannkuchen. Die amerikanische Bezeichnung »Griddle Cakes« rührt daher, daß Küchlein dieser Art in den Vereinigten Staaten häufig auf einer schweren, runden gußeisernen Platte mit schmalem Rand, »griddle« genannt, gebacken werden.

250 g Maismehl
30 g Weizenmehl
1 Tütchen (7 g) Trockenbackhefe
2 TL Zucker
½–1 TL Salz
450 ml Milch
Ahornsirup (nach Geschmack)

Rohrkolben wurden von den nordamerikanischen Ureinwohnern in allen Wachstumsstadien gegessen und anderweitig genutzt. Im Herbst wurden die Wurzeln getrocknet und zu einem nahrhaften Mehl zerrieben; von den ausgereiften Kolben wurde der Flaum abgezogen und als Kissenfüllung oder »Wegwerf«-Einlage für Babywindeln benutzt.

Im Frühjahr werden die ersten zarten Triebe, die einen milden, gurkenähnlichen Geschmack besitzen, geerntet und roh, auch in Salaten, gegessen. Kurz darauf erscheinen die jungen Blütenstiele. Wenn man sie von den Hüllblättern befreit und kocht, kann man die Blüten wie Maiskörner vom Kolben abknabbern. Aus Rohrkolbenblüten und -pollen und Weizenmehl werden verschiedene Brote und Pfannkuchen gebacken. Um die Blüten zu erhalten, streift man sie mit den Fingern von den Ähren. Bei 170 °C im Ofen getrocknet, lassen sie sich in einem luftdichten Behälter gut aufbewahren. Den Pollen gewinnt man durch Schütteln der frischen Blüten über einem Gefäß.

PFANNKUCHEN MIT ROHRKOLBENPOLLEN

125 g Rohrkolbenpollen oder -blüten
125 g Weizenmehl
2 TL Backpulver
½ TL Salz
1 Ei
225–280 ml Milch
1 EL Honig oder Ahornsirup
4 EL Schweineschmalz oder Pflanzenöl
Butter und Honig oder Ahornsirup zum Servieren

Die trockenen Zutaten in einer Schüssel vermischen. Langsam das Ei, die Milch, den Honig und 2 Eßlöffel Schmalz einrühren, so daß man einen cremigen Teig erhält. In einer schweren Pfanne Schmalz erhitzen und aus dem Teig Pfannkuchen backen. Diese wenden, sobald sich auf der Oberseite Blasen zeigen, und von der zweiten Seite ebenfalls bräunen. Mit Butter und Honig oder Ahornsirup servieren.

Ergibt 10–12 Pfannkuchen

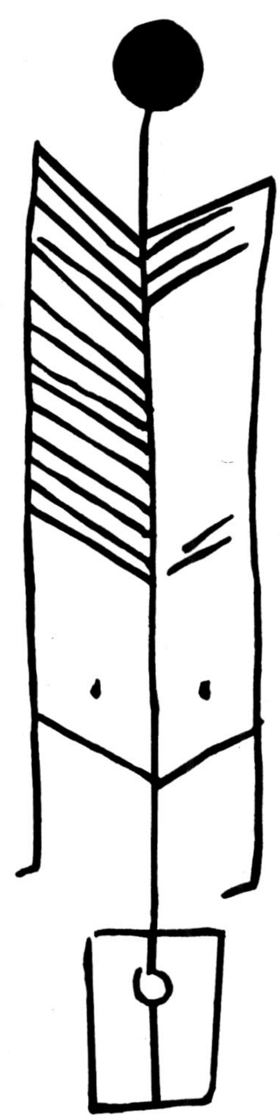

1 Kürbis von 1800–2250 g
2 TL Salz
1/2 TL Senfpulver
1–2 EL Pflanzenöl oder ausgelassenes Fett
450 g Hackfleisch von Hirsch, Rind oder Büffel
1 mittelgroße Zwiebel, gehackt
150 g Wildreis, gekocht
3 Eier, verquirlt
1 TL zerriebener getrockneter Salbei
1/4 TL frisch gemahlener Pfeffer

KÜRBIS MIT HACKFLEISCHFÜLLUNG NACH ART DER HIDATSA

Viele Indianerstämme in den Plains kannten den Wildreis aus ihrer ursprünglichen Heimat, der Umgebung der Großen Seen und dem nördlichen Waldland. Er wurde zu einem begehrten Handelsgut und fand als solches seinen Weg von den Wald- zu den Prärieindianern. Später wurde er von den Jagdvölkern in den Ebenen, denen ihre angestammten Reissümpfe längst weggenommen worden waren, gegen Bisonhäute und getrocknetes Fleisch getauscht.

Die Dörfer der Mandan und Hidatsa am Missouri im heutigen zentralen North Dakota waren bedeutende Umschlagplätze für einheimische und nichtindianische Nahrungsmittel. Diese Stämme kultivierten Gartenkürbis und Squash und trieben auch Handel mit Indianern im Osten und Norden, wodurch ihre Ernährung abwechslungsreicher war als die ihrer nomadischen Nachbarn.

Den Backofen auf 175 °C vorheizen. Vom Kürbis einen Deckel abschneiden, die Kerne und Fasern entfernen. Den Kürbis innen mehrfach mit einer Gabel einstechen und mit 1 Teelöffel Salz und dem Senfpulver ausreiben. Das Öl in einer großen Pfanne bei mittlerer bis hoher Temperatur erhitzen. Das Fleisch mit der Zwiebel unter Rühren bräunen. Die Pfanne vom Herd nehmen. Den Wildreis, die Eier, 1 Teelöffel Salz, den Salbei und den Pfeffer untermengen. Den Kürbis mit der Mischung füllen. Eine flache ofenfeste Form gut 1 cm hoch mit Wasser füllen. Den Kürbis in die Form geben und 1 1/2 Stunden backen, bis er gar ist. Nach Bedarf weiteres Wasser hinzugießen, damit er nicht ansetzt. Zum Servieren den Kürbis mit der Füllung wie eine Torte aufschneiden.

Für 6 Personen

Die Cheyenne, ein Stamm aus der Algonkin-Sprachfamilie, gehörten zu den größten Bisonjägern der Plains. Ihre bedeutendste Zeremonie war der Sonnentanz, ein Durchgangsritus, während dessen junge Männer keine Nahrung zu sich nahmen und sich extremen körperlichen Torturen unterzogen, um ein dem Höchsten Wesen geleistetes Gelübde zu erfüllen und ihren Mut und ihr Durchhaltevermögen zu beweisen. Die hier vorgestellte »Zauberwurst« gehörte zu einem Ritual mit eher heiterem, romantischem Anstrich. Junge, unverheiratete Krieger bereiteten die Wurst aus dem Fleisch eines kräftigen, jungen Bullen zu. Sie wurde gekocht und zum Abkühlen auf ein Bett aus frischem Salbei gelegt, der bei den Zeremonien der Plains-Indianer eine wichtige Rolle spielte. Jeder Jüngling nahm einen Bissen der Wurst und nannte dann den Namen der jungen Frau seines Herzens.

ZAUBERWURST

600 g mageres Hackfleisch von Rind oder Büffel
Salz und frisch gemahlener Pfeffer nach Geschmack
Etwa 2,7 m natürlicher Wurstdarm
2 EL ausgelassenes Fett oder Pflanzenöl (nach Belieben)
225 g frischer Salbei

Das Fleisch nach Geschmack salzen und pfeffern und sorgfältig in die Wursthülle füllen, ohne diese zu beschädigen. Den Strang in Abständen von 12–13 cm abbinden. Die Würste im vorgeheizten Ofen bei 190 °C 15–20 Minuten rösten oder im Fett braten, bis sie gar sind. Die Hälfte des Salbeis auf ein großes Stück Alufolie geben. Die Würste darauflegen und mit dem restlichen Salbei abdecken. Die Folie fest verschließen und die Würste 1½–2 Stunden abkühlen lassen.

Für 4–6 Personen

Die Leber in 6–8 mm dicke Scheiben schneiden. Frühlingszwiebeln, Salbei und fetten Speck in einer Schüssel mit einer Gabel oder einem großen Holzlöffel zu einer Paste verarbeiten. Die Leberscheiben gleichmäßig damit bestreichen. In einer großen Pfanne das Schmalz bei mittlerer bis hoher Temperatur erhitzen. Die Leberscheiben von beiden Seiten 1–4 Minuten, je nach gewünschtem Gargrad, braten.

Für 4–6 Personen

GEBRATENE HIRSCHLEBER

675 g Hirsch- oder Rinderleber
6 Frühlingszwiebeln, gehackt
6 Salbeiblätter, gehackt
50 g gehackter fetter Speck
Schweineschmalz oder anderes Bratfett

Rohe Leber von Bison, Wapiti und Hirsch galt als großer Energiespender und wurde daher von den Männern nach einer langen, anstrengenden Jagd oft gleich an Ort und Stelle gegessen. Da das Organ eine beträchtliche Größe aufweist, blieb häufig etwas übrig. Die Reste, auch die Nieren, die man ebenfalls roh aß, wurden als Geschenk für die älteren Stammesgenossen ins Lager mitgenommen. In Anbetracht deren schwacher Zähne wurden die Innereien gekocht, bis sie gar waren, und als besonders kräftigende Mahlzeit gereicht. Manchmal wurden sie auch in ausgelassenem Stachelschweinfett gebraten.

Gebraten wie gekocht sind diese Innereien nach wie vor eine Delikatesse. Sie dürfen jedoch nicht übergart werden, da sie sonst ihre Zartheit verlieren.

Fleisch, Nierenfett, Gemüse, Thymian, Salz, Pfeffer und Mehl vermengen. Die Mischung vorsichtig in den Wurstdarm füllen und diesen in Abständen von 12–13 cm abbinden. Die Würste nach Belieben kurz in Öl anbräunen und dann in sprudelndem Wasser zugedeckt 20 Minuten garen. Heiß servieren.

Für 4–6 Personen

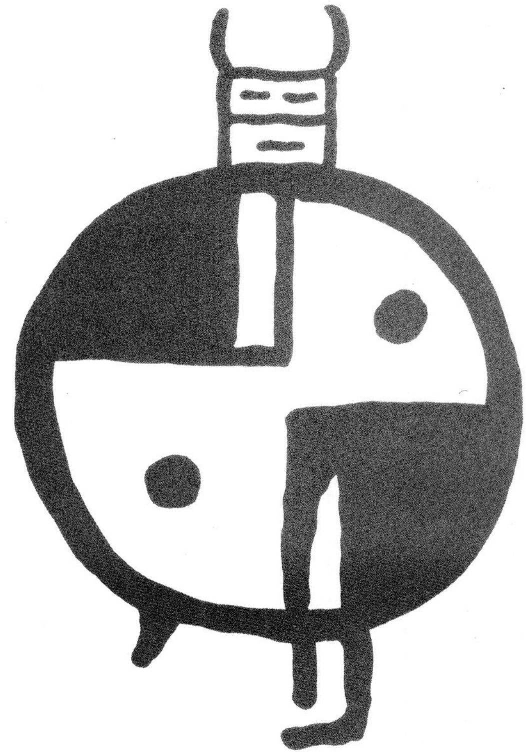

WURST NACH ART DER BLACKFOOT

Bei den Blackfoot heißt diese Wurst »Crow Gut«, was jedoch nicht bedeutet, daß sie Krähen (engl. »crows«) enthält. Vielmehr stammt sie ursprünglich aus der Küche der Crow. Nach dem Originalrezept mehrerer Plains-Stämme wird der fettreiche Teil der Därme eines Bisons oder Wapiti mit in Streifen geschnittener Lende gefüllt. Beim Essen wird die Wurst an einem Ende geöffnet. Die Gäste trinken zunächst den Saft aus der Wursthülle und essen dann die Wurst.

Bei dem Rezept handelt es sich um eine Adaption aus dem Buch *Die weisen Frauen der Indianer* von Beverly Hungry-Wolf, das interessante Berichte über das Leben der Blackfoot enthält. In dieser modernen Version werden zusätzlich verschiedene Gemüse verwendet.

250 g gewürfelte Lende von Rind, Büffel oder Wapiti
50 g feingehacktes Nierenfett
250 g gewürfeltes Gemüse (eine Mischung aus Kartoffeln, Möhren, weißen Rüben und Zwiebeln)
1 TL getrockneter Thymian oder Salbei
Salz und frisch gemahlener Pfeffer
2 EL Mehl
1,5 m natürlicher Wurstdarm
1 EL Pflanzenöl oder ausgelassenes Fett (nach Belieben)

PEMMIKAN DER PLAINS

175 g feingehacktes Dörrfleisch von Rind oder Büffel (Rezept S. 121)
125 g gehackte getrocknete Traubenkirschen oder saure Kirschen
6 EL geschmolzener Rindertalg oder Butter

»Pemmikan« gehört zu den charakteristischen Nahrungsmitteln der nordamerikanischen Indianer, wobei die Zutaten von Region zu Region variieren. Das Grundrezept verwendet zerriebenes getrocknetes Fleisch, mitunter auch Fisch. Es wird mit geschmolzenem Talg oder Fischöl zu einer Masse verarbeitet, die sich in Behältern aus enthaarter Bisonhaut oder an einem anderen trockenen Platz lange aufbewahren läßt. »Pemmikan« diente als Proviant auf langen Wanderungen und wurde gegessen, wenn frisches Fleisch knapp war. In kochendem Wasser aufgelöst, ergibt es eine nahrhafte Suppe, ebenso aber wird es als »Energiehappen« pur gegessen.

In den Plains gab man oft Traubenkirschen oder Beeren hinzu, die die Versorgung mit lebenswichtigem Vitamin C sicherten, denn ansonsten wurde kaum Pflanzliches gegessen. Bei den Sioux gilt »Pemmikan« aus Bisonfilet, Traubenkirschen und Knochenmark als heilige Nahrung. Eine mit diesem Pemmikan gefüllte Rohhauttasche heißt *wasna*. Sie als Geschenk zu erhalten oder das geheiligte *wasna* serviert zu bekommen ist eine große Ehre.

Alle Zutaten miteinander vermengen und daraus sechs Küchlein formen. Bis zum Servieren kalt stellen.

Für 6 Personen

Bisonbraten vom Holzkohlengrill

Für die Plains-Indianer war der Bison eine Lebensgrundlage. Das majestätische Tier sicherte ihre Grundbedürfnisse – Nahrung, Kleidung und Behausung – und spielte auch in ihren Mythen und ihrer Religion eine zentrale Rolle.

Wir wollten die uralte Garmethode ausprobieren, bei der das Fleisch direkt auf die Glut gelegt wird, befürchteten aber, daß es außen verbrennen und innen noch zu roh sein würde. Rechnet man jedoch etwa 15 Minuten pro 500 g, ist es außen sehr kräftig gebräunt – aber gut – und innen wunderbar rosa bis leicht blutig. Die Idee, die Frühlingszwiebeln durch das Fleisch zu ziehen, stammt in dem Fall von uns. Der Braten erhält dadurch ein besonders würziges Aroma und sieht außerdem aufgeschnitten besonders ansprechend aus. Die traditionellen Gewürze für Bisonbraten sind wilde Zwiebeln, Knoblauch und Salbei.

Etwa 1,5 kg natürliche Holzkohle
1–1,5 kg Rind- oder Bisonfleisch, z. B. Lendenstück, etwa 15 cm dick
6 kleine Frühlingszwiebeln
1 EL Pflanzenöl
1 TL zerriebener Salbei
Salz und frisch gemahlener Pfeffer

Im Holzkohlengrill ein Feuer entfachen. Den Braten mit einem Messer mit langer, schmaler Klinge im Abstand von etwa 2,5 cm sechsmal ganz durchstechen. Durch jedes Loch eine Frühlingszwiebel ziehen. Den Braten mit dem Öl und den Gewürzen einreiben. Wenn das Feuer heruntergebrannt ist, die rotglühende Holzkohle über eine Fläche verteilen, die 5–8 cm größer als der Braten ist. Das Fleisch direkt auf die Glut legen. Man rechnet 10 Minuten pro 500 g, wenn man den Braten innen roh bevorzugt, bzw. 15 Minuten, wenn er rosa bis blutig sein soll. Den Braten alle 3–4 Minuten mit einer Grillzange wenden, damit er eine gleichmäßige Kruste bekommt. Wer ihn weniger scharf gebräunt vorzieht, grillt ihn auf einem Rost über der Glut.

Für 4–8 Personen

DÖRRFLEISCH

1 kg sehr mageres Rind- oder Büffelfleisch
2 EL grobes Salz
1 EL gemahlener Ingwe (nach Geschmack)
½–1 TL gemahlene r Chilischoten (nach Geschmac'

Das Fleisch in 3 mm dicke Streifen von etwa 10 × 2,5 cm schneiden. Die Gewürze vermischen und die Streifen damit einreiben. Auf einen Rost legen und auf einem Backblech für 8–10 Stunden in den auf 65 °C vorgeheizten Ofen schieben. Das Fleisch muß richtig ausdörren. Es wird danach im Kühlschrank aufbewahrt.

Für 6–8 Personen

Die Einführung von industriell hergestelltem Salz in den sechziger Jahren des 19. Jahrhunderts vereinfachte die Herstellung von Dörrfleisch erheblich. Das traditionelle Verfahren, das in der Kapiteleinleitung beschrieben wird, kann bis zu fünf Tage in Anspruch nehmen. Bevor nun das Salz dabei zum Einsatz kam, war es schwierig, die Fliegen in der ersten Trocknungsphase abzuwehren. Durch Eintauchen der Fleischstreifen in konzentriertes Salzwasser aber bildete sich rasch eine Kruste, die Fliegen abhielt.

In den Plains war Salz oft das einzige Gewürz, das bei der Herstellung von Dörrfleisch Verwendung fand. Die Zugabe von Chillies ist typisch für den Südwesten, wilder Ingwer dagegen kommt vor allem im Grenzgebiet zu Kanada zum Einsatz. Das hier beschriebene Trocknen im Ofen funktioniert vorzüglich. Traditionalisten aber behaupten, daß das noch langsamere Dörren an einer Leine, die über einem Tag und Nacht mit Holz befeuerten Herd gespannt ist, bessere Ergebnisse bringt.

Die Pawnee, ein Ackerbau betreibendes Volk aus der Sprachfamilie der Caddo, zogen um das 13. Jahrhundert aus dem heutigen östlichen Texas an den Platte River in Nebraska. Dort errichteten sie Dörfer und blieben eine Zeitlang seßhaft. Sie lebten teils vom Feldbau, teils von der Bisonjagd. Im Gegensatz zu anderen Plains-Stämmen behielten die Pawnee diese Lebensweise auch dann bei, als das Pferd ihnen ab dem 16. Jahrhundert zu erheblich mehr Mobilität verhalf.

Präriehühner, einst in den Plains weit verbreitet, sind heute ziemlich selten. Lange wurde ihnen zu stark nachgestellt, zudem schrumpfte ihr Lebensraum durch die expandierende Landwirtschaft und die Einführung des Fasans aus China Anfang dieses Jahrhunderts.

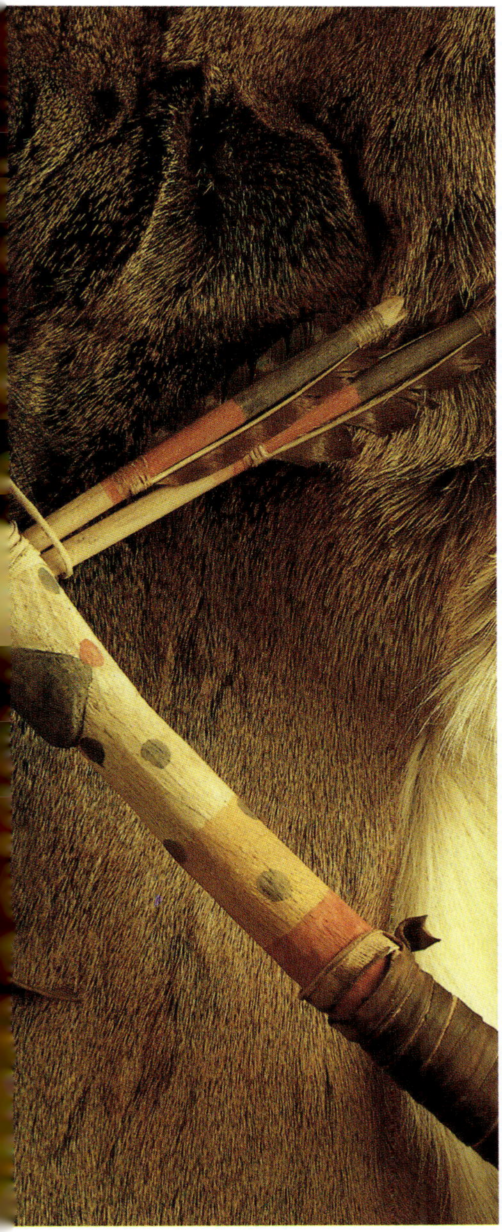

2 Präriehühner oder Brathühner (möglichst aus Freilandhaltung) à 900 g
Salz und frisch gemahlener Pfeffer
250 g Bleichsellerie, gewürfelt
2 große Zwiebeln, gehackt
3–4 EL gehackter frischer Salbei oder 3–4 TL getrockneter Salbei
6 EL Honig oder Melasse
4 mittelgroße Süßkartoffeln
2 EL gehackter frischer Schnittlauch
1 EL geschälte Sonnenblumenkerne, geröstet

PRÄRIEHÜHNER NACH ART DER PAWNEE

Den Backofen auf 175 °C vorheizen. Die Hühner abspülen und trockentupfen. Innen mit Salz und Pfeffer würzen. Bleichsellerie, Zwiebeln und Salbei mischen und die Hühner damit füllen. Dressieren, jeweils mit 1 Eßlöffel Honig bestreichen und in einen Bräter setzen. Die Garzeit beträgt etwa 20 Minuten pro 500 g. Während des Garens die Hühner ab und zu mit dem Bratensaft begießen. Sie sind fertig, wenn aus der dicksten Stelle des Schenkels beim Einstechen klarer Saft austritt.

Die Süßkartoffeln abbürsten und ein- bis zweimal mit einer Gabel einstechen. Zusammen mit dem Geflügel im Ofen garen, bis sie sich mühelos mit der Gabel einstechen lassen. Die Oberseite einschneiden und die Enden zusammendrücken, so daß die Kartoffeln sich aufspreizen. Mit dem restlichen Honig beträufeln, mit Schnittlauch und Sonnenblumenkernen bestreuen. Nach Geschmack salzen und pfeffern.

Für 4–6 Personen

1 kg mageres, gewürfeltes Fleisch von Rind, Elch, Wapiti, Hirsch oder Reh
75 ml Ahornsirup
1 l Wasser
Salz
3–4 Frühlingszwiebeln, in Scheiben geschnitten
4 weiße Rüben, geschält und gewürfelt
4 mittelgroße Kartoffeln, geschält und gewürfelt
1 Stange Lauch, gehackt

WILDEINTOPF DER ASSINIBOIN

Die Assiniboin, ein Sioux-Stamm, der ursprünglich zu den Yankton, einer Untergruppe der Östlichen Dakota, gehörte, spalteten sich von den Dakota ab und wurden deren erbitterte Feinde. Im Kampf um die Weidegebiete der Bisons verbündeten sie sich mit den Cree und Chippewa gegen die Dakota. Tragischerweise wurden sie 1840 durch eine Pockenepidemie weitgehend ausgelöscht. Heute leben die letzten Assiniboin im nördlichen Montana.

Ursprünglich bedienten sich die Plains-Stämme zum Kochen dieses Eintopfs heißer Steine. Als sie noch keine Eisentöpfe kannten, kleideten sie eine Grube im Boden mit einer Tierhaut aus oder hängten den Magen eines großen Tieres an vier in den Boden gerammten Stöcken auf. Da ein solcher »Naturtopf« dem direkten Kontakt mit Feuer nicht standhält, wurden im Lagerfeuer große Steine erhitzt und in den Eintopf gegeben.

Die Fleischwürfel auf Spieße ziehen und in einer großen Pfanne oder über einem offenen Feuer bräunen. Das Fleisch mit den restlichen Zutaten in einen großen Topf geben. Den Eintopf auf dem Herd oder über dem Feuer bei mittlerer bis niedriger Temperatur etwa 1 Stunde simmern lassen, bis das Fleisch zart ist.

Für 6–8 Personen

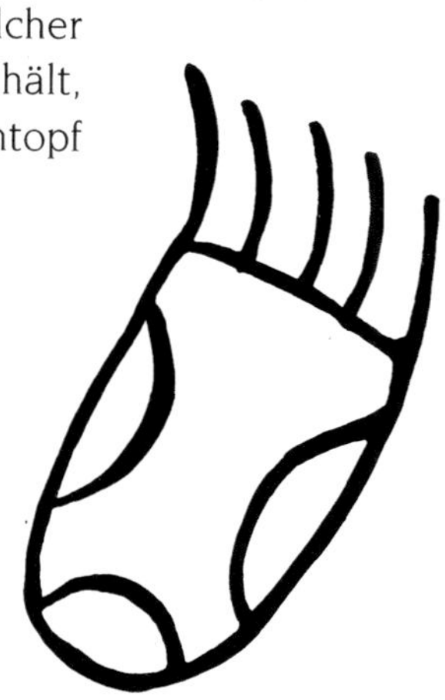

Für die Plains-Stämme, die ein Nomadenleben führten, waren getrocknete Vorräte wie Dörrfleisch und Hominy sehr praktisch. Denn sie waren leicht und brauchten wenig Platz. Zudem ergaben sie zusammen mit frischen wilden Zwiebeln und Wurzeln, die mühelos zu finden waren, eine nahrhafte und sättigende Mahlzeit, die bereits wenige Stunden nach Errichtung eines Lagers fertig war. Und Dörrfleisch ließ sich auch unterwegs knabbern, um den Hunger zwischendurch zu bekämpfen.

DÖRRFLEISCH-EINTOPF

450 g Dörrfleisch von Rind oder Bison, grobgewürfelt (Rezept S. 121)
350 g getrocknetes Hominy, mindestens 8 Stunden eingeweicht
120–180 g gehackte Frühlingszwiebeln
450 g neue Kartoffeln, gewürfelt
1 TL gemahlener Salbei (nach Geschmack)
Salz und frisch gemahlener Pfeffer

Dörrfleisch, Hominy und Frühlingszwiebeln in einen großen Topf geben. Alles mit Wasser bedecken und zum Kochen bringen. Danach zugedeckt bei verringerter Temperatur 2 Stunden köcheln lassen, bis der Mais gar ist. Die Kartoffeln hinzufügen. Den Eintopf mit Salbei, Salz und Pfeffer würzen. Weitere 30–40 Minuten kochen, bis die Kartoffeln gar sind. Bei Bedarf weiteres Wasser zugeben.

Für 4–6 Personen

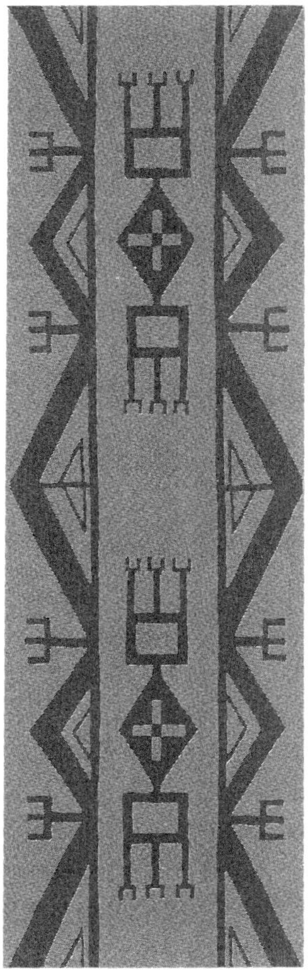

Die ursprünglich aus dem Great Basin und den Rocky Mountains stammenden Comanche galten unter allen Plains-Stämmen als die besten Reiter. Sie waren geschickte Bisonjäger und wilde Krieger. Wegen ihrer Angewohnheit, Schlangen zu essen, wurden sie wie auch die ihnen nahestehenden Shoshone und Kiowa einst von anderen Stämmen »Snakes« genannt. In ihrer früheren, oft unwirtlichen Heimat im Great Basin hatten sie gelernt, auch Reptilien und Amphibien wie Frösche, von vielen Plains-Stämmen verabscheut, als Nahrung zu nutzen. Dieses Rezept für Froschschenkel würde sicher auch einem französischen Gourmet schmecken.

Froschschenkel nach Art der Comanche

170 ml Pflanzenöl
2 Eier, gründlich verquirlt
1 TL Salz
½ TL frisch gemahlener Pfeffer
125 g gelbes Maismehl
Etwa 280 ml Wasser
1,5 kg Froschschenkel

Das Öl in einer Pfanne mit hohem Rand bei mittlerer bis hoher Temperatur erhitzen. In einer weiten, flachen Schüssel die Eier mit Salz, Pfeffer, Maismehl und Wasser verrühren. Die Froschschenkel durch den Backteig ziehen – sie sollen gleichmäßig überzogen sein. Im heißen Öl etwa 30 Minuten ausbacken, dabei gelegentlich wenden, bis sie appetitlich gebräunt sind und sich fest anfühlen.

Für 6 Personen

4 ganze frische Forellen
à 450–550 g
Gemahlener Piment oder Fieberbuschbeeren nach Geschmack
Salz und frisch gemahlener Pfeffer
8 Frühlingszwiebeln
4–8 Streifen von fein aufgeschnittenem geräuchertem Bauchspeck (nach Belieben)

Die Forellen unter fließendem kaltem Wasser abspülen, an der Bauchseite aufschlitzen und ausnehmen. (Wenn Sie keinen Speck verwenden, zum Ausnehmen nur zwei 5 cm lange Schnitte am Anfang und am Ende der Bauchhöhle anbringen.) Die Fische innen und außen mit den Gewürzen einreiben und jeweils 2 Frühlingszwiebeln hineingeben. Falls erwünscht, die Fische an ein, zwei Stellen mit Speckstreifen zusammenbinden. Einen kräftigen, gegabelten und an den Enden angespitzten Stock in die Bauchhöhle stecken. Die Forellen 15–20 cm über einem Feuer oder auf einer leicht geölten Unterlage auf dem Garten- oder Elektrogrill von beiden Seiten 6–8 Minuten grillen. Sie sind fertig, wenn sich das Fleisch leicht zerpflücken läßt, aber noch saftig ist.

Für 4 Personen

GEGRILLTE FORELLE

Das Aroma und der Geschmack einer über Holzkohlenglut gegrillten Forelle ist unvergleichlich gut. Bei den Indianern war das Grillen von Fischen und kleinem Wild an einem Spieß oder gegabelten Stock aus grünem Holz über dem Feuer eine häufig praktizierte Methode. Frühlingszwiebeln und gemahlene getrocknete Fieberbuschbeeren, die ähnlich wie Piment schmecken, sind traditionelle Gewürze der indianischen Küche. Fetter und durchwachsener Speck setzte sich bald nach seiner Einführung durch europäische Siedler und Händler als Würze für Fleisch und Fisch wie auch als Bratfett durch.

GESCHMORTES WALDHUHN MIT BLATTGEMÜSE

In den Great Plains leben mehrere Vertreter der Familie der Waldhühner. Das Schweifhuhn, etwas kleiner als eine Fasanhenne, der es auch ähnelt, schmeckt vorzüglich. Vor allem im Gebiet der Rocky Mountains findet man das Felsengebirgshuhn. Es ernährt sich im Sommer von Insekten und Beeren und in den Wintermonaten von Kiefernnadeln. Etwas kleiner ist das hübsche Haselhuhn, erkennbar an seiner Halskrause. Das Beifußhuhn schließlich ist mit einem Gewicht von bis zu 1800 g das größte von allen. Wie sein Name schon andeutet, frißt es die Knospen und Blätter einer heimischen Beifußart und schmeckt am besten jung, da das Kraut dem Fleisch ausgewachsener Tiere einen kräftigen Geschmack verleiht.

Waldhühner, Präriehühner, Kaninchen und Präriehunde waren einst die Tiere, an denen die Jungen ihre Fertigkeiten als Jäger und Fallensteller übten. Zugleich bereicherten sie damit natürlich den Speiseplan ihrer Familie. Eine willkommene Abwechslung zum Fleisch, das in der Ernährung den Schwerpunkt bildete, lieferten die Mädchen, die schon früh von ihren Müttern und Großmüttern lernten, wie man Blattgemüse, Wurzeln und Beeren sammelt.

Geflügel wurde häufig nicht gerupft, sondern abgezogen. Dies sparte Zeit, und zugleich blieb so das Gefieder intakt und konnte noch als Schmuck und für zeremonielle Zwecke verwendet werden.

2 Waldhühner, dressiert
4 EL Schweineschmalz oder anderes Fett
250 g zarter Spinat oder wilder Gänsefuß
6 Frühlingszwiebeln, in Scheiben geschnitten
8–10 frische Minzeblätter, gehackt, oder 1/2 TL getrocknete Minze
Salz und frisch gemahlener Pfeffer
Maisküchlein (Rezept S. 110, nach Belieben)

Die Waldhühner mit 2 Eßlöffeln Schmalz einreiben. Am Spieß über dem offenen Feuer oder in der Pfanne anbräunen. Die Hühner mit den restlichen Zutaten in einen großen Topf geben und mit Wasser bedecken. Alles einmal aufkochen und dann bei niedriger Temperatur 1 1/2–2 Stunden köcheln lassen, bis das Fleisch schön zart ist. Zuletzt mit Salz und Pfeffer würzen. Nach Belieben auf Maisküchlein (Rezept S. 110) anrichten.

Für 4–6 Personen

PEMMIKAN AUS MAIS NACH ART DER SIOUX

Diese »Pemmikan«-Version der Sioux, die mit gedörrtem Mais anstelle von Fleisch hergestellt wird, geht auf ein uraltes Rezept aus einer Zeit zurück, als sie Feldbau betrieben, und zeugt zugleich vom Einfluß Feldbau betreibender Stämme wie der Hidatsa und Mandan. Kugeln aus gedörrtem und gemahlenem Mais und ausgelassenem Fett spielten bei diesen Agrarstämmen die gleiche Rolle wie »Pemmikan« aus Fleisch oder Fisch bei den Indianern anderer Regionen. Manchmal wurde die Mischung mit Trockenfrüchten und Ahornzucker angereichert. Diese Spezialität diente als besonderes Geschenk und Handelsgut.

Diese Maiskugeln nennt man *wagmiza wasna*. Sie werden heute häufig mit Weißzucker und Rosinen hergestellt und sind nicht nur bei Kindern als Leckerei sehr begehrt.

250 g gelbes Maismehl
125 g Rosinen oder andere getrocknete Beeren wie Virginische Traubenkirschen
Etwa 225 ml Wasser
65 g Zucker
225 ml geschmolzenes Nierenfett oder Butter

Den Backofen auf 175 °C vorheizen. Das Maismehl in einen flachen Topf geben und im Ofen etwa 30 Minuten rösten, bis es zart gebräunt ist; dabei häufiger durchmischen. Inzwischen die Beeren in Wasser einweichen und dann abgießen. Maismehl, Beeren und Zucker vermengen. Das geschmolzene Nierenfett gründlich untermischen. Das Ganze in eine quadratische Form von 20 cm Kantenlänge füllen, fest zusammendrücken und gefrieren lassen. Danach in Quadrate schneiden.

Ergibt 16 Stücke von 2,5 cm Kantenlänge

Obwohl Pies erst Ende des 19. Jahrhunderts nach der Einrichtung der Reservate in den Plains Einzug hielten, ist die Grundidee des sogenannten »Mincemeat« doch sehr alt. Es erinnert stark an »Pemmikan«, eines der traditionsreichsten indianischen Nahrungsmittel. Fast überall wird »Pemmikan« in der einen oder anderen Version hergestellt. In Gebieten, in denen Fleisch eine große Rolle spielt, wird Dörrfleisch von Bison oder Hirsch zerrieben und mit getrockneten Beeren und geschmolzenem Talg vermischt. In Gegenden, wo vornehmlich Fisch gegessen wird, wie an der Nordwestküste, bildet Dörrfisch die Grundlage.

Zwar ist das traditionelle »Pemmikan« nach wie vor sehr beliebt, doch schien es uns interessant, aufzuzeigen, wie es sich im Laufe der Jahre weiterentwickelt hat. Dieses Rezept stammt von Margaret Ketchum Walker, einer Cheyenne aus Wyoming, deren verstorbener Ehemann George Walker dem Sac and Fox Tribe angehörte.

MINCEMEAT-PIE VON WILD

FÜR DAS MINCEMEAT:

1 l Apfelwein
280 g kernlose Rosinen
140 g Korinthen
140 g getrocknete Sauer- oder Süßkirschen (ersatzweise Johannisbeeren)
3 Äpfel, geschält, Kerngehäuse entfernt, gehackt
175 g gehacktes Nierenfett
225 g Hackfleisch von Reh oder Hirsch
2 TL Salz
2 TL gemahlener Zimt
2 TL gemahlener Ingwer
2 TL gemahlene Gewürznelken
1 TL geriebene Muskatnuß
½ TL gemahlener Piment

FÜR DEN TEIG:

375 g Mehl
1 TL Salz
150 g Schweineschmalz oder Pflanzenfett, gekühlt
110 ml kaltes Wasser
1 Ei, mit 2 EL Milch oder Wasser verquirlt

Für das Mincemeat Apfelwein, Rosinen, Korinthen und Kirschen in einen großen Topf geben. Zugedeckt bei niedriger Temperatur 1½–2 Stunden köcheln. Äpfel, Nierenfett, Hackfleisch und Gewürze hinzufügen. Alles noch 2 Stunden simmern lassen. Falls das Mincemeat länger als zwei, drei Tage aufbewahrt werden soll, die Mischung in zwei Portionen teilen und tiefgefrieren.

Für den Teig Mehl und Salz in einer Schüssel vermischen. Das Schmalz in Stücken hineingeben und alles mit den Fingern zu einer feinkrümeligen Mischung verarbeiten. Langsam das Wasser einrühren, bis man einen geschmeidigen Teig erhält. Auf einer leicht bemehlten Arbeitsfläche in drei gleich große Portionen teilen und in Pergamentpapier oder Klarsichtfolie einschlagen. Für mindestens 30 Minuten in den Kühlschrank oder, falls der Teig erst in einigen Tagen verwendet wird, in die Gefriertruhe geben. Die Stücke zu 6–7 mm dicken Kreisen mit mindestens 25 cm Durchmesser ausrollen. Zwei Pie-Formen von 25 cm Durchmesser jeweils mit einer Teigscheibe auslegen. Die dritte Scheibe in Streifen schneiden. Die Formen möglichst für ½ Stunde kalt stellen.

Den Backofen auf 200 °C vorheizen. Die Formen mit dem Mincemeat füllen. Die Teigstreifen gitterförmig darauflegen und mit verquirltem Ei bestreichen. Überstehende Teigränder über die Füllung legen und die Kanten mit einer Gabel wellen. Die Pies im unteren Drittel des Ofens backen. Nach 15 Minuten die Temperatur auf 175 °C herunterschalten. Die Pies weiterbacken, bis der Teig nach 40–50 Minuten schön gebräunt ist und die Füllung leise brodelt.

Ergibt 2 Pies (12 Portionen)

Traubenkirschenpudding – genaugenommen eher eine dicke Fruchtsauce – ist in den Plains ein beliebtes Dessert, das häufig zu ausgebackenen Brötchen (Rezept S. 160) serviert wird. Bei der traditionellen Zubereitung werden die Früchte nicht entkernt, und die Gäste spucken die Samen beim Essen einfach aus. Manchmal werden die frischen oder getrockneten Traubenkirschen zerstoßen oder zerrieben und in dem Fall die Samen mitgegessen. Die Traubenkirschen werden in Wasser gekocht und mit Honig oder Zucker gesüßt. Ursprünglich wurde der Pudding mit den beim Säubern von Tierhäuten abgeschabten Stückchen angedickt. Heutzutage verwendet man dafür indes Mehl, Pfeilwurzmehl oder Maisstärke.

TRAUBENKIRSCHENPUDDING NACH ART DER CROW

Die genaue Zubereitungsart variiert von Stamm zu Stamm und von Koch zu Koch. Evelyn Antelope Willow, eine Arapaho aus Wyoming, die ihre Traubenkirschenernte mit uns teilte, bereitet für den *renaaku*, wie der Pudding in ihrer Sprache heißt, zunächst eine zart gebräunte Mehlschwitze. Dann rührt sie Früchte, Wasser und Zucker ein und läßt die Mischung köchelnd eindicken. Sie mag den Geschmack, den die braune Mehlschwitze dem Pudding verleiht. Wie sie uns berichtete, seihen heute viele Arapaho-Köche den Pudding durch, um die Samen zu entfernen.

Das bei den Crow verbreitete Rezept für *biinettalappao*, so heißt der Pudding in deren Sprache, bekamen wir von Louella Whiteman Johnson. Sie wuchs in einer Crow-Familie mit starkem Traditionsbewußtsein auf. Ihre Großmutter, Lizzie Yellow Tail, wurde stolze 105 Jahre alt. »Als junges Mädchen lernte sie noch das Nomadenleben kennen, und später sah sie Menschen auf dem Mond spazierengehen.« Mrs. Yellow Tail erzählte ihren Kindern und Enkeln viel von den alten Sitten und Bräuchen, die bis heute in ihrer Familie fortleben.

Die Traubenkirschen in einem Topf mit Wasser bedecken. Bei mittlerer Temperatur unter häufigem Rühren kochen, bis sie weich werden und ihren Saft abgeben. Nach Geschmack süßen. In einer kleinen Schüssel das Mehl mit Wasser nach Bedarf zu einer cremigen Mischung verrühren. Diese langsam unter die Früchte ziehen. Den Pudding köchelnd eindicken lassen. Zuletzt, wenn gewünscht, durch ein Sieb geben, um die Samen zu entfernen. Pur oder zu ausgebackenen Brötchen genießen.

Für 4–6 Personen

350 g frische, gefrorene oder getrocknete Traubenkirschen
½–1 l Wasser
Honig oder Zucker
30 g Mehl oder 2 EL Maisstärke oder Pfeilwurzmehl

Mrs. Johnson, Grundschullehrerin in Lodge Grass, Montana, ist bezüglich der Küche der Plains und ihrer einheimischen Zutaten eine wertvolle Informationsquelle. So erfuhren wir von ihr, daß die Crow Traubenkirschen für die Herstellung von Pudding oder Gelee schon Anfang August ernten, bevor sie voll ausgereift und dunkel gefärbt sind. »Wenn sie leuchtend rot sind, erhält der Pudding einen kräftigen, leicht herben Geschmack und das Gelee eine hübschere Farbe.« Während Traubenkirschen und andere Beeren früher als Wintervorrat getrocknet wurden, friert Louella sie jetzt ein und hat sie damit ganzjährig frisch zur Verfügung.

Ähnliche Puddings werden mit Felsenmispeln, Bisonbeeren, Huckleberries, Blaubeeren, wilden Pflaumen und Trauben zubereitet. Dabei muß die Menge des Süßungs- und des Dickungsmittels von Fall zu Fall eventuell verändert werden.

Den Backofen auf 190 °C vorheizen. Die Früchte mit 2 Eßlöffeln Zucker und 1 Eßlöffel Mehl in einer Schüssel vermischen.

In einer zweiten Schüssel das restliche Mehl mit dem Zucker und dem Backpulver vermengen. Wasser, Honig, Eier, 2 Eßlöffel Butter, Vanilleextrakt und Salz hinzugeben und alles zu einem glatten Teig verrühren. Eine runde Backform von 23 cm Durchmesser oder eine ofenfeste Pfanne mit der restlichen Butter ausstreichen. Die Früchte gleichmäßig darin verteilen und mit dem Teig übergießen. Den Kuchen 45–50 Minuten backen, bis an einem hineingestochenen Messer kein Teig mehr haftenbleibt. Den Kuchen vorsichtig auf eine große Servierplatte stürzen.

Für 6 Personen

GESTÜRZTER KUCHEN MIT FELSENMISPELN

Felsenmispeln ähneln Huckleberries und Blaubeeren. Den Cheyenne galten sie als heilige Nahrung. Inzwischen weiß man auch, daß sie viel Eisen enthalten.

Dieses Kuchenrezept geht auf das späte 19. Jahrhundert zurück. Damals, in den Anfangszeiten der Reservate, wurden junge Indianerinnen auf nichtindianische Internate geschickt, wo sie unter anderem das Brot- und Kuchenbacken lernten.

300 g Blaubeeren oder Felsenmispeln
100 g Zucker
180 g Mehl
2 TL Backpulver
225 ml Wasser
100 ml Honig
2 Eier
6 EL Butter, zerlassen
1 TL Vanilleextrakt
1 Prise Salz

DER SÜDWESTEN

DER SÜDWESTEN

Unvergleichlich sind Natur und kulturelle Vielfalt des Südwestens der USA. Er umfaßt New Mexico und Arizona, den äußersten Südwesten Colorados und den Süden von Utah. In dieser Region gibt es bemerkenswert gut erhaltene archäologische Stätten, und die indianischen Kulturen sind den alten Traditionen bis heute sehr stark verhaftet. Viele Volksgruppen sind hier heimisch – Spanier, Mexikaner und Anglo-Amerikaner –, doch sind es die seit über 10 000 Jahren hier ansässigen amerikanischen Ureinwohner, die uns mit ihrem Geist und ihrer langen Geschichte am meisten faszinieren. Zu ihren wichtigsten Gruppen zählen die Pueblo-Völker, die Navajo sowie die Pima und Papago.

Die Pueblo leben in Dörfern und betreiben Landwirtschaft in einem Gebiet mit spärlichen Niederschlagsmengen und geringem Wasserangebot. Ihre Abhängigkeit von der Ernte von Mais-, Bohnen- und Kürbispflanzen unter diesen wüstenähnlichen Bedingungen hat ihre Gemeinschaft und Religion entschieden geprägt. Bis heute stehen viele ihrer alltäglichen Verrichtungen im Zusammenhang mit Regen- und Fruchtbarkeitszeremonien, die gemeinsam begangen werden.

Die Navajo, ursprünglich ein Volk von Jägern und Sammlern, übernahmen den Feldbau und die Webkunst von den Pueblo, die Schafzucht von den Spaniern und die Silberbearbeitung von den Mexikanern. Im Laufe der Jahrhunderte entwickelten sie diese Elemente auf ganz eigenständige Weise weiter und brachten so eine unverwechselbare Kultur hervor.

Pima und Papago sind aus der uralten Hohokam-Kultur hervorgegangen. Schon vor über 2 000 Jahren nutzten diese Indianer im heutigen südlichen Arizona nahe der mexikanischen Grenze das Wasser des Salt und des Gila River, um über abgezweigte Kanäle ihre Mais-, Bohnen- und Kürbisfelder zu bewässern. Die Pima – oder »River People« – sind in ihrem angestammten Gebiet und bei der Kanalbewässerung geblieben. Die Papago dagegen zogen in das Wüstengebiet weiter südlich. Dort sammeln sie Mesquite-Bohnen und Kaktusfrüchte und praktizieren den Sturzwasserfeldbau: Eigens angelegte Rinnen sorgen dafür, daß die Felder bei den sommerlichen Regengüssen kurzzeitig überflutet werden. Den trockenen Wüstenwinter verbringen die »Desert People«, wie sie auch heißen, in Lagern in der Nähe von Gebirgsquellen, wo sie Kaninchen und Hirsche jagen. Einst ein Volk, haben sich Pima und Papago infolge der ungleichen Umgebungsbedingungen im mittleren und im südlichen Arizona im Lauf der Zeit jeweils ganz anders orientiert.

Die Pueblo-Indianer Arizonas und New Mexicos bewirtschaften so dürres Land, daß sie tanzen müssen, um Wolken und Regen für ihre Felder herbeizubitten. Zugleich laufen ihre kleinen Maisfelder, die sie gezielt dort anlegen, wo sich Feuchtigkeit sammelt, mitunter Gefahr, von plötzlichen Überschwemmungen einfach weggespült zu werden.

Doch die zerklüftete Landschaft mit ihrem extremen Klima ist von ehrfurchtgebietender Schönheit. Mesas – Hochplateaus – mit spärlichem Kiefernbewuchs sind von tiefen Schluchten durchzogen, und Schwemmsand überzieht die Talböden. Im Sommer ist es trocken und heiß, oft toben heftige Gewitter; die Winter sind in der Regel kalt und schneereich.

In dieser Welt begannen die Pueblo-Indianer schon vor 2 000 Jahren, den Boden zu bestellen. Sie wurden Experten im Anbau von Mais, Kürbis und Bohnen, dort, wo dies nach Einschätzung anderer unmöglich war. Ihr Erfolg gründete sich auf die Kenntnis der Pflanzen und auf einen komplexen zeremoniellen Zyklus, der sie noch heute mit Mutter Erde verbindet.

Derzeit gibt es an die zwanzig Pueblo-Dörfer mit insgesamt etwa 50 000 Bewohnern. Zu den östlichen Siedlungen am Rio Grande zählen Taos, Santa Clara, San Ildefonso, San Juan, Santo Domingo und Cochiti; Acoma, Zuni und Hopi sind die größten westlichen Pueblos. Viele tragen nach wie vor die Namen, die spanische Kolonisten ihnen im späten 16. Jahrhundert gaben. Seit damals sind die Pueblo zwar nominell katholisch, haben aber bis heute an ihrer ursprünglichen Religion festgehalten, die alle Aspekte ihres Lebens durchdringt. Das Einzigartige an ihrem Weltbild ist die Verbindung des Menschen mit den Kräften der Natur und miteinander.

Nach dem Schöpfungsmythos der Zuni wurde die Welt in einer terrassengesäumten Schüssel von Mutter Erde erschaffen. Sie goß Wasser in die Schüssel und schlug es schnell mit den Fingern. Schaum stieg am Rand auf und legte sich über die Terrassen wie Wolken über die Berge. Dann blies sie auf den Schaum, bis sich eine Flocke nach der anderen löste und lebenspendenden Regen schickte, der die Erde fruchtbar machte und alles, was auf ihr lebte, nährte.

Die Pueblo von heute sind direkte Nachfahren der Anasazi, die seit etwa 10 000 Jahren im Südwesten ansässig waren. Anfangs lebten sie von dem, was die Natur hergab, von erjagtem Wild und gesammelten Pflanzen. Noch heute, auch wenn Kaninchen und Hirsche stark dezimiert sind, kommen ihre uralten Bande zum einheimischen Wild alljährlich im Winter in den Tiertänzen zum Ausdruck. Lange Reihen von Männern und Jungen, die Hirschgeweihe auf dem Kopf oder auch große, zottige Bisonmasken tragen, tanzen stampfend und scharrend und mit rhythmisch schwingendem Oberkörper zwischen den Häusern des Dorfes. Sie rufen den Bison, den Hirsch, den Wapiti und das Dickhornschaf und danken den Tieren, die Jahr für Jahr zurückgekehrt sind, so daß ihr Volk überleben konnte.

Doch sollte der Mais zum wichtigsten und geheiligten Nahrungsmittel der Pueblo werden. Als das Klima sich erwärmte und trockener wurde und die Großwildherden verschwanden, verlegten sich die Anasazi zunehmend auf das Sammeln wilder Früchte, Nüsse, Beeren, Wurzeln und Samen. Sie entwickelten Steingerätschaften zum Mahlen und Zerreiben von Pflanzen und flochten aus Yucca- und Zedernfasern Körbe aller Art zum Sieben, zum Worfeln und als Behältnisse. Manche waren so dicht, daß sie sogar Wasser hielten. Oft genug aber zeigte sich die Natur wenig freigebig, und mit der Zunahme der Bevölkerung stieg auch der Bedarf nach einer zuverlässigeren Nahrungsquelle. Es vergingen Jahrhunderte, bis die gründlichen Kenntnisse der Pueblo von den einheimischen Pflanzen eine der größten Revolutionen der Menschheitsgeschichte herbeiführten: Mais, ein landwirtschaftliches Wunder, hervorgegangen aus einer in Zentralmexiko heimischen Wildform. Mit großem Geschick entwickelten die Pueblo Kreuzungen, darunter Horn-, Puff-, Zahn- und Zuckermais in sieben Farben. Die Zuni fanden wunderschöne Vergleiche für die verschiedenen Maissorten: gelb wie das Licht im Winter, blau wie die weite Welt des

Wassers, rot wie der immerwährende Sommer, weiß wie der Morgenhimmel, vielfarbig wie die Abendwolken und schwarz wie das Innere der Erde, aus der alles hervorgeht.

Mit zunehmender Stabilisierung der Dorfstrukturen wurden Bohnen, ein wichtiger Eiweißlieferant, eingeführt und der Truthahn domestiziert. Ohne Drehscheibe und Brennofen entstanden Töpferwaren, deren Formgebung und Verzierung immer kunstvoller ausfielen. Hand in Hand mit der voranschreitenden Entfaltung der Pueblo-Kultur aber ging die wachsende Abhängigkeit von sommerlichem Regen und Schmelzwasser im Winter. Trotz ihres Einfallsreichtums bei Maßnahmen zum Sparen und Weiterleiten von Wasser suchten sie angesichts des immer instabileren Klimas und dramatischer Dürreperioden stärker die Verbindung zu übernatürlichen Mächten, die sie um Regen für ihre Felder bitten konnten. Der widerstandsfähige und vielseitige Mais wurde zum Grundnahrungsmittel für die Pueblo, die mit jeder ihrer Zeremonien die Götter um Regen, gute Ernten und Erneuerung anriefen.

Heute wachsen in den Gärten der Pueblo neben den traditionellen Pflanzen der Anasazi auch jene, die von den Spaniern aus Mexiko und Europa eingeführt worden waren, wie Chilischoten, Tomaten, Kohlsorten, Aprikosen, Pfirsiche und Wassermelonen. Sobald der Mais eines Hopi-Bauern zu sprießen beginnt, hat er ein wachsames Auge auf jede einzelne Pflanze und singt zu ihrer Ermutigung Gebete, als handele es sich um ein geliebtes Kind. Die Hopi sehen den Mais als göttliches Werk an: Ein Maiskolben ohne Makel verkörpert den Geist der Maismutter, die gleichbedeutend ist mit Mutter Erde, und Neugeborene werden mit Maiskolben gesegnet. Alle Teile der Pflanze werden rituell genutzt: die Körner, auch gemahlen, ebenso wie die Halme, Blätter und Pollen. Die aufgehende Sonne wird mit Maismehl begrüßt, und ein Maismehlpfad weist den *Kachinas* den Weg, jenen Geistern, die von den heiligen Bergen herabsteigen, um Regen zu bringen, auf daß alles wachse. Sie kommen in den Zeiten des Pflanzens, des Wachstums und der Ernte, personifiziert durch Männer mit bemalten Körpern und federbesetzten Masken, Zweigen immergrüner Gewächse, Fuchsschwänzen, kiltähnlichen Röcken und Schärpen, die mit Muscheln und Schnecken, Silber und Türkisen geschmückt sind. Wie schon vor Jahrhunderten sollen ihre Stimmen, die aus den Masken dringen, und das Geräusch ihrer Rasseln aus Kürbis und Schildkrötenschalen den Regen auf die von der Sonne ausgedörrten Felder lenken.

Die Navajo nennen sich selbst *Dineh*, das Volk, und ihr Land *Dineh Bekeyah*. In einem Reservat von der Größe Westvirginias betreiben sie Schaf- und Rinderzucht sowie Landwirtschaft. Hier, in dem weiten, halbariden Land, geprägt von Bergen, Hochebenen und Wüste, stand der Legende nach ihre Wiege. Tiefe Cañons durchschneiden über viele Kilometer hinweg von Nußkiefer und Wacholder bestandene Gebiete und das Tafelland mit seinem Bewuchs aus Salbei, Yucca und Gräsern. Mit Ausnahme der heiligen Berge, bewaldet und oben schneebedeckt, ist die Region trocken und beherrscht von Schieferformationen und versteinerten Sanddünen.

Dennoch ist sie von unbeschreiblicher Schönheit. Manchmal ziehen dunkle Wolken am türkisfarbenen Himmel auf, und es bricht plötzlich ein Sturm los. Bald darauf zeigt sich kurz ein Regenbogen, und dann kommt die Sonne strahlend hervor.

Kaktusfeigengelee

Phantastische Felsgebilde in warmem Rosa bis Tiefviolett steigen aus den Ebenen auf, und aus dem gelbbraunen Grund wachsen vom Wind modellierte Steilwände aus Sandstein. »Painted Desert«, der trockenste Teil des Navajo-Gebiets, heißt bei den Navajo »Zwischen den Farben«.

Nach ihrer Entstehungsgeschichte wurden die ersten *Dineh* von den »Heiligen Leuten« erschaffen, darunter der »Erste Mann« und die »Erste Frau«, übernatürliche Wesen, die durch mehrere Unterwelten in diese, die »Vierte Welt« aufstiegen. In der »Ersten Welt« wurde der »Erste Mann« geformt und mit ihm auch der erste weiße Mais, ein Kolben mit vollkommenen Körnern. Wo gelbe und blaue Wolken zusammentrafen, entstand die »Erste Frau« und mit ihr ein gelber Maiskolben von perfekter Schönheit, weißes Perlmutt und der Türkis. Zusammen mit den »Heiligen Leuten« kämpften sie sich durch die Welten, bis sie die »Vierte« erreichten. Hier erschufen der »Erste Mann« und die »Erste Frau« das Licht, den Himmel, die Jahreszeiten und die erste Ernte. Unter allen Tieren war es der »Truthahn«, der sein Federkleid schüttelte und vier Maiskörner in verschiedenen Farben fallen ließ: Grau, Blau, Schwarz und Rot. Die »Große Schlange« gab vier Samen, für den Kürbis, die Kantalupe, die Wasser- und die Warzenmelone.

Wie archäologische Funde und linguistische Studien ergaben, stammen die Navajo von einem athapaskisch sprechenden Volk ab, das vor etwa 500 Jahren seine Heimat im westlichen Kanada verließ. Es waren Jäger, Fallensteller und Sammler, die in kleinen Gruppen nach Süden zogen. Auf ihrer Wanderung ernährten sie sich von wilden Pflanzen und Tieren. Diejenigen, die sich in den Bergen niederließen, wurden die Apache, und die *Dineh*, die nahe den kleinen Pueblo-Dörfern siedelten, wurden die Navajo.

Die Navajo jagten Wapitis und Wildschafe in den umliegenden Bergen. In den unteren Regionen erbeuteten sie Hirsche, Antilopen, Füchse, Kaninchen und wilde Truthühner. Wenn die Zeit der Hirschjagd nahte, erflehten sie mit Gebeten, Zeremonien und Opfergaben die Rückkehr der für sie so wichtigen Tiere. Die benachbarte Pueblo-Welt aber, die bei der Ankunft der Navajo bereits ein Jahrtausend bestand, muß sie zum Staunen gebracht haben. Dort sahen die Navajo Mais-, Bohnen- und Kürbisfelder, die mit Steinhacken und -äxten bestellt wurden, verzierte Tonwaren, Körbe in allen Größen und gewebtes Tuch, Perlen und Schmuckstücke aus Türkis und Abaloneschalen, die die Pueblo-Indianer bei ihren aufwendigen Regenzeremonien trugen. Mit Einfallsreichtum und Geschick machten sich die Navajo manche Elemente der Pueblo-Kultur zu eigen, allen voran den Mais. Obwohl ihre Ursprünge in den nördlichen Wäldern liegen, ist ihr Schöpfungsmythos in ihrem neuen Land, *Dineh Bekeyah*, angesiedelt und schildert, wie Mais, Türkis und Muscheln aufkamen.

Dennoch übernahmen die Navajo nicht das seßhafte Leben der Pueblo-Völker. Die Schaf- und Rinderherden und Pferde, die im Troß der Spanier in den Südwesten gelangten, schufen die Voraussetzungen für das Hirtendasein, auf das die Navajo sich verlegten. Als Don Juan de Oñate 1598 die erste feste spanische Siedlung in New Mexico einrichtete, übernahmen die Navajo alsbald erste Herden. Mit der Zeit errichteten kleine Gruppen von Navajo-Familien Hogans – die typischen, erdbedeckten Kuppelbauten – an Stellen, wo genügend Wasser für den Maisanbau vorhanden war und wo sie zugleich jagen, ihre Herden weiden und Piñon-Nüsse sammeln konnten. Die Pueblo litten in dieser Zeit bitter unter der spanischen Herrschaft. Nach einem Jahrhundert der Unterdrückung erhoben sie sich 1680 gemeinsam gegen die Spanier. Diese flohen, doch aus Furcht vor ihrer Rückkehr schlossen sich viele Pueblo-Indianer den Navajo westlich des Rio-Grande-Tals an. Sie brachten nebst ihren Kenntnissen und Fertigkeiten in Feldbau und Webkunst die von den Spaniern zurückgelassenen Tiere mit. Die zusätzlichen Pferde verliehen den Männern der Navajo mehr Mobilität, während ihre Frauen und Kinder Weidegründe und Wasser für die neuen Schafherden suchten.

Anfang des 18. Jahrhunderts umfaßte die Ernährung der Navajo infolge des Einflusses der Pueblo-Flüchtlinge neben Mais, Bohnen und Kürbisarten auch Chilischoten, Wassermelonen, Weizen und Pfirsiche. Sie praktizierten das Trockenfarmen mit etwas Bewässerung und bauten unterirdische Vorratsräume. Zu ihren Viehbeständen gehörten Schafe, Ziegen, einige Rinder und Pferde. Als die Navajo-Frauen ihre von den Pueblo-Indianern erlernten Webtechniken vervollkommneten, begannen sie, selbstgefertigtes Wolltuch zu tragen. Ein Besucher einer Navajo-Familie schilderte 1788 verschiedenste Nahrungsmittel: gekochte Milch, gutgewürzten Hammel und viele Arten von Maisbrot. Das von den Frauen hergestellte Mais- und Weizenmehl wurde zu *atole*, einer dünnen Mehlsuppe, Tortillas, *piki* (papierdünnes Brot der Pueblo) und süßem Brot verarbeitet.

Mit dem 19. Jahrhundert kam der Niedergang der spanischen Herrscher, die kurze Zeit von den Mexikanern abgelöst wurden, bis die Vereinigten Staaten die Macht übernahmen. Es war das Jahrhundert des Goldfiebers, der Fertigstellung der transkontinentalen Eisenbahn und einer bemerkenswerten Blüte der Navajo-Kultur. In dieser Zeit wurde die »Navajo Reservation« eingerichtet und mehrmals erweitert. Die Bevölkerung wuchs rasant, so daß die *Dineh* heute mit etwa 200 000 Angehörigen den größten aller amerikanischen Indianerstämme bilden. Die einstigen nomadischen Jäger, die erst spät in den Südwesten gekommen waren, schafften es, allmählich ihre Lebensweise zu ändern und dabei das zu übernehmen, was ihrem Streben nach Einsamkeit, Bewegungsfreiheit und Individualität am meisten entgegenkam. Ihre Weberzeugnisse beweisen großes technisches Können und erregen aufgrund ihres unverwechselbaren Stils weltweit Bewunderung. Für ihre inzwischen stark angewachsenen Herden müssen die Navajo immer wieder neue Weidegründe aufsuchen. Bis heute sichern ihnen ihre Schafe, die zu Tausenden die Tafelländer und Hügel von *Dineh Bekeyah* bevölkern, und die mit Ehrfurcht bestellten Maisfelder die Lebensgrundlage.

Die kulturelle Vielfalt all dieser Stämme, erwachsen aus unterschiedlichen geschichtlichen Erfahrungen und Lebensbedingungen, hat viele köstliche Zubereitungen hervorgebracht, die ganz profan der Ernährung, aber ebenso religiösen Zwecken oder einfach nur dem Genuß dienen.

Harriet Koenig

MAISSUPPE DER ZUNI

1 EL Maiskeimöl
120 g Frühlingszwiebeln, in feine Scheiben geschnitten
500 g Hirsch-, Lamm- oder Ziegenfleisch, gewürfelt
1 ½ l Fleischbrühe oder Wasser
750 g Maiskörner
1–2 TL gemahlene rote Chilischoten
Salz
Frisches Koriandergrün, ganze Stengel oder die Blätter gehackt als Garnierung

Die verschiedenen Maissorten, die die Zuni und Hopi auf dem Hochplateau von New Mexico und Arizona anbauen, sind sehr widerstandsfähig. Sie kommen mit den wüstenartigen Bedingungen und der kurzen Wachstumsperiode gut zurecht und sind immun gegen viele Krankheiten, die Mais anderenorts bedrohen. Dennoch muß immer mit Dürre, Sandstürmen, plötzlichen Überschwemmungen, Insektenbefall, räuberischen Vögeln und anderen Tieren gerechnet werden. Daher begleiten die Indianer das Pflanzen mit Gebeten, Opfergaben und Zeremonien, die die Arbeit segnen und die Gefahren mindern sollen.

Der »Maispriester« der Zuni betet über dem Feld, daß die Erde von Wolken bedeckt werden möge, die den keimenden Samen Wasser bringen sollen, und steckt dann in die Feldmitte einen gefiederten Gebetsstab. Mitunter laufen die Männer der Hopi und Zuni über die noch nicht bepflanzten Felder, wie es der Regen tun soll, und treiben mit den Füßen einen Stock vor sich her, um den Staub vorzutäuschen, der von einem Gewittersturm aufgewirbelt wird. Bei den östlichen Rio-Grande-Pueblo schießen junge Männer einen mit Maissaat gefüllten Rehfellball über ein Feld, bis er platzt und sich die Samen verstreuen.

Nachdem die Ernte eingebracht ist, bereiten die Zuni eine Maissuppe. Traditionsgemäß wird sie in einer Schüssel in die Mitte eines Raumes gestellt, dessen Erdboden sorgsam gefegt ist, und alle essen aus der Schüssel.

Das Öl in einem schweren Suppentopf erhitzen. Die Frühlingszwiebeln kurz andünsten. Das Fleisch und die Hälfte der Brühe dazugeben. Alles etwa 1 Stunde unter gelegentlichem Rühren simmern lassen, bis das Fleisch zart ist. Die restliche Brühe und den Mais hinzufügen. Die Suppe mit Chili und Salz würzen und noch etwa 15 Minuten köcheln lassen, bis der Mais gar ist. Heiß in Suppenschalen anrichten und auf jede Portion einen Korianderstengel oder das frisch gehackte Grün geben.

Für 4–6 Personen

Schon im 1. Jahrhundert v. Chr. kultivierten die Anasazi Kürbis und Mais. Nach einem frühen Rezept für hartschaligen Kürbis wird das Fruchtfleisch zu Mus zerkocht und dann mit Nierenfett gemischt. Aus der Masse formte man Küchlein und briet sie auf heißen Steinplatten. Häufig wurde auch ein Kürbis im ganzen gekocht. Anschließend wurde er aufgebrochen. Jeder Gast nahm sich ein kleines Stück der Schale, aß das anhaftende Fruchtfleisch und benutzte das Stück Schale dann für den restlichen Kürbis als Löffel. Die Sandbilder der Navajo, wichtiger Bestandteil einer rituellen Krankenheilung, zeigen neben Mais, Bohnen und Tabak häufig Kürbispflanzen.

Wie bei vielen Rezepten der Pueblo zeugt auch hier die Kombination der Zutaten von einer gewissen Raffinesse, wie sie nur eine lange etablierte, nichtnomadische Kultur hervorbringen kann.

KÜRBISSUPPE DER PUEBLO

2 EL Butter oder Pflanzenöl
2 Tomaten, enthäutet, entkernt und gehackt
1 grüne Paprikaschote, gehackt
1 große Zwiebel, gehackt
1 TL getrocknete Minze
½ TL Zucker
½ TL gemahlene Muskatnuß
350 g Kürbis, geschält, gewürfelt und gar gekocht
500 ml Hühnerbrühe
1 EL Mehl
120 ml Sahne oder Milch
Gehackter frischer Koriander als Garnierung

Die Butter in einem großen Topf zerlassen. Tomaten, Paprikaschote und Zwiebel unter Zugabe von Minze, Zucker und Muskatnuß 5 Minuten dünsten. Den Kürbis mit der Hühnerbrühe hinzufügen. Alles einmal aufwallen lassen und gründlich umrühren. Die Temperatur herunterschalten, einen Deckel auflegen und die Suppe 15–20 Minuten köcheln lassen. Das Mehl mit der Sahne verrühren und die Suppe unter Rühren damit andicken. Nach Belieben mit gehacktem frischem Koriander bestreuen und heiß servieren.

Für 4–6 Personen

PINIENKERNSUPPE

Alle Zutaten mit Ausnahme der Garnierung in einen großen, schweren Topf geben und zum Kochen bringen. Die Temperatur reduzieren und die Suppe zugedeckt 20–30 Minuten simmern lassen. In der Küchenmaschine oder im Mixer fein pürieren. Nochmals sanft erhitzen und vor dem Servieren nach Belieben mit gehackten Frühlingszwiebeln bestreuen.

ANMERKUNG: Die Suppe nach der Aufbewahrung im Kühlschrank vor dem erneuten Aufwärmen mit etwas Milch oder Hühnerbrühe verdünnen.

Für 4–6 Personen

Nußkiefern mit ihren charakteristischen kurzen Stämmen und kegelförmigen Kronen sind zwischen 1 200 und 2 300 Metern Höhe im gesamten Westen der Vereinigten Staaten anzutreffen. Ihre nahrhaften Früchte, die Pinienkerne, sind eines der ältesten und wertvollsten Nahrungsmittel der Indianerstämme der Region. Sie enthalten viel Eiweiß und Fett und sind auch sehr energiereich. Bei den Apache durften Schwangere keine Pinienkerne essen, da man glaubte, sie würden das Wachstum des Babys übermäßig fördern und somit die Geburt erschweren. Kleinkinder dagegen bekamen oft eine leichte Suppe aus gemahlenen Pinienkernen, Honig und Wasser.

Pinienkerne sind im Südwesten eine beliebte Back- und Kochzutat. Für Suppen werden sie häufig gemahlen und ihre geballten Nährstoffe auf diese Weise geschickt verteilt. Die obige Pueblo-Suppe besitzt einen interessanten und feinen Geschmack. Zugleich ist sie sehr gehaltvoll, so daß kleine Portionen ausreichen.

400 g Pinienkerne
1 l Milch
500 ml Hühnerbrühe
3 Frühlingszwiebeln, in Scheiben geschnitten
2 Korianderkörner, zerstoßen
1 TL getrocknete Minze, zerrieben
Salz und frisch gemahlener Pfeffer
Gehackte Frühlingszwiebeln als Garnierung

BOHNENSUPPE DER ANASAZI

Die Anasazi lebten in vereinzelten Höhlen und felsgeschützten Plätzen überall in der Region, in der heute Arizona, New Mexico, Colorado und Utah zusammentreffen. Zwischen 400 und 700 v. Chr. züchteten sie die Tepary-Bohne aus wilden Formen, die in den Cañons wuchsen. In dieser Zeit wuchs die Population der Anasazi, und ihre Kultur erlebte eine Hochblüte. Sie begannen mit der Herstellung von Tonwaren, jagten mit Pfeil und Bogen und bauten mehrstöckige Steinhäuser und Kivas, unterirdische Kulträume. Es ist denkbar, daß die äußerst nährstoffreiche Kombination aus Bohnen und Mais diesen kulturellen Aufschwung mit begünstigt hat.

Vor etwa vier Jahrzehnten entdeckten Archäologen zwischen prähistorischen Überresten Tepary-Bohnen. Die Samen keimten, und heute werden die roten, weißen und gesprenkelten Bohnen wieder im Handel angeboten. Die Pueblo aber haben sie immer angebaut.

1 Lammknochen mit anhaftendem Fleisch, in Stücke gehackt
1 mittelgroße Zwiebel, gehackt
4 Pfefferkörner, zerstoßen
1 TL zerstoßene Korianderkörner
1 Knoblauchzehe, gehackt
½ TL gemahlener Zimt
1 EL feine Ringe von getrockneten roten Chilischoten (nach Geschmack die scharfen Samen entfernt)
350 g getrocknete Pinto- oder Tepary-Bohnen, über Nacht eingeweicht und abgegossen
2½ l Wasser
2–3 TL Salz
Frisch gemahlener Pfeffer

Alle Zutaten außer Salz und Pfeffer in einen großen Topf geben und das Ganze zum Kochen bringen. Die Temperatur drosseln und alles zugedeckt 3–4 Stunden köcheln lassen, bis die Bohnen gar sind. Die Knochenstücke herausnehmen, das an ihnen haftende Fleisch in feine Streifen schneiden und zurück in die Suppe geben. Die Suppe mit Salz und Pfeffer abschmecken und heiß servieren.

Für 6–8 Personen

KICHERERBSENSUPPE

Die Kichererbsen gehören wie die Bohnen zu den Hülsenfrüchten. Im Gegensatz zu den meisten Bohnen aber, die in Amerika heimisch sind, stammen sie aus dem Mittelmeerraum. Das dort, auch im Nahen Osten, sehr beliebte Gemüse gelangte mit den Konquistadoren in den amerikanischen Südwesten, wo es viele Suppen und Eintöpfe bereichert. Haupterzeuger sind die in Südarizona siedelnden Tarahumara und die Mayo in Nordmexiko.

Salz war in den Pueblo-Dörfern eine seltene Kostbarkeit. So lernten die Köche im Südwesten, den Speisen mit Chillies und anderen Würzzutaten Geschmack zu verleihen. Hierzu gehören etwa die wilden Zwiebeln, die im Frühjahr sprießen und an Knoblauch erinnern. Um sie von den großen, milden Zuchtzwiebeln zu unterscheiden, nennen die Hopi und Pueblo am Rio Grande sie »kleine Präriezwiebeln«, und der Name, den die Zuni ihnen gaben, lautet wörtlich übersetzt »stinkende Wurzelnüsse«.

Bei diesem Rezept verschmelzen Knoblauch und Zwiebel zum wundervollen Aroma ihrer leckeren wilden Verwandten. Zusammen mit der Schärfe der Chilischoten bilden sie einen reizvollen Kontrast zum nussigen Geschmack und der herzhaften Konsistenz der Kichererbsen.

225 g getrocknete Kichererbsen, mit warmem Wasser bedeckt und über Nacht eingeweicht (ersatzweise 450 g aus der Dose)
4 Scheiben geräucherter Bauchspeck, gehackt
1 kleine Zwiebel, gehackt
1 Knoblauchzehe, gehackt
1 l Hühnerbrühe oder Wasser
50 g frische, milde grüne Chilischoten, enthäutet, entkernt und gehackt (ersatzweise Chilischoten aus der Dose)
2–3 TL gemahlene mittelscharfe rote Chilischoten
Salz nach Geschmack

Die eingeweichten Kichererbsen abgießen. Den Speck in einem schweren Suppentopf bei mittlerer bis niedriger Temperatur langsam auslassen. Zwiebel und Knoblauch hinzufügen und bei mittlerer Temperatur glasig dünsten. Die Kichererbsen, die Hühnerbrühe sowie die frischen und getrockneten Chilischoten dazugeben. Die Suppe bei hoher Temperatur einmal aufkochen lassen. Anschließend zugedeckt bei niedriger Temperatur ungefähr 1½ Stunden köcheln lassen, bis die Kichererbsen weich sind. Nach Geschmack salzen und sofort servieren.

Für 6 Personen

Die Kunst des Tortillabackens war im Mexiko des 16. Jahrhunderts außerordentlich wichtig, wie wir den Betrachtungen des Franziskanermissionars Fray Bernardino de Sahagún entnehmen können: »Eine rechtschaffene Köchin muß in Folgendem wohl Bescheid wissen: Wie man Gutes zu essen bereitet, Tortillas backt, einen guten Teig macht ... sie muß wissen, wie sie ihre Tortillas flach und rund und schön geformt bekommt oder wie sie sie lang oder dünn oder mit Falten macht. Eine Frau, die in ihren Pflichten nicht gut ist«, führte er weiter aus, »ist leidig und verdrießlich ... kocht schlechte Tortillas, und ihre Speisen sind verbrannt oder versalzen oder sauer.« Es folgten Beschreibungen von Tortillas aus grobem Mehl, weiß, groß und dick, und von dünnen aus feingemahlenem Mehl von weißem oder blauem Mais.

In jüngerer Zeit setzte sich in den Pueblo-Dörfern bei der Herstellung von Tortillas feines Mehl durch. Aus dem Teig wurden Kugeln geformt, die man auf einem glatten Stein flach drückte und anschließend auf einem sehr heißen Backstein unter ständigem Wenden von beiden Seiten bräunte. Backsteine sind noch immer in Gebrauch, und obwohl die Elektromühle inzwischen ihren Siegeszug angetreten hat, mahlen manche Frauen bis heute von Hand. Am häufigsten verwenden die Navajo- und Pueblo-Frauen für Tortillas blauen Mais, der besonders gut schmeckt. Für diese Suppe eignen sich aber ebenso Tortillas aus weißem oder gelbem Mais.

TORTILLA-SUPPE NACH ART DER PUEBLO

6 EL Pflanzenöl oder Schweineschmalz
120 g Frühlingszwiebeln, gehackt
1 große Paprikaschote, gehackt
150 g Tomaten, gehackt
250 g Zucchini oder anderer Sommerkürbis, gewürfelt
1–3 TL gemahlene mittelscharfe rote Chilischoten
1½ l Hühnerbrühe
8 Mais- oder Weizentortillas

In einem großen Topf 2 Eßlöffel Öl erhitzen. Zwiebeln und Paprikaschote weich dünsten. Tomaten, Kürbis und gemahlene Chilischoten dazugeben und alles noch 5 Minuten dünsten. Die Brühe angießen und zum Kochen bringen. Danach die Hitze reduzieren und die Suppe zugedeckt 30 Minuten simmern lassen.

Inzwischen das restliche Öl in einer mittelgroßen Pfanne stark erhitzen – es soll jedoch nicht rauchen. Die Tortillas in 6 mm breite Streifen schneiden und portionsweise in jeweils etwa 10 Sekunden goldbraun und knusprig braten. Auf Küchenpapier abtropfen lassen. Die fertige Suppe in Schalen verteilen und mit Tortillastreifen bestreuen.

Für 6 Personen

GEBACKENE KÜRBISBLÜTEN NACH ART DER PUEBLO

Wo immer Indianer Kürbis kultivieren, finden auch seine leuchtend gelborangefarbenen Blüten Verwendung. Nur im Südwesten aber haben die Blüten sowohl kulinarische als auch religiöse Bedeutung. Sie spielen in den Zeremonien der Pueblo als heiliges Symbol eine Rolle, und Darstellungen von Kürbisblüten, für die Garn um einen blütenförmigen Rahmen gewickelt wird, schmücken Kachina-Masken, Teilnehmer an Maistänzen und Altäre in Kivas, den Ritualkammern.

Am Ende der Saison werden die noch in großer Zahl vorhandenen Blüten von den Pflanzen gepflückt, da sie wohl kaum noch Früchte bilden werden. Sie werden ausgebacken oder aber getrocknet und als Gewürz in Gläsern aufbewahrt.

Die Kürbispflanze ist so wichtig, daß ihr Geist bei den Hopi durch maskierte Tänzer personifiziert wird. Diese Kachina, die bei den Hopi und Zuni bei Zeremonien erscheinen, bringen Gesundheit, Fruchtbarkeit, ein langes Leben und Regen. Es können Geister von Pflanzen oder Tieren sein, von Naturerscheinungen wie der Morgendämmerung und sogar Geister anderer Stämme. Zu den Pflanzen-Kachina, die auf der zentralen Plaza eines Hopi-Dorfes tanzen, gehören der Squash-Kachina *Patung* und der Häuptlings-Kachina *Wuya* für den Kürbis-Klan. *Patung* erscheint bei Frühjahrstänzen als einer in einer Gruppe von Läufer-Kachina. Er läuft mit den Männern des Dorfes um die Wette, wodurch Regenwolken angezogen werden sollen, die über den Himmel jagen und ihre feuchte Fracht über den trockenen Mais-, Bohnen und Kürbisfeldern entladen.

Dieses Rezept verlangt eigentlich die männlichen, größeren Blüten, doch eignen sich auch weibliche Exemplare mit kleinem ansitzendem Kürbis.

2 Dutzend Kürbisblüten (nach Möglichkeit männlich)
4 Eier
110 ml Milch
1 TL Chilipulver
1 TL Salz
¼ TL gemahlener Kreuzkümmel
250–375 g feines Maismehl oder Masa harina
Öl zum Ausbacken

Die Blüten, falls nötig, sehr vorsichtig abspülen und trockentupfen. Die Eier in einer weiten, flachen Schüssel mit der Milch, dem Chilipulver, dem Salz und dem Kreuzkümmel verquirlen. Die Blüten in die Eimischung tauchen und mit dem Maismehl überziehen. Für etwa 10 Minuten kalt stellen, damit der Überzug fest wird. Einen hohen Topf 5 cm hoch mit Öl füllen. Das Öl auf etwa 180 °C erhitzen – es soll nicht rauchen. Die Blüten einzeln oder zu zweit goldgelb ausbacken. Auf zerknülltem Küchenpapier abtropfen lassen und im Ofen warm stellen, bis alle Blüten fertig ausgebacken sind. Sofort servieren.

Für 4–6 Personen

Eine der vielen Kakteen, die überall im Südwesten wachsen, ist der Feigenkaktus. Mit seinen Büscheln flacher, eiförmiger Glieder erreicht er stattliche Ausmaße. Die am Rand der Glieder sitzenden Früchte, die Kaktusfeigen, dienen vielen Indianern im Südwesten zur gelegentlichen Bereicherung des Speisezettels. Die Pima aber und vor allem die in der Wüste lebenden Papago sind von diesem Kaktus als Nahrungsquelle seit langem abhängig. Neben den Früchten sind auch die Glieder, die sogenannten »Nopales«, eßbar. Da sie viel Wasser speichern, um der Pflanze bei Dürre das Überleben zu sichern, sind sie roh sehr knackig.

Nopales werden auch gegart, manchmal mit Knoblauch und Zwiebel gewürzt oder auch durch Zugabe eines Maiskolbens gesüßt. Man bekommt sie frisch oder konserviert in Spezialitätengeschäften.

In Trockenperioden dienen die Kaktusglieder als Viehfutter, nachdem die spitzen Stacheln abgesengt wurden. Die Kakteen sind auch als sehr wirkungsvolle lebende Weidezäune nützlich. Im kargen Land der Papago wird jeder Teil dieser imposanten Pflanze genutzt.

KAKTUSSALAT DER PAPAGO

2–3 frische Nopales (»Blätter« des Feigenkaktus), 12–18 cm lang, die Stacheln entfernt, oder 450 g in Salzlake eingelegter Kaktus, abgetropft
2 EL Limettensaft, Zitronensaft oder Essig
1 ½ TL Honig oder Zucker
½ TL gemahlene rote Chilischoten
75 ml Sonnenblumen- oder anderes Pflanzenöl
Grüne Salatblätter (nach Belieben)

Frische Nopales unter fließendem kaltem Wasser gründlich abspülen und sorgfältig überprüfen, ob auch alle ganz feinen Stacheln entfernt wurden. Die Kanten ringsum mit einer Schere beschneiden, um die Basis der Stacheln zu entfernen. Die Nopales mit einem Gemüseschäler oder scharfen Messer dünn schälen. Erneut abspülen, in dünne Streifen schneiden und in leicht gesalzenem Wasser in 5–6 Minuten gar kochen. Abspülen und abtropfen lassen. Nopales aus der Dose abspülen und gut abtropfen lassen. In einer Salatschüssel Limettensaft, Honig, Chilipulver und Öl verrühren. Die Nopales hineingeben und mindestens 30 Minuten marinieren lassen. Nach Belieben auf grünen Salatblättern anrichten.

Für 4–6 Personen

Die Bohnen gründlich zerdrücken und beiseite stellen. Das Schmalz in einer Pfanne bei mittlerer Temperatur erhitzen. Bohnen und Zwiebel hinzufügen. Alles gut vermischen und unter gelegentlichem Rühren braten, bis das Fett vom Püree aufgenommen worden ist. Mit Salz abschmecken und nach Belieben geriebenen Käse dazu reichen.

Für 4–6 Personen

GEBRATENES BOHNENPÜREE DER PUEBLO

300 g Pinto- oder Kidney-Bohnen, gar gekocht (ersatzweise aus der Dose)
50 g Schweineschmalz
1 EL feingehackte Zwiebel
Salz
Geriebener Käse (nach Belieben)

Während der kurzen, kalten Februartage findet bei den Hopi von Arizona *Powamu*, der Bohnentanz, statt, der der Welt Leben und Wachstum zurückbringen soll. Dafür werden in den Kivas Bohnen in erdgefüllte Töpfe gepflanzt und neben einen Ofen gestellt, der Tag und Nacht befeuert wird. *Powamu*-Kachinas mit kürbisblütenbesetzten Masken besuchen die Kivas, um die keimenden Bohnen zum Wachstum zu ermuntern. Als Geister, die den Dörfern Regen und Fruchtbarkeit bringen, gießen sie die Pflanzen, bestreuen sie mit geweihtem Maismehl und tanzen vor ihnen. Rasches Keimen und Wachstum künden eine erfolgreiche Pflanzzeit an.

Von allen heiligen Pflanzen, zu denen auch Mais, Kürbis und Tabak zählen, reifen die Bohnen als erste. In den heißen, feuchten Kivas wird die düstere winterliche Atmosphäre am achten Tag durch das Sprießen der saftig grünen Bohnenpflänzchen vertrieben. Früh am Morgen dieses Tages ziehen die Kachina die jungen Schößlinge, an deren Wurzeln jeweils eine Mutterbohne sitzt, heraus und verteilen sie unter den Haushalten des Dorfes. Die Hopi-Frauen kochen diese Zeichen neu erwachenden Lebens und servieren sie ihrer Familie und Besuchern. Einige Pflanzen werden aber auch an Geschenke für Kinder gebunden, die diese beim Aufwachen vorfinden.

Gebratenes Bohnenpüree, eine von vielen Zubereitungsarten der Pueblo für Bohnen, wird oft der mexikanischen Küche zugeordnet, wie etwa Tortillas und viele weitere Gerichte auch. Dabei vergessen wir leicht, daß so manche mexikanische Spezialität den Indianern Nordamerikas zuzuschreiben ist.

Linke Seite: Kaktus mit Ei nach Art der Pima und Papago und Relish nach Sacaton-Art

2–3 frische Nopales (»Blätter« des Feigenkaktus), 12–18 cm lang, die Stacheln entfernt, oder 450 g in Salzlake eingelegter Kaktus, abgetropft
Salz
4 Scheiben geräucherter Bauchspeck, gewürfelt
1 Zwiebel, gehackt
½–1 TL gemahlene rote Chilischoten oder Chilipulver
4–6 Eier
Frisch gemahlener Pfeffer (nach Geschmack)

Kakteen dienen in den heißesten und trockensten Gebieten des Südwestens, wo die durchschnittlichen jährlichen Niederschlagsmengen stellenweise bei nur 12–13 Zentimetern liegen, als Nahrung. Zur Bewässerung ihrer Felder haben die hier lebenden Pima von Gila und Salt Kanäle abgezweigt, oft aber ist das Wasser knapp. Das Papago-Reservat weist gar keine Flüsse auf, so daß hier weniger Landbau betrieben wird: Die Papago sind vor allem Jäger und Sammler. Unabhängig vom Regen können sie sich dabei auf die vielen hier wachsenden Kaktusarten verlassen, die fester Bestandteil der Ernährung wie auch des rituellen Lebens beider Stämme sind.

Aus dem tiefgefurchten und mit großen schwarzen Stacheln bewehrten Faßkaktus quillt, wenn man ihn oben mit einem Stein aufschlägt, in größeren Mengen ein weißlicher Saft. Drückt man eine Kürbisflasche hinein, ist sie bald mit dieser als Wasserersatz dienenden Flüssigkeit gefüllt.

Der Kaktus *Opuntia cholla* ist mit Stacheln bedeckt, die einen geradezu anzuspringen scheinen: Bei der kleinsten Berührung des »jumping cactus«, wie dieser Kaktus auch genannt wird, brechen sie ab und bleiben an einem hängen. Medizinmänner benutzen diesen Kaktus zum Austreiben von Krankheiten. Unter Gesängen und Gebeten wedeln sie mit einem Arm des Kaktus über dem Patienten, auf daß die Krankheit an seinen Stacheln hängenbleiben und herausgezogen werden möge.

Die hier vorgestellte Zubereitung mit Feigenkaktus schmeckt besonders gut mit Relish nach Sacaton-Art (Rezept S. 158) oder Salsa und Tortillas oder Brot.

KAKTUS MIT EI NACH ART DER PIMA UND PAPAGO

Frische Nopales unter fließendem kaltem Wasser gründlich abspülen und auf eventuell noch vorhandene feine Stacheln untersuchen. Die Kanten mit einer Schere beschneiden, um die Stachelansätze zu entfernen. Die Nopales mit einem scharfen Messer oder Gemüseschäler dünn abschälen. Nochmals abspülen und in dünne Streifen schneiden. In leicht gesalzenem Wasser in 5–6 Minuten sanft garen. Abbrausen und abtropfen lassen. Nopales aus der Dose einfach abspülen und abtropfen lassen.

Den Speck in einer großen Pfanne bei mittlerer bis niedriger Temperatur ausbraten. Mit einer Schaumkelle herausnehmen und beiseite legen. Die Zwiebel mit dem Chilipulver im Fett bei mittlerer Temperatur glasig werden lassen. Die Kaktusstreifen und die Speckscheiben dazugeben und alles zusammen kurz braten. Die gewünschte Zahl von Eiern über dem Gemüse aufschlagen. Einen gut schließenden Deckel auflegen und die Eier bei niedriger Temperatur 5–7 Minuten garen, bis das Weiße gestockt ist und das Eigelb die gewünschte Festigkeit hat. Zuletzt nach Geschmack leicht salzen und pfeffern.

Für 4–6 Personen

Sacaton ist eine Siedlung im Pima-Reservat. Das nachfolgend vorgestellte Rezept ist ein typisches Beispiel für die gekochten Salsas dieser Region. Gewöhnlich serviert man das Relish zu Eiern oder gegrilltem Fleisch, und besonders gut schmeckt es zu Kaktus mit Ei nach Art der Pima und Papago (Rezept S. 157).

RELISH NACH SACATON-ART

2 EL Schweineschmalz oder Pflanzenöl
120 g frische, milde grüne Chilischoten, enthäutet, entkernt und gehackt
1 frische oder eingelegte Chile jalapeño, gehackt
1 Zwiebel, gehackt
3 mittelgroße Tomaten, entkernt und gewürfelt
Salz

Das Schmalz in einer Pfanne erhitzen. Alle Chillies hinzufügen und bei mittlerer Temperatur unter Rühren dünsten, bis sie gar sind. Die Zwiebel dazugeben und glasig dünsten. Die Tomaten einrühren und 5 Minuten mitgaren. Das Relish nach Geschmack salzen. Mit einer Schaumkelle aus der Pfanne nehmen und zu Eiern oder Fleischgerichten servieren.

Ergibt etwa 250 ml

(Abbildung S. 156)

Das Fleisch gründlich trockentupfen. Das Öl in einer großen, hohen Pfanne bei mittlerer bis hoher Temperatur erhitzen. Fleisch und Zwiebeln mit dem Chilipulver unter häufigem Rühren braten, bis das Fleisch zart gebräunt ist und die Zwiebeln glasig sind. Tomaten, Mais und Bohnen einrühren. Alles bei niedriger Temperatur etwa 15 Minuten köcheln lassen, bis Fleisch und Gemüse gar sind. Die Sonnenblumenkerne unterziehen und das Gericht nach Geschmack salzen und pfeffern. Noch 15–20 Minuten köchelnd eindicken lassen.

Für 4–6 Personen

SUCCOTASH NACH ART DER ZUNI

Der Name »Succotash« stammt aus der Sprache der im Nordosten lebenden Narraganset und leitet sich ab von »Misckquatash«, was soviel bedeutet wie »ein ganzer Maiskolben«. Doch ist dieses berühmte Gericht auch bei den Zuni sehr beliebt. Sie bereiten es mit den jungen, noch grünen Zuckermaiskolben zu, die man nur im Frühsommer bekommt.

Einmal konnten wir im Dezember der Zeremonie der Zuni beiwohnen, bei der *Shalako* – Boten der Regengötter in Gestalt großer, ungeflügelter Vögel mit riesigen Schnäbeln und hervortretenden Augen – in ihre Dörfer kommen und tanzen, um die neuen Häuser zu segnen. Die Zeremonie zog sich bis zum Morgengrauen hin, und so wurden die vielen Gäste, die den *Shalako* in der verschneiten Nacht von Haus zu Haus folgten, irgendwann hungrig. Während der Tanz im Hauptraum des neuen Hauses stattfand, wurde die Menge in den Nebenräumen von Frauen mit geschmortem Hammel, Brathuhn, Brot, starkem Kaffee und »Succotash« bewirtet, das entsprechend der Jahreszeit mit getrocknetem Mais zubereitet worden war.

500 g Hirsch- oder Rindfleisch, in kleine Stücke geschnitten
2 EL Maiskeimöl oder Schweineschmalz
2 Zwiebeln, gehackt
1–2 TL gemahlene rote Chilischoten oder 2 TL Chilipulver
350 g Tomaten, enthäutet, entkernt und gewürfelt
350 g frische Maiskörner
350 g frische grüne Bohnen, in 5 cm lange Stücke geschnitten
2 EL geschälte Sonnenblumenkerne, zerstoßen
Salz und frisch gemahlener Pfeffer

AUSGEBACKENE BRÖTCHEN DER NAVAJO

Ausgebackene Brötchen sind heute eine der weitestverbreiteten Zubereitungen der indianischen Küche. Sie werden bei Powwows, Zusammenkünften und anderen Treffen der nordamerikanischen Indianer aller Regionen als festlicher Genuß ebenso wie zum täglichen Mahl serviert. Das Rezept variiert leicht von einem Stamm zum anderen, und jeder Koch wandelt es noch etwas ab, doch sind die Grundzutaten stets die gleichen: Mehl, Backpulver, Salz und Wasser oder Milch. Der Teig wird in die gewünschte Form – Kreis, Viereck oder Dreieck – gedrückt oder gerollt und zu lockeren, knusprigen Brötchen goldgelb ausgebacken.

Die ausgebackenen Brötchen werden oft mit Honig oder Puderzucker und bei den Indianern der Plains auch gern mit einer gesüßten Traubenkirschensauce serviert.

375 g Mehl
2–3 TL Backpulver
1 TL Salz
340 ml warmes Wasser oder Milch
1 EL Öl
Öl zum Ausbacken

Alle Zutaten außer dem Öl in einer Schüssel vermengen und zu einem glatten Teig verkneten. Den Teig mit 1 Eßlöffel Öl einstreichen und zugedeckt etwa 30 Minuten ruhen lassen. Portionsweise zu handtellergroßen Fladen von etwa 3 mm Stärke ausrollen oder drücken. In heißem Öl ausbacken.

Ergibt 10–12 Brötchen

Es gibt auch würzige Versionen von ausgebackenen Brötchen. Im Südwesten haben wir eine Variante kennengelernt, bei der der Teig mit gehackten Zwiebeln und Chilischoten angereichert war. In dieser Gegend sehr verbreitet ist auch das »Indian Taco«. Dabei gibt man auf das Brötchen typische Taco-Zutaten wie Rinderhack, Kopfsalat, Tomaten, Käse und Salsa. Es ist zwar nicht ganz einfach zu essen. aber heiß verzehrt ein großer Genuß.

Das obige Grundrezept für ausgebackene Brötchen stammt von Helen Begay, einer Navajo vom *Naakai Dinee* oder »mexikanischen« Klan (mütterlicherseits) und vom *Ashiihi* oder »Salz«-Klan (väterlicherseits). Mrs. Begay ist in Lukachukai im Herzen des Navajo-Reservats geboren und lebt heute in Los Alamos, New Mexico. In der dortigen Höhe von gut 2 100 Metern verwendet sie 3 Teelöffel Backpulver, während in tieferen Lagen auch 2 Teelöffel genügen.

TORTILLAS DER UTE

Helen Begay überließ uns diese alternative Zubereitungsart für ausgebackene Brötchen, die bei den Ute, den nördlichen Nachbarn der Navajo, üblich ist.

Die Tortillas der Ute-Indianer bestehen aus dem gleichen Teig wie die ausgebackenen Brötchen und werden genauso geformt, jedoch im Freien auf Holzkohle oder auf einem Rost über dem offenen Feuer gebacken. »Sie schmecken ganz anders«, sagte Helen Begay. »Man ißt sie zu Braten mit gebackenen Kartoffeln und grünen Chillies.« Wir haben es ausprobiert und fanden es köstlich.

Rechte Seite: Ausgebackene Brötchen und Indian Tacos

6 Streifen magerer Räucherspeck
250 g gelbes, blaues oder weißes Maismehl
1 EL Zucker
2 TL Salz
2 TL Natron
1 TL gemahlene rote Chilischoten oder Chilipulver
280 ml Buttermilch
2 Eier
3 Frühlingszwiebeln, gehackt
30 g milde, grüne Chilischoten, gehackt
1 frische oder eingelegte Chile jalapeño, entkernt und gehackt (nach Geschmack)

Vor hundert Jahren sahen die Küchen der Zuni so aus: An den Deckenbalken und Wänden hingen die Kochutensilien – Siebe aus grob verwobenen Yuccafasern, Tabletts für Maismehl und Brotplatten aus Weidengeflecht. Auf dem Fußboden befanden sich große Kochtöpfe, Wasserbehälter mit Steindeckel, polierte Backsteine, Brotschüsseln für den gehenden Teig, Feuerhaken aus Hartholz, Stöcke zum Anrühren von Pudding und Bündel feiner Nußkiefernspäne. Die Feuerstelle nahm eine Seite des Raumes ein. An ihrer einen Ecke ruhte ein großer, dicker Backstein auf vier niedrigen gemauerten Stützen. In der gegenüberliegenden Ecke befanden sich Gestelle für schwere Kochtöpfe, und in der Mitte der Feuerstelle war als eine Art Ofen eine tiefe Grube ausgehoben und mit Steinen ausgekleidet.

Wenngleich sich die Feuerstelle bis heute gehalten hat, sind moderne Pueblo-Küchen doch meist mit einem Gasherd ausgestattet. Das bei den Pueblo und Navajo gleichermaßen beliebte Maisbrot aus der Pfanne wird oft auf dem Herd zubereitet, kann aber ebenso im Freien über einem Lagerfeuer gebacken werden.

MAISBROT AUS DER PFANNE

In einer schweren Pfanne von 20–23 cm Durchmesser den Speck bei mittlerer bis niedriger Temperatur knusprig braten. Herausnehmen, auf Küchenpapier abtropfen lassen, zerkrümeln und beiseite stellen. Das Fett in der Pfanne lassen.

Den Backofen auf 180 °C vorheizen. Maismehl, Zucker, Salz und Natron in eine große Schüssel sieben. In einer zweiten Schüssel 1 Eßlöffel des Fetts aus der Pfanne mit dem Chilipulver, der Buttermilch und den Eiern verquirlen.

Die Pfanne bei mittlerer Temperatur erhitzen und schwenken, um das restliche Fett gleichmäßig zu verteilen. Die Buttermilchmischung in die Mehlmischung einrühren. Den Speck, die Frühlingszwiebeln und die gehackten Chilischoten unterziehen. Den Teig in die heiße Pfanne gießen und das Brot im Ofen etwa 30 Minuten backen. Es ist fertig, wenn es oben goldbraun ist und an einem in der Mitte hineingestochenen Messer kein Teig haftenbleibt. Das Maisbrot wie eine Torte aufschneiden und direkt aus der Pfanne servieren.

ANMERKUNG: Bei der Zubereitung auf dem Herd die Pfanne zudecken und das Brot bei niedriger Temperatur etwa 15 Minuten backen. Mit Hilfe des Deckels wenden und das Brot von der zweiten Seite nochmals 10–15 Minuten backen. Die Garprobe machen, wie oben beschrieben. Diese Methode funktioniert bestens und empfiehlt sich, wenn kein Ofen verfügbar ist, etwa beim Zelten. Dagegen ist das Backen im Ofen etwas unkomplizierter, und das Brot bräunt dabei gleichmäßiger.

Für 4–6 Personen

(Abbildung S. 2)

MAISBROT IN DER HÜLLE NACH ART DER NAVAJO

5 frische Maiskolben
1 Dose Corned beef (340 g)
60 g frische grüne Chilischoten, enthäutet, entkernt und gehackt
1 Ei, leicht verquirlt
Maishüllblätter, in Wasser eingeweicht

Die indianische Küche Nordamerikas kennt viele Variationen dieses weichen »Brotes« aus gemahlenem oder püriertem frischem Mais, das in die frischen oder getrockneten Hüllblätter der Maiskolben gewickelt und dann gekocht, gedämpft oder unter der Glut gebacken wird. Nachfolgend die Navajo-Version des »Kneel Down Bread«. Sein Name erklärt sich der Überlieferung nach daraus, daß es früher in einer Grube gebacken wurde und man sich hinknien mußte, um den Garprozeß zu überwachen.

Die hier vorgestellte, interessante Abwandlung des einfachen Grundrezepts stammt von Marilyn Yazzie, einer Navajo aus Ganado, Arizona. Sie erinnert sich, daß ihre Großmutter für süßes Brot manchmal auch pürierte Pfirsiche oder Äpfel oder das Fruchtfleisch von Kaktusfeigen in den Teig gab.

Den Backofen auf 175 °C vorheizen. Den Mais über einer Schüssel von den Kolben schaben und zerdrücken. Das Corned beef, die Chilischoten und das Ei dazugeben und alles gründlich vermengen. Die Maishüllblätter trockentupfen und nebeneinander leicht überlappend auslegen, so daß sie ein etwa 18 × 30 cm großes Rechteck bilden. Den Maisteig in die Mitte geben und zu einem Laib formen. Die Blätter darüber zusammenfalten und das Paket zusammenbinden oder in Alufolie einschlagen. Auf ein Backblech legen und 60–75 Minuten backen, bis das Brot durch und durch gar ist und sich fest anfühlt. Auswickeln, in Scheiben schneiden und servieren.

Für 4–6 Personen

Der Mais hat eine lange Geschichte: 1954 wurden in Mexico City bei einer Bohrung in 60 Metern Tiefe fossile Pollen entdeckt. Sie wurden auf etwa 80 000 v. Chr. datiert, eine Zeit also lange vor der mutmaßlichen Ankunft des Menschen auf diesem Kontinent. Zehn Jahre später fand der Archäologe R. S. MacNeish in einer ehemals bewohnten Höhle im Tehuacan-Tal in Südmexiko prähistorischen Wildmais, dessen Alter auf rund 7 000 Jahre geschätzt wurde.

Blauer Mais wurde im Südwesten schon lange bevorzugt verwendet und soll hinsichtlich seines Nährwerts anderen Sorten überlegen sein. Dies könnte aber auf die Zubereitungsart zurückzuführen sein, bei der Asche von Wacholder und *salt bush*, einem Gänsefußgewächs, unter den Mais gemischt wird, um seine Farbe zu erhalten. Durch diese alkalische Behandlung werden vermehrt Nährstoffe frei.

Ursprünglich wurden diese Pfannkuchen auf einer *griddle* – Backplatte – aus sehr glattem Sandstein zubereitet. Eine moderne metallene Backplatte oder Bratpfanne eignet sich genauso. Helen Begay, eine Navajo, erzählte uns, daß in ihrer Familie für den Teig Ziegenmilch verwendet wurde und diese den Pfannkuchen eine solche Süße verlieh, daß man sie ohne Ahornsirup essen konnte.

BLAUE MAISPFANNKUCHEN DER PUEBLO

125 g blaues Maismehl
1 EL Zucker
2 TL Backpulver
1 TL Natron
1 TL Salz
3 EL zerlassene Butter oder Pflanzenfett
2 Eier, verquirlt
225 ml Milch
Butter und Honig oder Ahornsirup zum Servieren

Die trockenen Zutaten in einer Schüssel vermengen. Butter, Eier und Milch gründlich einrühren und den Teig 10 Minuten ruhen lassen. Den Teig eßlöffelweise in eine mittelheiße, leicht gefettete schwere Pfanne geben. Wenn sich nach etwa 2 Minuten oben Blasen zeigen, die Pfannkuchen wenden und von der zweiten Seite ebenfalls leicht bräunen. Mit Butter und Honig oder Ahornsirup servieren.

Ergibt etwa 12 Pfannkuchen von 7–8 cm Durchmesser

Das Mehl in eine Schüssel geben. Langsam das Wasser einrühren, so daß man einen dickflüssigen Teig erhält. Das Ei, das Backpulver, die Chillies und die Zwiebeln unterziehen. Alles gründlich vermischen.

In einem Topf reichlich Öl auf 180 °C erhitzen – die Temperatur ist erreicht, wenn ein Brotwürfel in 30 Sekunden gebräunt ist. Den Teig eßlöffelweise ins heiße Öl geben und goldbraun ausbacken. Die Krapfen mit einem Schaumlöffel herausnehmen und auf Küchenpapier abtropfen lassen. Sofort servieren.

Ergibt 10 Krapfen

CHILIKRAPFEN DER PUEBLO

80 g Mehl
75 ml Wasser
1 Ei, leicht verquirlt
½ TL Backpulver
60 g milde frische grüne Chilischoten, geröstet, enthäutet, entkernt und gehackt (nach Belieben auch milde und scharfe Chillies gemischt)

»Chili« ist das Aztekenwort für eine Pflanze, deren Früchte von den Maya in Yucatan vor 1 000 Jahren genutzt wurden. Nachdem die Kunde davon in die ferne Neue Welt gedrungen war, avancierten die Schoten – ob im frischen, grünen oder im getrockneten, roten Zustand – bald zu einem Grundgewürz der indianischen Küche. Frisch werden unter anderem die hellgrünen, glatten Chiles jalapeños und die langen, dreikantigen dunkelgrünen Chiles poblanos verwendet. Im Espanola Valley, in New Mexico nördlich von Santa Fe gelegen, wird die nach einer Ortschaft der Umgebung benannte »Chimayo«-Chili von Nachfahren der ersten spanischen Siedler kultiviert. In Kalifornien heißt sie Anaheim-Chili, doch fehlt den dortigen Erzeugnissen das ganz besondere Aroma der Schoten aus New Mexico.

Nach der Ernte werden die Chillies auf Doppelschnüre gezogen und zum Trocknen in der Herbstsonne an Dachbalken aufgehängt. Der Versuchung, die tiefrot anlaufenden Chiles de ristra vor den sandfarbenen Adobe-Wänden und einem wolkenlosen blauen Himmel zu fotografieren, kann man kaum widerstehen.

Krapfen sind landauf, landab in der indianischen Küche beliebt. Ursprünglich wurden sie in Bärenfett oder Schweineschmalz gebacken, ebenso aber kann man Öl oder Pflanzenfett verwenden.

1 Tütchen (7 g) Trockenbackhefe
110 ml lauwarmes Wasser
340 ml heißes Wasser
2 EL Schweineschmalz oder Pflanzenfett
1 EL Zucker
1 TL Salz
550–650 g Mehl

ADOBE-BROT DER PUEBLO

Wer ein Pueblo-Dorf besucht, kann die großen, wie Bienenkörbe geformten Gebilde von mindestens 1,20 Metern Höhe zwischen den Häusern nicht übersehen. Diese im Spanischen *hornos* genannten Öfen ähneln jenen Konstruktionen, die in Spanien vor Hunderten von Jahren üblich waren. Sie sind aus Steinen errichtet und mit Adobe, einer Mischung aus Lehm, Sand und Stroh, verputzt. Vor dem Backen wird im Ofen ein Feuer entfacht und, nachdem es heruntergebrannt ist, die Asche beiseite gefegt. Dann werden mit Holzschaufeln die Brotlaibe oder andere Zubereitungen hineingegeben. Die quadratische Öffnung wird meist mit einem verzinkten Eisenblech verschlossen. Während der sommerlichen Maistänze werden auf der Plaza Verkaufsstände aufgebaut. Sie bieten traditionelle Speisen ebenso an wie moderne Snacks. Ein Favorit der Besucher aber sind die runden Adobe-Brote mit ihrer goldbraunen Kruste, die von den Pueblo-Frauen am gleichen Morgen gebacken wurden.

Den Backofen auf 190 °C vorheizen. Die Hefe in einer kleinen Schüssel in lauwarmem Wasser verrühren und beiseite stellen. In einer großen Backschüssel das heiße Wasser mit dem Schmalz, dem Zucker und dem Salz vermischen. 120 g Mehl energisch mit dem Schneebesen unterrühren. Die Hefe gründlich daruntermischen. Wieder 350–400 g Mehl gut einarbeiten. Den Teig auf einer bemehlten Arbeitsfläche 10 Minuten kneten, dabei nach Bedarf weiteres Mehl hinzufügen, bis er glatt und elastisch ist. In eine gefettete Schüssel geben und, mit einem Tuch bedeckt, an einem warmen Platz etwa 1 Stunde gehen lassen, bis sich sein Volumen verdoppelt hat. Den Teig zusammenschlagen und in zwei gleiche Portionen teilen. In zwei gefettete ofenfeste Schüsseln geben und die Stücke einmal wenden, so daß sie auch oben gefettet sind. Die Brote 45–60 Minuten backen, bis sie oben appetitlich gebräunt sind. Stürzen und auf Drahtgittern abkühlen lassen.

Ergibt 2 Laibe für insgesamt 12 Personen

Den Backofen auf 175 °C vorheizen. In einer Schüssel Mehl, Kürbis, Zucker, Butter, Eier, Backpulver, Zimt, Muskatnuß und Salz vermischen. Die Pinienkerne untermengen. Den Teig in eine gefettete Kastenform von 15 × 23 cm geben. Das Brot 1 Stunde backen, bis an einem in die Mitte hineingestochenen Messer kein Teig haftenbleibt.

Für 6–8 Personen

KÜRBISBROT MIT PINIENKERNEN NACH ART DER PUEBLO

Bei ihrer Ankunft in New Mexico im späten 15. Jahrhundert stellten die Spanier fest, daß die Pueblo-Indianer am Rio Grande viele Kürbisarten anbauten. Unter anderem zogen sie den Gartenkürbis, der bis heute in den Küchen aller größeren Stämme der Region eine wichtige Rolle spielt. Er wird nicht nur wegen seines Fleisches und seiner Kerne geschätzt, sondern auch wegen der Schale, die einen praktischen eßbaren Kochtopf für Suppen und Eintöpfe abgibt.

Im Südwesten gibt es nicht viele Nüsse, doch liefert die zwergwüchsige Nußkiefer, die die felsigen Hügel von New Mexico und Arizona überzieht, einen wohlschmeckenden Ersatz. Die Pinienkerne besitzen etwa die doppelte Größe eines Reiskorns und sitzen in fest geschlossenen Zapfen, die sich im September öffnen, um die Samen freizugeben. Ganze Pueblo- und Navajo-Familien ziehen dann zum Sammeln der *piñons* los, manche bleiben sogar mehrere Wochen, bis zum einsetzenden Schnee, in einem Lager an Ort und Stelle. Um die Pinienkerne von Erdpartikeln und Kiefernnadeln zu säubern, gibt man eine kleinere Menge in einen Worfelkorb. Er wird in Schräglage hochgehalten und gegen den Wind geschüttelt, wobei der Schmutz herausfliegt. Es werden auch Siebe, bestehend aus einem quadratischen Holzrahmen mit Maschendrahtbespannung, verwendet, die allerdings weniger kunstvoll wirken.

In diesem Rezept sind die beiden traditionellen Zutaten, Kürbis und Pinienkerne, kombiniert. Das würzige, kuchenartige Brot schmeckt leicht geröstet zum Frühstück, aber auch zimmerwarm als Dessert.

180 g Mehl
190 g zerdrückter oder pürierter gekochter Kürbis
150 g Zucker
100 g Butter, zerlassen
2 Eier, verquirlt
1 TL Backpulver
1 TL gemahlener Zimt
1 TL gemahlene Muskatnuß
½ TL Salz
100 g Pinienkerne

Pinienkerne, wie Eicheln und Sonnenblumenkerne sehr eiweißreich, sind im Südwesten seit langem unverzichtbarer Bestandteil der Ernährung. Manchmal werden sie roh gegessen, am besten aber schmecken sie, über einem Feuer in einer großen Schüssel unter ständigem Rühren – damit sie nicht anbrennen – geröstet. Vor der Erfindung von Tongefäßen rösteten die Zuni die Pinienkerne in flachen, mit Lehm bestrichenen Körben. Sie gaben einige Stücke glühende Holzkohle und dann die Pinienkerne hinein. Durch schwungvolles Kreisen des Korbes hielten sie den Inhalt ständig in Bewegung, so daß die Pinienkerne gleichmäßig bräunten. Der Lehm, der das Geflecht schützte, härtete aus und ergab einen Abdruck des Korbes: Die Idee des Töpferns war geboren. Die gerösteten Pinienkerne wurden erneut erwärmt und leicht mit einem runden Mahlstein bearbeitet, um die trockene Haut abzulösen.

Wegen ihres hohen Fettgehalts ließen sich Pinienkerne nicht gut mahlen. Daher wurden sie abermals geröstet und auf einem feinkörnigen Stein zu einer Paste zerrieben. Aus dieser Paste formten die Zuni kleine Küchlein, die sie in Blätter wickelten und, mit Asche bedeckt, aufbewahrten. Die nahrhaften und delikat schmeckenden Pinienkernküchlein dienten als Fleischersatz. Hier eine moderne Version.

PINIENKERNKÜCHLEIN

190 g Vollkornweizenmehl
2 TL Backpulver
3/4 TL Salz
80 g Pinienkerne, gemahlen
2 EL Zucker
2 EL Butter, Margarine oder Schweineschmalz, gekühlt
110 ml Wasser

Mehl, Backpulver und Salz in eine Schüssel sieben. Pinienkerne und Zucker untermischen. Die Butter in kleinen Stücken hinzufügen und alles mit den Fingern zu feinen Krümeln verarbeiten. Langsam das Wasser dazugießen, bis man einen weichen bis mittelfesten Teig erhält. Diesen 5 Minuten kneten, in eine gefettete Schüssel geben und zugedeckt 15 Minuten ruhen lassen. Jeweils eine eigroße Teigmenge 3 mm dick ausrollen. Die Fladen in einer leicht gefetteten schweren Pfanne von beiden Seiten 3 Minuten braten, bis sie appetitlich gebräunt sind. Die knusprigen Küchlein warm und mit Honig und Butter bestrichen servieren oder zimmerwarm wie Kräcker essen.

Ergibt 10 Küchlein

Brot und Suppen aus Mais- oder Weizenmehl gehören zu den Grundzubereitungen der Navajo. Anfänglich haben sie vermutlich Maismehl mit kochendem Wasser oder Ziegenmilch und einer Prise Zedernasche verrührt. Der Brei von der Konsistenz eines Kartoffelpürees war leicht zuzubereiten und konnte kalt gegessen werden. Man konnte ihn auch in Maishüllblätter wickeln und unter der heißen Glut backen. Mitunter wurde der ungebackene Brei im Winter auch gesüßt und über Nacht gefroren, um ihn dann als eine Art Eiscreme zu genießen.

Später kam zum Mais- das Weizenmehl hinzu, das entweder selbst auf der Reibplatte – *metate* – hergestellt oder fertig bei den Handelsposten gekauft wurde. Noch immer backen die Navajo verschiedene Brote in kleinen, unterirdischen Steinöfen, die erst aufgeheizt und dann mit Maishüllblättern ausgekleidet werden. Der Teig wird hineingegossen und mit Maishüllblättern und dann einer dünnen Schicht Erde abgedeckt, auf der die ganze Nacht ein Feuer unterhalten wird. Brote und Plätzchen können auch in der heißen Glut gebacken werden.

Als Gewürz nutzen die Navajo viele Pflanzen, darunter wilden Salbei, der auch bei Zeremonien zur Krankenheilung verwendet wird. Helen Begay erinnert sich, wie sie als Kind in Lukachukai im Navajo-Reservat das Kraut für ihre Mutter sammelte. Wilder Salbei wird auch bei Reinigungsritualen auf den aufgeheizten Sandboden des Schwitzhauses gelegt, weil sein angenehmer, herber Geruch das Gute anziehen soll.

Als wir über dieses Rezept sprachen, fiel Helen ein, daß ihre Mutter früher aus Ziegenmilch einen Frischkäse ähnlich unserem Hüttenkäse herstellte.

1 Tütchen (7 g) Trockenbackhefe
50 ml lauwarmes Wasser
430 g Mehl
2 TL zerriebener getrockneter Salbei
1 EL Zucker
1 TL Salz
¼ TL Natron
200 g Hüttenkäse
1 Ei
1 EL zerlassenes Pflanzenfett oder Schweineschmalz

SALBEIBROT DER NAVAJO

Die Hefe im lauwarmen Wasser verrühren und beiseite stellen. Die trockenen Zutaten in einer Schüssel vermengen. In einer großen Backschüssel Hüttenkäse und Ei mit dem Schneebesen glattrühren. Das zerlassene Fett und die Hefe einrühren. Nach und nach die Mehlmischung hinzufügen und jedesmal energisch mit dem Schneebesen schlagen, bis man schließlich einen festen Teig erhält. Diesen auf der leicht eingemehlten Arbeitsfläche etwa 10 Minuten kneten. Mit einem Tuch abdecken und an einem warmen, zugfreien Platz 1–1½ Stunden gehen lassen, bis er sein Volumen verdoppelt hat. Rechtzeitig den Backofen auf 190 °C vorheizen. Den Teig zusammenschlagen und nochmals 1 Minute kneten.

In eine gefettete ofenfeste 2-Liter-Schüssel geben und für 50 Minuten in den Ofen schieben. Das Brot ist fertig, wenn es sich fest anfühlt und goldbraun ist. Aus der Schüssel stürzen und auf einem Drahtgitter abkühlen lassen.

Für 6–8 Personen

Manchmal werden die Hopi »die Menschen des blauen Maises« genannt. Ihr Schöpfungsmythos erzählt, daß sie diese Maisart allen anderen vorzogen, da sie zwar klein, aber sehr lagerfähig ist. Fernab von ihren Siedlungen auf den Mesas – Hochplateaus – kultivieren sie in Tälern Mais in allen Farben, vornehmlich aber die gedrungenen blauen Kolben. Das Mahlen des Maises beschrieb Pedro de Castañeda in seinen Briefen, die er während der Coronado-Expedition in den Südwesten von 1540–1542 nach Spanien schickte:

> »Sie haben eigene Häuser, wo ... sie sehr sauberes Mehl mahlen ... Es gibt einen Trog, in dem drei Steine in festen Lehm eingebettet sind. Drei Frauen begeben sich hier hinein, jede mit einem Stein ausgestattet, mit dem die eine von ihnen den Mais aufbricht, die zweite ihn mahlt und die dritte ihn nochmals mahlt. ... An der Tür sitzt ein Mann und spielt auf einer Pfeife, während sie mahlen, die Steine zur Musik bewegen und gemeinsam singen. Sie mahlen eine große Menge auf einmal, da sie ihr gesamtes Brot, das an Waffeln erinnert, aus in warmem Wasser eingeweichtem Mehl backen.«

Dieses Rezept verwendet sowohl frische Maiskörner als blaues Maismehl. Wer heute ein Pueblo besucht, wundert sich angesichts all des aufgetürmten blauen Maises, wie die Hopi-Frauen das Ganze wohl bewältigen – bis ein Wagen mit einer motorisierten Mahlmaschine vorfährt, die in einem Durchgang mehrere hundert Kilo verarbeiten kann.

In Zuni werden Klößchen aus blauem Maismehl und Hefe hergestellt. Aus dem Teig werden kleine Kugeln geformt, die man fest in Blätter wickelt. Beim Kochen gehen die Kugeln durch die Hefe auf und färben sich intensiv blau.

MAISEINTOPF MIT BLAUEN KLÖSSCHEN NACH ART DER HOPI

2 EL Schweineschmalz oder Öl
700 g Hackfleisch von Rind oder Ziege
1 mittelgroße Zwiebel, gehackt
1 große grüne Paprikaschote, entkernt und gehackt
1 EL gemahlene rote Chilischoten
750 g Maiskörner
1 kleine Zucchini, längs geviertelt und in Scheiben geschnitten
1 kleiner gelber Squash oder 350 g Kürbisfleisch, gewürfelt
1 l Wasser
2 EL Weizenvollkornmehl
Salz
Blaue Maisklößchen (Rezept s. unten)

Das Öl bei mittlerer bis hoher Temperatur in einem großen Schmortopf erhitzen. Das Fleisch leicht anbräunen. Zwiebel, Paprikaschote und Chilipulver dazugeben, alles vermischen und noch 3–4 Minuten braten, bis die Zwiebel glasig ist. Mais, Zucchini und Kürbis hinzufügen und alles mit Wasser bedecken. Einmal aufkochen lassen und dann bei mittlerer bis niedriger Temperatur 30–40 Minuten simmern lassen, bis Fleisch und Gemüse gar sind.

In einer kleinen Schüssel das Mehl mit 2 Eßlöffeln des Schmorfonds aus dem Topf verrühren. Mit dem Schneebesen in den Eintopf einrühren und weiterköcheln, bis er eindickt. Etwa 15 Minuten vor Ende der Garzeit die blauen Klößchen in den Eintopf geben.

Für 6 Personen

FÜR DIE BLAUEN KLÖSSCHEN:

250 g blaues Maismehl
2 TL Backpulver
2 EL Schweineschmalz
½ TL Salz
150–225 ml Milch

Maismehl, Backpulver, Schmalz und Salz in einer Schüssel vermengen. So viel Milch einrühren, daß man einen festen, aber geschmeidigen Teig erhält. Mit einem Eßlöffel Kugeln abstechen und 15 Minuten vor Ende der Garzeit in den Eintopf geben.

MÖHRENGEMÜSE AUF PUEBLO-ART

Seit langem schon bauen die Gärtner der Pueblo Möhren an. Doch auch als man dieses Gemüse noch nicht kultivierte, wurden die wilden Wurzeln bereits von den amerikanischen Ureinwohnern in vielen Teilen des Landes gesammelt und gegessen. Die Pueblo bereiten sie auf ungewöhnliche und sehr schmackhafte Weise zu.

1 kg Möhren
100 g Butter oder Margarine
1 EL dunkelbrauner Zucker
110 ml Orangensaft
Salz nach Geschmack

Die Möhren waschen und reiben. Die Butter in einer großen Pfanne zerlassen. Die Möhrenraspel mit dem Zucker hineingeben und zugedeckt bei mittlerer Temperatur dünsten, dabei mehrmals durchmischen. Den Orangensaft angießen und die Möhren ohne Deckel weitere 5 Minuten garen, bis sie zart, aber noch knackig sind. Zuletzt nach Geschmack salzen.

Für 4–6 Personen

Das Öl in einer großen, schweren Pfanne erhitzen. Das Fleisch bei mittlerer bis hoher Temperatur in 5–8 Minuten unter häufigem Rühren leicht bräunen. (Falls nötig, das Fleisch in zwei Portionen verarbeiten.) Aus der Pfanne nehmen und beiseite stellen. Die Zwiebel mit dem Knoblauch bei mittlerer Temperatur in 5–6 Minuten glasig werden lassen. Das Fleisch zurück in die Pfanne geben und die übrigen Zutaten hinzufügen. Das Ganze bei mittlerer bis niedriger Temperatur etwa 2 Stunden köcheln lassen, bis das Fleisch gar ist. Die Klößchen dazugeben und alles weitere 20 Minuten garen.

6 EL Pflanzenöl
1 kg Lammfleisch, gewürfelt
1 große Zwiebel, gehackt
2 Knoblauchzehen, gehackt
3 EL Chilipulver
Salz und frisch gemahlener Pfeffer
3 große Tomaten, enthäutet, entkernt und grobgehackt
300 g gekochte schwarze oder Pinto-Bohnen
2 Kartoffeln, geschält und gewürfelt
700 ml Lammfleischbrühe oder Wasser
Maisklößchen (Rezept s. unten)

Während die Pueblo für Tiere und Mais als Nahrungslieferanten getrennte Rituale abhalten, treten diese in der Mythologie der Navajo gemeinsam auf. Die Geschichten erzählen von Tieren, die mit Packen von Mais auf dem Rücken jagen, und von Jagdtieren wie dem Dickhornschaf, die Samen aller Pflanzen bei sich tragen. Und in Gesängen werden die Vorteile einer gemischten Kost aus Fleisch und Gemüse hervorgehoben.

Nachdem die Navajo sich zwischen den Pueblo-Bauern angesiedelt hatten, übernahmen sie deren farbigen Mais. Wie kostbar er für sie war, brachten sie darin zum Ausdruck, daß sie ihn mit ihren vier heiligen Bergen gleichsetzten: weiß für den Osten, blau für den Süden, gelb oder rot für den Westen und schwarz für den Norden.

Von der Aussaat bis zur Ernte des Maises singen die Navajo viele Lieder. Sie handeln vom Keimen, von den ersten, winzigen Blättern, die sich über der Erde entfalten, von der gelbgrünen Farbe der Felder, vom Wachstum der Blätter und dem Wind, der sie streift, und vom Erscheinen der Narbenfäden, der »Seide«, und den Pollen. Eigene Erntegesänge beschreiben das Aufstapeln der Maiskolben und das knackende Geräusch der trockenen Halme.

LAMMTOPF MIT MAISKLÖSSCHEN NACH ART DER NAVAJO

FÜR DIE MAISKLÖSSCHEN:

380 g Maiskörner
125 g Weizenmehl
3 EL Maismehl
2 TL Backpulver
1 TL Salz
4 EL weiche Butter
1–2 EL Milch

Den Mais in einer Schüssel zerdrücken. Weizen- und Maismehl, Backpulver und Salz unterziehen. Die Butter in Stückchen mit den Fingern einarbeiten. So viel Milch hinzufügen, daß ein geschmeidiger, nicht zu fester Teig entsteht. Diesen eßlöffelweise in den Eintopf geben und mitgaren lassen.

Für 6 Personen

Den Pozole kalt abspülen, bis das Wasser klar bleibt, und anschließend mehrere Stunden in kaltem Wasser einweichen. In einem großen, schweren Topf mit Wasser bedecken und bei mittlerer bis hoher Temperatur zum Kochen bringen. Danach zugedeckt bei niedriger Temperatur etwa 1 Stunde köcheln lassen, bis die Maiskörner aufplatzen. Alle Chillies, die Zwiebeln, den Knoblauch, die Tomate und das Fleisch dazugeben. Das Ganze zugedeckt etwa 4 Stunden simmern lassen, bis das Fleisch gar ist. Das Fleisch aus dem Topf nehmen, in feine Streifen schneiden und wieder in den Topf geben. Das Gericht nach Geschmack mit Oregano und Salz würzen und zugedeckt noch mindestens 1 Stunde köcheln lassen.

ANMERKUNG: Wenn Sie tiefgefrorenen Pozole oder ein Dosenprodukt verwenden, entfällt das Einweichen, und die Kochzeit verkürzt sich um etwa 1 Stunde.

Für 4–6 Personen

350 g blauen Pozole (getrocknetes ganzes Hominy)
60 g milde frische grüne Chilischoten, geröstet, enthäutet und gehackt
1–3 frische oder eingelegte Chiles jalapeños, enthäutet, entkernt und gehackt
1 Zwiebel, gehackt
2 Knoblauchzehen, gehackt
1 Tomate, enthäutet, entkernt und gehackt
1–1,3 kg Schweinefleisch zum Schmoren (z. B. Schulter)
2 TL getrockneter mexikanischer Oregano (nach Geschmack)
Salz

MAISEINTOPF MIT SCHWEINEFLEISCH NACH ART DER NAVAJO

Viele Indianerstämme verarbeiteten früher ihren Mais zu Hominy, indem sie ihn in einer Mischung aus Holz- oder Maiskolbenasche, Kalkpulver und Wasser kochten, bis sich die harte Außenhaut der Körner löste. Der Begriff »Pozole« bezeichnet sowohl die Hauptzutat dieses Rezeptes – ganzes Hominy – als auch den herzhaften Eintopf selbst. Er ist im Südwesten eines der beliebtesten indianischen Gerichte und wird überall in New Mexico und Arizona in indianischen, mexikanischen und angloamerikanischen Familien gerne in der Weihnachts- und Neujahrszeit zubereitet. Dabei wird zwar Hominy aus blauem Mais bevorzugt, ebenso aber verwendet man weißen oder gelben Mais.

Dieses Rezept überließ uns Marilyn Yazzie, eine Navajo, die mütterlicherseits vom *Tsenjikini-* oder »Honey Combed Rock«-Klan und väterlicherseits vom *Tachiinnii-* oder »Red Running into the Water«-Klan abstammt und beim Hubbell Trading Post in Ganado, Arizona, beschäftigt ist. Sie zieht für »Pozole« die frischen, grünen den getrockneten, roten Chillies vor. Wer den Eintopf weniger scharf möchte, nimmt nur eine Chile jalapeño oder auch gar keine und statt dessen mehr milde grüne Chillies. Als gesundheitsbewußte Köchin verwendet Marilyn mageres Schweinefleisch und kein Salz.

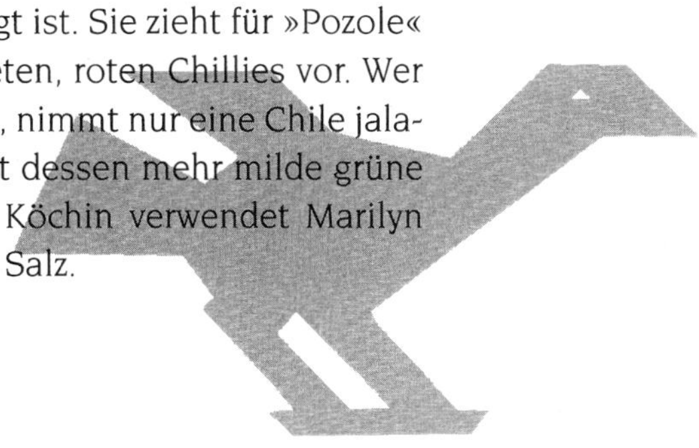

Lange vor Ankunft der weißen Siedler im Südwesten jagten die Hopi und andere Pueblo-Stämme Hirsch, Antilope, Dickhornschaf, Puma, Fuchs und Dachs. Alle Teile der Beute wurden verwendet: die Häute für die Kleidung, die Sehnen zum Nähen und als Befestigung, die Knochen für Werkzeuge, die Hufe für Ritualrasseln und natürlich das Fleisch als Nahrungsmittel.

Mit der zunehmenden Ausbreitung der Viehherden gingen Wiesen und Wälder durch Überweidung allmählich zurück. Das Wild wurde knapp und die Ernährung der Pueblo vorwiegend vegetarisch. Fleisch gab es bei besonderen Anlässen. Die von der Jagd heimgebrachten Tiere wurden mit Decken und Türkisen geschmückt und mit Achtung behandelt, um ihre Geister zu beschwichtigen, so daß sie wiederkehren würden.

Hirsch, Antilope und Dickhornschaf sind heute in der Region kaum noch anzutreffen, in den winterlichen Tiertänzen vieler Pueblo-Stämme aber nach wie vor lebendig. Bei diesen Zeremonien tragen die Tänzer Geweihe, Tierhäute und schwere Kränze aus immergrünen Zweigen um den Hals, um so die Tiere in ihrer waldigen Umgebung im Geiste auferstehen zu lassen.

HIRSCHEINTOPF DER HOPI

1 kg Hirschfleisch, in knapp 4 cm große Würfel geschnitten
60 g Mehl
6 EL Pflanzenöl
1 mittelgroße Zwiebel, gehackt
120 g Bleichsellerie, gewürfelt
30 g frische grüne Chilischoten (nach Belieben scharf oder mild oder auch beides kombiniert), enthäutet, entkernt und gewürfelt
1 l Wasser
1 EL getrockneter mexikanischer Oregano
180 g Möhren, in Scheiben geschnitten
2 Kartoffeln, geschält und in knapp 1,5 cm große Würfel geschnitten
120 g gelbe Steckrüben, gewürfelt

Das Fleisch mit einem Küchentuch trockentupfen und leicht in Mehl wenden. Das Öl in einer großen Pfanne erhitzen und das Fleisch ringsum kräftig anbräunen. Herausnehmen und in einen Schmortopf geben. Im selben Öl die Zwiebel mit dem Sellerie und den Chilischoten dünsten, bis sie glasig ist. Die Mischung zusammen mit dem Wasser und dem Oregano zum Fleisch geben. Alles einmal aufkochen und dann zugedeckt bei niedriger Temperatur $1\frac{1}{2}$–2 Stunden simmern lassen, bis das Fleisch fast gar ist. Möhren, Kartoffeln und Steckrüben weitere 20–30 Minuten mitkochen, bis sie gar sind.

Für 6 Personen

Das Fleisch mit einem Tuch trockentupfen, leicht in Mehl wenden und beiseite legen. Den Speck mit den Zwiebeln und dem Knoblauch in einem großen Schmortopf bei mittlerer Temperatur 3-4 Minuten braten. Die Mischung aus dem Topf nehmen und beiseite stellen. Das Öl in den Topf geben und das Fleisch von allen Seiten darin anbräunen.

Die Speckmischung zurück in den Topf geben. Tomaten, Brühe, alle Chillies, Kreuzkümmel, Oregano sowie Salz und Pfeffer nach Geschmack hinzufügen. Das Ganze zugedeckt bei niedriger Temperatur 1½ Stunden sanft schmoren. Die Kichererbsen hinzufügen und alles noch 1 Stunde köcheln lassen, bis Fleisch und Gemüse schön zart sind.

Für 6 Personen

RINDERSCHMORTOPF MIT CHILLIES UND KICHERERBSEN NACH ART DER PUEBLO

1 kg Rindfleisch zum Schmoren
60 g Mehl
4 Scheiben geräucherter Bauchspeck, gehackt
4 Zwiebeln, gehackt
2 Knoblauchzehen, gehackt
3–4 EL Pflanzenöl
2 große Tomaten, enthäutet, entkernt und gehackt
500 ml Rindfleischbrühe oder Wasser
250 g milde frische grüne Chilischoten, enthäutet, entkernt und gehackt
1–2 frische oder eingelegte Chiles jalapeños, gehackt (nach Belieben)
1 TL gemahlener Kreuzkümmel
½ TL getrockneter mexikanischer Oregano
Salz und frisch gemahlener Pfeffer
350 g getrocknete Kichererbsen, über Nacht eingeweicht

Zur Zeit der ersten Kontakte mit den Europäern war der Anteil der landwirtschaftlichen Erzeugnisse an der Ernährung der Pueblo schätzungsweise auf etwa 80 Prozent gestiegen. Kaninchen und anderes Wild lieferten nur begrenzte Fleischmengen. Das Bisonfleisch kam hinzu, nachdem die Plains-Stämme durch die Spanier in den Besitz von Pferden gelangt waren. Einer dieser Stämme, die Comanche, tauschte bei den Pueblo das Fleisch gegen deren begehrte Feldbauprodukte ein. Wie der Forscher Adolph Bandelier 1890 schrieb, erwarben die Comanche dabei Maismehl, Brot, gedörrte Äpfel, Melonen, Töpferwaren, Türkise und Baumwolldecken. Im Tausch erhielten die Pueblo kunstvoll gefertigte Bögen aus dem Holz des Osagedorns, gelegentlich Pferde und getrocknetes Bisonfleisch, Häute sowie Bisonköpfe für rituelle Zwecke.

Nachdem das Rind im Südwesten Einzug gehalten hatte und der Bison verschwunden war, setzte sich Rindfleisch allmählich anstelle von Bisonfleisch in der Ernährung der Pueblo durch. Bei einem Besuch der berühmten Töpferin Margaret Gutierrez am Festtag des Pueblo Santa Clara köchelte ein Fleischeintopf auf dem Ofen vor sich hin. Auf die Frage, ob es sich um Rind- oder Lammfleisch handele, antwortete Margaret lachend: »Selbstverständlich Bison. Das ist doch ein indianisches Fest.« Später verriet sie uns, daß es sich tatsächlich um Rindfleisch gehandelt habe, wobei Bison natürlich glückliche Erinnerungen an vergangene Tage geweckt hätte.

GEFÜLLTE PAPRIKASCHOTEN NACH ART DER NAVAJO

2 EL Butter oder Pflanzenöl
450 g Lammfleisch, in kleine Würfel geschnitten
280 g frische Tomaten, ersatzweise abgetropfte Dosentomaten, gehackt
125 g Semmelbrösel
1 kleine Zwiebel, gehackt
½ TL gemahlene Korianderkörner
½ TL gemahlener Kreuzkümmel
Salz und frisch gemahlener Pfeffer
4 große Paprikaschoten
1 EL gehacktes frisches Koriandergrün als Garnierung

Seit die Navajo die ersten Schafe erwarben, spielen diese in der Dineh-Kultur eine zentrale Rolle. Sie verlangen tagtäglich Aufmerksamkeit und bestimmen, da sie stets gutes Gras und Wasser brauchen, die räumliche Orientierung. Alle Mitglieder einer Familie sind geschickte Hirten, vor allem Kinder aber übernahmen früher diese Aufgabe. Sie blieben bei den Herden – Schafe und Ziegen gemischt –, verteilten sie über die Weide, verteidigten sie gegen Kojoten und achteten auf das Geläute der Glocken der älteren Tiere, mit dessen Hilfe sie die Bewegungen der Herde verfolgen konnten. In seiner Autobiographie *Son of Old Man Hat* beschreibt Left Handed seine Kindheit als Hirtenjunge: »... Ich begann mit dem Schafehüten beim Hogan, morgens und abends, wenn die Tiere heimkamen. Aber ich war so klein, wie ein Hund zog ich mit den Schafen hinaus. Ich ging einfach mit ihnen und blieb mitten in der Herde. Um sie herumzugehen ängstigte mich, in ihrer Mitte aber fürchtete ich gar nichts.«

Schaf- und Ziegenfleisch sind Grundnahrungsmittel der Navajo. Die Innereien mit ihrem reichen Gehalt an Vitaminen und Mineralstoffen gleichen die begrenzte Versorgung mit grünem Gemüse aus. (Die hier verwendeten grünen Paprikaschoten wurden von den Spaniern aus Mexiko eingeführt.)

Nach wie vor ist die Schaf- und Ziegenzucht eine bedeutende Einnahmequelle der Navajo. Der Verkauf von Lämmern, Fellen und Wolle – ob roh oder verwebt – bringt Bargeld ein. Heute aber sind die Kinder in der Schule eingespannt, und die jungen Männer gehen lieber einer Lohnarbeit nach, so daß beide als Hirten nicht mehr zur Verfügung stehen. So übernehmen meist ältere Ehepaare diese Arbeit, wobei sie mitunter die Schafe mehrerer Familien betreuen.

Die Butter in einer großen Pfanne zerlassen und das Fleisch braten, bis es gar ist. Tomaten, Semmelbrösel und Zwiebel dazugeben. Alles mit Koriandersamen, Kreuzkümmel, Salz und Pfeffer würzen. Von den Paprikaschoten einen Deckel abschneiden, die Samen und Scheidewände entfernen und die Schoten mit der Fleischmischung füllen.

Die Schoten im auf 180 °C vorgeheizten Ofen 1 Stunde backen, bis sie gar sind. Anschließend nach Belieben noch einige Minuten unter dem Elektrogrill überbräunen. Mit frischem Koriandergrün bestreuen und heiß oder zimmerwarm servieren.

Für 4 Personen

Truthähne haben im Leben der Pueblo verschiedenste Rollen gespielt. Die Anasazi hielten sie schon um das Jahr 500 im hinteren Bereich von Höhlen. Ihre flaumigen Brustfedern dienten zeremoniellen Zwecken, die größeren Federn wurden zu einem Gewebe verarbeitet, das wärmte wie ein Fell. Diese Verwendung hielt sich bis zur Einführung des Schafes im Südwesten durch die Spanier. Am 3. August 1540 schrieb der Erforscher Francisco Vásquez de Coronado nach seiner Ankunft im heutigen New Mexico an den Vizekönig Antonio de Mendoza in Spanien: »Wir fanden Hühner, nur einige wenige zwar, und dennoch gibt es welche. Die Indianer sagen mir, daß sie diese in keinem der sieben Dörfer (Zuni) essen, sondern sie allein ihrer Federn wegen halten. Ich glaube dies nicht, denn sie sind sehr gut und besser als die in Mexiko.«

Genau vier Jahrhunderte später, 1940, schrieb die Anthropologin Elsie Clew Parsons aus New Mexico: »Der Bison wurde von den Taos (Pueblo) gejagt und, natürlich, gegessen; und Bär und wilder Truthahn, die andernorts nicht gegessen werden, werden angeblich hier gegessen. Ich habe meine Zweifel bezüglich des Bären, aber ich habe Männer aus Taos zahme Truthühner essen sehen, zu meiner großen Überraschung, denn südlich von Taos ist der Truthahn ein ritueller Vogel, gehalten wegen seiner Federn, die bei Gebeten als Opfergaben dienen; und man würde ihn, wie die Leute sagen, selbst in Hungerzeiten nicht essen.«

1 Truthahn von 4–5 kg
Salz und frisch gemahlener Pfeffer
Pinienkern-Rosinen-Füllung (Zutaten und Rezept s. rechte Seite)
3 EL zerlassene Butter oder Maiskeimöl
1–2 TL Chilipulver
1 Zwiebel, geschält und halbiert
2 Stauden Bleichsellerie
50 g Mehl

TRUTHAHN MIT PINIENKERN-ROSINEN-FÜLLUNG AUF PUEBLO-ART

In der Mythologie der Pueblo und Navajo erscheint der Truthahn als Freund, Helfer und Überbringer von Samen. Bei ihrer Maistänzen im Spätherbst schenken die Kachina der Zuni den Jungen gefiederte Pfeile und Bögen und den jungen Mädchen Kachina-Puppen mit kleinen Brotlaiben in Form von Hirschen, Antilopen, Kaninchen und Truthähnen. Bögen und Pfeile symbolisieren die Jagd, Puppen und Brote die hausfraulichen Tätigkeiten. Im Pueblo Cochiti tragen Schwangere bisweilen eine Truthahnfeder am Gürtel, die bewirken soll, daß das Kind mit üppigem Haar geboren wird. Truthähnen wird die Fähigkeit nachgesagt, den Haarwuchs zu fördern, wenn sie das Haar eines Kleinkinds durch ihren Schnabel ziehen.

Den Backofen auf 165 °C vorheizen. Hals und Innereien des Truthahns entfernen und für die Brühe beiseite legen. Den Truthahn waschen und trockentupfen, innen und außen mit Salz und Pfeffer einreiben. Die Pinienkern-Rosinen-Mischung locker in Halsöffnung und Bauchhöhle füllen. Den Truthahn dressieren und in einen Bräter setzen. Die Butter mit dem Chilipulver verrühren und den Vogel damit bestreichen. Im Ofen braten, wobei man etwa 20 Minuten pro 500 g rechnet, und dabei gelegentlich mit Butter und dem Bratensaft begießen. Der Truthahn ist gar, wenn aus dem eingestochenen Schenkel klarer Saft ohne jede rosa Färbung austritt.

Während der Truthahn gart, den Hals und die Innereien mit Ausnahme der Leber, die Zwiebel, den Sellerie und etwa 1 l Wasser in einen Topf geben. Alles bei mittlerer Temperatur zum Kochen bringen. Anschließend bei mittlerer bis niedriger Temperatur ohne Deckel leise kochen lassen, bis die Innereien gar sind. Die Brühe durchseihen und beiseite stellen. Halsfleisch und Innereien, auch die noch rohe Leber, hacken und beiseite stellen.

Den fertig gegarten Truthahn auf einer Servierplatte warm stellen. Den Bratensaft in eine Schüssel abgießen. Von der Oberfläche 6 Eßlöffel reines Fett abschöpfen und zurück in den Bräter geben. Das restliche Fett abschöpfen und nur den klaren Bratensaft zurückbehalten und beiseite stellen. Das Mehl in den Bräter geben und bei mittlerer Temperatur 3–4 Minuten unter Rühren anbräunen. Die Innereien mitsamt der Leber dazugeben und kurz unter Rühren anbraten. Langsam den entfetteten Bratensaft und so viel Brühe hinzugießen, daß man etwa 750 ml Flüssigkeit erhält. Die Sauce bei mittlerer Temperatur 2–3 Minuten unter Rühren kochend eindicken lassen. Den gefüllten Truthahn mit der Sauce servieren.

Für 8–10 Personen

FÜR DIE PINIENKERN-ROSINEN-FÜLLUNG:

500 g altbackenes italienisches Weißbrot oder Adobe-Brot (Rezept S. 167), gewürfelt
100 g Butter
3 Zwiebeln, gehackt
100 g Bleichsellerie, gehackt
150 g Pinienkerne
60 g Rosinen
1 großes Ei, verquirlt
1¼ TL zerriebener getrockneter Salbei
1¼ TL Salz
½ TL frisch gemahlener Pfeffer
1–2 EL Wasser

Den Backofen auf 165 °C vorheizen. Unterdessen die Brotwürfel auf ein Backblech geben und 10–15 Minuten im Ofen trocknen. In einer großen Schüssel beiseite stellen.

Die Butter in einer großen Pfanne zerlassen. Zwiebeln und Sellerie bei mittlerer bis niedriger Temperatur unter häufigem Rühren in 3–4 Minuten glasig dünsten. Pinienkerne und Rosinen hinzufügen und weiter rühren, bis die Pinienkerne goldgelb sind. Das Ganze in der Schüssel mit den Brotwürfeln vermischen. Das Ei und die Gewürze unterziehen. Die Füllung nach Belieben mit 1–2 Eßlöffeln Wasser anfeuchten und dann locker in den Truthahn geben. Etwaige Reste in eine ofenfeste Form geben und separat backen.

Pedro de Castañeda, der Coronado in den vierziger Jahren des 16. Jahrhunderts in den amerikanischen Südwesten begleitete, erwähnte in seinen Briefen nach Spanien, daβ die indianischen Köche Wacholderbeeren und Korianderkörner verwendeten und daβ die Männer Wildschweine jagten. Das Hausschwein gelangte hingegen erst durch die Spanier in den Südwesten. Ganz ähnlich wurde eine im Süden New Mexicos und Arizonas wild vorkommende, sehr feurige und kleine Chilischote – *chile piquín* – schon lange von den Papago und Pima verwendet. Die heute bekannten gezüchteten Chilisorten aber wurden von den Spaniern zusammen mit Paprikaschoten und Tomaten aus Mexiko mitgebracht.

Nach der Überlieferung der Tolteken wurde die Schokolade den Göttern gestohlen und den Indianern Mexikos von Quetzalcoatl geschenkt, ihrem Bruder und Herrscher, der sein Volk so sehr liebte. Er pflanzte Kakaobäume, und als die Zweige sich unter der Last der reifen Früchte bogen, sammelte er diese, röstete sie und zeigte den Frauen, wie man sie in Kürbisflaschen mit Wasser verquirlte. Zunächst war die Schokolade, damals noch ein bitteres Getränk, den Priestern und Edlen vorbehalten. Später mischten die Indianer Honig bei. Die Spanier fügten Zucker und Milch hinzu und tranken die Schokolade heiβ. Sie nahmen sie in den Norden nach New Mexico und Arizona mit, wo sie in die Küche der Pueblo Einzug hielt.

SCHWEINEBRATEN MIT SCHOKOLADE AUF PUEBLO-ART

6 EL Pflanzenöl oder Schweineschmalz
3 Zwiebeln, gehackt
3 Knoblauchzehen, gehackt
4 getrocknete Wacholderbeeren, zerdrückt
½ TL zerdrückte Koriandersamen
1 Lorbeerblatt
4 groβe, reife Tomaten, geviertelt und entkernt
280 ml Wasser
150 ml Apfelessig
75–110 ml Honig
1 EL gemahlene Chilischoten
1 getrocknete mittelscharfe rote Chilischote, zerrieben
2 TL Salz
30 g Bitterschokolade, geraspelt
1,8–2,2 kg Schweinskarree

Das Öl in einem groβen, schweren Topf erhitzen und die Zwiebeln bei mittlerer Temperatur weich dünsten. Knoblauch, Wacholderbeeren, Korianderkörner und Lorbeerblatt dazugeben und alles noch 2–3 Minuten unter Rühren dünsten. Die Tomaten, das Wasser, den Essig, den Honig, beide Chilisorten und das Salz hinzufügen. Alles zugedeckt 30 Minuten simmern lassen. Die Schokolade hineingeben und die Sauce ohne Deckel 20–30 Minuten köcheln und kräftig eindicken lassen.

Den Backofen auf 180 °C vorheizen. Das Fleisch mit der Fettseite nach oben in einen Bräter geben und groβzügig mit der Sauce übergieβen. Den Bräter für etwa 3 Stunden in den Ofen schieben – das Fleischthermometer muβ, an der dicksten Stelle, aber nicht in der Nähe der Knochen hineingestochen, 80 °C anzeigen. Den Braten gelegentlich mit der Sauce und dem Bratensaft beschöpfen. Vor dem Servieren an einem warmen Ort 10 Minuten ruhen lassen. Aufschneiden und über jede Portion noch etwas Sauce geben.

Für 6–8 Personen

1 mittelgroßes Kaninchen (etwa 1,8 kg)
2 EL Pflanzenöl
100 g Zwiebeln, gehackt
1 l Hühnerbrühe und 800 ml Wasser (oder insgesamt 1800 ml Wasser)
225 ml Rotweinessig
1 EL mittelscharfe gemahlene rote Chillies
Salz nach Geschmack
60 g gelbes Maismehl oder gemahlene Sonnenblumenkerne
Tortillas oder Adobe-Brot (Rezept S. 167) zum Servieren

KANINCHEN NACH ART DER PUEBLO

Hirsch und Reh waren bei den Stämmen im Südwesten sehr begehrt, Kaninchen aber deckten den Grundbedarf an Fleisch. Früher wurden sie mit bumerangähnlichen Wurfhölzern und kleinen Keulen gejagt.

Jedes Pueblo veranstaltete vor zeremoniellen Festessen Kaninchenjagden. Nachdem Gebete gesprochen und Opfergaben dargebracht worden waren, entzündeten die Männer in einem Gebiet mit großem Kaninchenbestand Feuer und kreisten die Tiere so systematisch ein. Bei den Kachina-Tänzen im Pueblo Santo Domingo beispielsweise bekamen die »Sturmwolken«-Kachina und die Häuptlinge des Kachina-Kults vor jedem zeremoniellen Festmahl Kaninchen zu essen, das in einer solchen rituellen Jagd erlegt worden war. Der Cacique, der höchste Priester des Pueblo, bekam Kaninchenfleisch, um seine Fetische, die Gegenstände, auf denen seine übernatürlichen Kräfte beruhten, zu »füttern«.

Im Pueblo Cochiti waren die rituellen Jagden mitunter auch gesellschaftliche Ereignisse. Junge Frauen, ausgerüstet mit Wurfhölzern, begleiteten die Männer. Wurde ein Kaninchen erlegt, bekam die Frau, die es als erste erreichte, das Tier von dem erfolgreichen Jäger geschenkt. Später servierte sie ihm ein Essen, und manchmal war dies der Beginn einer jungen Liebe. Vor der Einführung von Gewehren trugen die Männer und Jungen, wenn sie das Pueblo verließen, stets Wurfhölzer bei sich für den Fall, daß Kaninchen oder anderes Kleinwild ihre Wege kreuzte.

Das Kaninchen in Portionsstücke zerlegen. Das Öl in einem schweren Schmortopf erhitzen und das Kaninchen kräftig anbräunen. Zwiebeln, Brühe, Wasser, Essig und Chilipulver dazugeben. Das Fleisch bei schräg aufgelegtem Deckel 1½ Stunden sanft schmoren, bis es gar ist. Salzen und langsam das Maismehl einrühren. Den Schmorfond ohne Deckel 10–15 Minuten köchelnd leicht eindicken lassen. Das Gericht mit Tortillas oder Adobe-Brot (Rezept S. 167) servieren.

Für 4 Personen

Noch bei größter Trockenheit reifen im Südwesten *tunas*, die süßen, stacheligen Kaktusfrüchte. Zwar liefern verschiedene Kakteenarten, darunter der Feigenkaktus, eßbare Früchte, die fleischigsten aber stammen von den Saguaros. Diese oft über dreieinhalb Meter hohen Kakteen, die sich mit ihren individuellen Formen mitunter wie phantastische Riesen ausnehmen, bilden in der Wüste richtige »Wälder«. Die Früchte wachsen an der Spitze der Arme und werden, um die sengende Sonne zu vermeiden, am frühen Morgen oder späten Nachmittag geerntet.

Die Stützrippen im Inneren der längs gerieften Kakteen finden, wenn eine Pflanze eingegangen ist, als Erntewerkzeug Verwendung. An einem Ende bringt man als Haken in einem Winkel einen kurzen Stock an, mit dem man die Früchte von den Kakteen löst. Um an das dunkelrote, geleeartige, samendurchsetzte Fleisch zu gelangen, muß man die harte, stachelbesetzte Schale aufschneiden. Manchmal platzt sie, wenn die Früchte herunterfallen, auch einfach auf.

Da die in großer Zahl heranreifenden Früchte in der Gluthitze schnell verderben, müssen sie rasch geerntet werden. Die Papago trocknen oder kochen sie. Das gekochte Fruchtfleisch wird durch Korbgeflecht gestrichen. Der abtropfende Saft wird zu Sirup eingekocht, und das im Korb verbliebene Fruchtfleisch ergibt eine süße Marmelade.

Bei Regenzeremonien, die »die Wolken herunterziehen« sollen, wird der Sirup, mit Wasser gemischt, zwei Nächte und einen Tag an ein Feuer gestellt. Wenn er perlt wie Apfelwein, wird er getrunken, »wie die Erde den Regen trinkt«.

Heutzutage wird der Saft der Kaktusfrüchte häufig auch zu Gelee verarbeitet.

6-10 rote, reife Kaktusfeigen (es werden 800 ml Saft benötigt)
100 ml Zitronensaft
900 g Zucker
90 ml flüssiges Pektin

KAKTUSFEIGENGELEE

Die Stacheln der Früchte vorsichtig mit Küchenpapier abreiben und die Früchte anschließend unter fließendem Wasser abbürsten. In einem Topf mit Wasser bedecken und 15–20 Minuten kochen. Das Wasser abgießen. Die Früchte zerdrücken und durch ein mit doppeltem Mull ausgelegtes Sieb streichen. Den Saft mindestens 30 Minuten ruhen lassen, damit sich die Trübstoffe absetzen können. Vorsichtig in einen Meßbecher seihen, ohne den Bodensatz aufzuwirbeln – es müssen sich 800 ml ergeben.

Den Fruchtsaft mit dem Zitronensaft und dem Zucker in einem Topf aufwallen lassen und 1 Minute kochen. Das Pektin einrühren und den Topf nach 1 weiteren Minute vom Herd nehmen. Umrühren und abschäumen. Das Gelee in sterilisierte Gläser füllen und diese fest verschließen.

(Abbildung S. 141)

Rechte Seite: Festtagsplätzchen und Paselitos

Besonders an Festtagen, wenn die Familie, Freunde und überraschender Besuch angemessen bewirtet sein wollen, kommt dem Essen bei den Pueblo eine große Bedeutung zu. Pflanz-, Ernte- und Kiva-Zeremonien, Kachina- und Maistänze, eine Initiation oder Hochzeit, der Tag des Dorfheiligen – all diese Anlässe lösen geschäftiges Treiben aus. Besonders emsig geht es in den Haushalten von Männern zu, die an der jeweiligen Zeremonie beteiligt sind. Nach dem Fest werden die Reste unter den Gästen verteilt, die sie nach Hause mitnehmen.

Wie überall sind auch bei den Pueblo Gastlichkeit und Essen untrennbar miteinander verknüpft. Unter keinen Umständen soll man angebotenes Essen ablehnen, ebenso darf die Bitte danach nicht abgeschlagen werden. Gäste aus der Nachbarschaft bekommen Wassermelone, Pinienkerne oder Pfirsiche gereicht, und man ißt erst einmal, bevor man den Grund seines Besuches anspricht. Wer von weit her kommt, erhält eine richtige Mahlzeit. Knauserigkeit ist unentschuldbar.

Bei Feierlichkeiten bekommen die Gäste bisweilen diese köstlichen Plätzchen. Daß jemals welche zum Heimtragen übrigbleiben, ist eher unwahrscheinlich.

180 g Zucker
130 g Schweineschmalz oder Pflanzenfett
1 Ei
250 g Mehl, gesiebt
4½ TL Backpulver
½ TL Vanilleextrakt
½ TL Anissamen
75 ml Milch
80 g Pinienkerne, gehackt
1 TL gemahlener Zimt

FESTTAGSPLÄTZCHEN

Den Backofen auf 175 °C vorheizen. In einer Schüssel 130 g Zucker mit dem Schmalz schaumig schlagen. Das Ei gründlich unterziehen. Mehl, Backpulver, Vanille und Anissamen sorgfältig daruntermengen. Langsam die Milch hinzufügen, bis man einen festen Teig erhält. Die Pinienkerne einarbeiten. Den Teig auf einer leicht bemehlten Arbeitsfläche 12 mm dick ausrollen und etwa 5 cm große Plätzchen ausstechen. Mit dem restlichen Zucker und dem Zimt bestreuen und auf einem gut gefetteten Blech in etwa 15 Minuten goldgelb backen. Auf einem Drahtgitter auskühlen lassen.

Ergibt etwa 24 Plätzchen

FÜR DIE FÜLLUNG:

180 g Trockenfrüchte, gekocht und abgetropft (siehe Anmerkung)
65 g Zucker
1 EL Honig
1/4 TL gemahlener Zimt

Die Früchte zerdrücken und mit den restlichen Zutaten gründlich vermischen.

ANMERKUNG: Alle Arten von Trockenfrüchten wie Aprikosen, Pfirsiche, Birnen, Pflaumen, Korinthen oder Rosinen können verwendet werden.

Süßes war bei den Pueblo, die bis zur Ankunft der Europäer keinen Zucker kannten, etwas ganz Besonderes. Wildblüten, Beeren und Kaktusfrüchte besaßen eine gewisse Süße. Auf geniale Weise aber gewannen die Indianer auch aus Mais, der uns heute den Maissirup liefert, ein Süßungsmittel. Junge Mädchen mit »frischem, sauberem Mund« wurden ausgewählt, um etwas feines Maismehl zu kauen. Durch die chemische Reaktion der Enzyme in ihrem Speichel mit der Maisstärke entstand Zucker, der verschiedenen Broten und Kuchen eine liebliche Note verlieh. Später erweiterte sich das Spektrum süßer Zubereitungen der Pueblo-Küche durch die Pfirsiche und Aprikosen, die die Spanier in den Südwesten brachten. Fruchtpastetchen wie die hier vorgestellten wurden an Festtagen als besondere Leckerbissen zubereitet.

Beim Maistanz 1990 in Santo Domingo fand ein Fest zu Ehren des Dorfheiligen statt. Neben geschmortem Lamm, Ziegenbraten, Salaten und Broten gab es zahlreiche kleine Fruchtpasteten, die für die vielen Gäste unter einer schattenspendenden Pergola ausgebreitet waren. Obwohl die Pueblo für ihre große Gastlichkeit bekannt sind, waren Weiße, die erstmals diesem Fest beiwohnten, anfangs doch erstaunt über die Vielfalt von Leckerbissen. Dabei kommt einem folgende Geschichte aus San Juan in den Sinn: Als Flower-Bird seine vermißte Frau im Hause ihrer Eltern fand, drängte ihre Mutter ihn: »Hab keine Scham, Flower-Bird, du bist in einem neuen Haus; iß nur richtig.«

FÜR DEN TEIG:

180 g Mehl
1 TL Backpulver
1/2 TL Salz
6 EL Schweineschmalz oder Pflanzenfett, gekühlt
3–4 EL kaltes Wasser
1 Ei
1 EL Milch

PASELITOS

Zunächst den Backofen auf 200 °C vorheizen.

Mehl, Backpulver und Salz in einer Schüssel vermengen. Das Schmalz in Stückchen dazugeben und alles mit den Fingern zu feinen Krümeln verarbeiten. Langsam das Wasser hinzufügen und unterarbeiten, bis man einen geschmeidigen Teig erhält. Diesen 6–7 mm dick ausrollen und 10 cm große Kreise ausschneiden. Auf jede Kreishälfte 1 Eßlöffel der Füllung geben. Die freie Hälfte darüberlegen und die Ränder gut zusammendrücken. Die Pastetchen auf der Oberseite mit einer Gabel mehrmals einstechen. Das Ei mit der Milch verquirlen und die Pastetchen damit bestreichen. Die Paselitos für 15 Minuten in den Ofen schieben, bis sie zart gebräunt sind.

Ergibt 10 Paselitos

(Abbildung S. 189)

Die Pueblo-Bauern lernten den Weizen vor dreihundert Jahren durch die Spanier kennen und übernahmen ihn sofort. Denn während bei Mais jedes Korn einzeln mit einem Grabstock tief in die Erde gesetzt werden mußte, konnte das neue Getreide breitwürfig ausgesät werden. *Panocha* entwickelte sich aus einem alten spanischen Rezept, das im Kochrepertoire der Pueblo Aufnahme fand. Im Pueblo San Juan wird dieser Pudding aus gekeimtem und gemahlenem Weizen zu Ostern zubereitet.

Diese spezielle Zutat läßt sich folgendermaßen selbst herstellen: Weizenkörner aus dem Naturkostladen in einem Glas für 24 Stunden mit Wasser bedecken. Abgießen und auf einem sauberen Tuch ausbreiten. Die gekeimten Körner trocknen lassen, mahlen und das Mehl sieben.

Traditionsgemäß wird dieses Dessert mit *piloncillos* gesüßt, braunen Zuckerhüten, die man fast überall im amerikanischen Südwesten bekommt.

PANOCHA

250 g Mehl aus gekeimtem Weizen (siehe Rezepteinleitung)
125 g Weizenvollkornmehl
1 l kochendes Wasser
2 braune Zuckerhüte oder 100 g brauner Zucker
50 g weißer Zucker
1½ EL Butter
¼ TL gemahlener Zimt
1 TL Vanilleextrakt
Schlagsahne zum Servieren

Beide Mehlsorten in einer Schüssel vermischen. 750 ml Wasser einrühren. Den Brei zugedeckt ruhen lassen. Die Zuckerhüte in einer Schüssel im restlichen Wasser auflösen. Den weißen Zucker in einem schweren Topf bei niedriger Temperatur rühren, bis er leicht karamelisiert. Den braunen Zucker, die Butter, den Zimt und die Vanille hinzugeben und alles gründlich vermischen. Den Backofen auf 150 °C vorheizen. Die Mischung in eine gut gebutterte ofenfeste 2-Liter-Form geben und den heißen Sirup einrühren. Den Pudding etwa 2 Stunden backen, bis er fest und dunkelbraun ist. Warm mit geschlagener Sahne servieren.

Für 6–8 Personen

PFIRSICH-GRATIN NACH ART DER NAVAJO

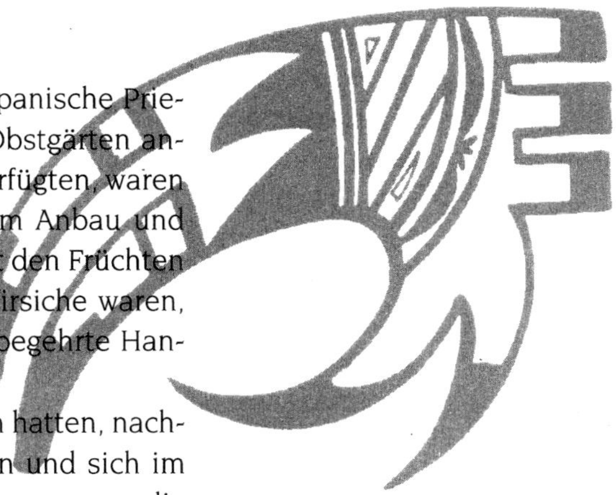

Pfirsiche waren im Südwesten unbekannt, bis spanische Priester sie Anfang des 17. Jahrhunderts in ihren Obstgärten anpflanzten. Für die Hopi, die nicht über Zucker verfügten, waren die Früchte ein Genuß. Sie begannen mit ihrem Anbau und trockneten sie an der Sonne, wie sie es zuvor mit den Früchten der Yucca-Pflanze getan hatten. Getrocknete Pfirsiche waren, besonders bei den benachbarten Navajo, eine begehrte Handelsware.

Eine Legende erzählt, daß die Hopi Mißernten hatten, nachdem einige Navajo nach Westen gezogen waren und sich im Cañon de Chelly nahe den Mesas – Hochplateaus –, wo die Hopi siedelten, niedergelassen hatten. Eine halb verhungerte Hopi-Frau kam zu den Navajo und bat um Essen. Sie brachte das Wissen über den Anbau von Pfirsichen mit. Später heiratete sie in den Stamm ein und lehrte die Navajo, die Pfirsichsamen zu trocknen und im Schutz der steilen Felsen des Cañons, die die Sonnenwärme speicherten und den Wind abhielten, zu pflanzen. Die großen Pfirsichkulturen der Navajo wurden von Kit Carson zerstört, als er den Stamm 1864 aus dem Cañon vertrieb. Heute sind Pfirsiche, Birnen und andere Früchte als Dosenkonserven in den Handelsstationen erhältlich und finden großen Anklang.

6 große, reife Pfirsiche, enthäutet, entsteint und in Scheiben geschnitten
4 EL Zucker
½ TL gemahlener Zimt (nach Belieben)
100 g Mehl
150 g hellbrauner Zucker
¼ TL Salz
100 g Butter
2 EL Pinienkerne

Den Backofen auf 190 °C vorheizen. Die Pfirsiche in eine 1½–2 Liter fassende ofenfeste Form geben und mit dem weißen Zucker und dem Zimt vermischen. Mehl, braunen Zucker und Salz in einer Schüssel vermengen. Die in Stückchen geschnittene Butter einarbeiten, bis man feine Streusel erhält. Diese gleichmäßig über die Pfirsiche verteilen und die Pinienkerne darüberstreuen. Die Pfirsiche 30–40 Minuten backen, bis sie goldgelb überkrustet sind.

Für 4–6 Personen

70 g Rosinen
225 ml heißes Wasser
6 Scheiben weißes Toastbrot oder Adobe-Brot (Rezept S. 167)
2 Eier, verquirlt
150 g dunkelbrauner Zucker
1 TL Vanilleextrakt
1 TL gemahlener Zimt
50 g milder Cheddar, gerieben
110 ml Sahne

Süße Brotpuddings sind bei den Pueblo sehr geschätzt. Vor der Einführung des Zuckers wurde der Teig durch Zugabe einer Starterkultur – von jungen Mädchen zuvor gekautem Teig – oder einer Mischung getrockneter Blüten gesüßt. Er wurde portionsweise in grüne Maisblätter gewickelt, die ihm zusätzliche Süße verliehen, und dann gekocht.

In Nambe wie in anderen Pueblos hat der Begriff »Gouverneur« eine interessante Geschichte. Ursprünglich war der Anführer eines Pueblos – bei den Spaniern *cacique* genannt – für das Wohlergehen der gesamten Gemeinschaft zuständig. Sein Leben unterlag strengen rituellen Vorschriften, und er war ausschließlich mit dem jährlichen Zyklus religiöser Zeremonien befaßt. Er hatte das Amt auf Lebenszeit inne und ernannte die anderen Amtsträger des Dorfes.

GOUVERNEURSPUDDING DER PUEBLO

Die Spanier erlegten der Gemeinschaft neue Strukturen auf, die das religiöse und auch gesellschaftliche Leben betrafen und die Anerkennung des Königs von Spanien als Besitzer des Landes und höchste Autorität verlangten. Zur Durchsetzung dieser Machtansprüche ernannte Juan de Oñate, als er den Pueblo San Juan zur ersten Hauptstadt machte, zugleich Gouverneure (*gobernadores*) für jeden Bezirk. Indianer, die sich kooperativ zeigten, erhielten Ämter und als Machtsymbol einen Rohrstock. Die östlichen Pueblo akzeptierten diese Funktionäre ohne großes Aufbegehren als Erweiterung ihrer bisherigen Dorfregierung. Die *gobernadores* wurden zu Vermittlern zwischen den Indianern und den Spaniern, unterstanden aber der strikten Kontrolle des *cacique*; ihre Befugnisse waren auf die Verständigung mit den Spaniern und anderen Außenstehenden beschränkt. Heute fungieren die Gouverneure als Verbindungsleute zwischen den Pueblo und ihren Besuchern und achten darauf, daß im Dorf alles seinen rechten Gang geht. Vielleicht war dieser üppige Brotpudding einst als Belohnung für ihre Bemühungen gedacht.

Den Backofen auf 180 °C vorheizen. Die Rosinen in dem heißen Wasser einweichen. Die Brotscheiben rösten und abkühlen lassen. Eier, Zucker, Vanille und Zimt mit den Rosinen vermischen. Das Brot, den Käse und die Rosinenmischung abwechselnd lagenweise in eine ofenfeste 2-Liter-Form füllen. Den Pudding mit der Sahne übergießen und 30 Minuten backen, bis die gesamte Flüssigkeit aufgesogen und der Pudding fest ist. Warm oder zimmerwarm servieren.

Für 6–8 Personen

Isleta, ein Pueblo im mittleren New Mexico, besitzt herrliche Obstgärten, in denen viele Familien Pfirsiche und Aprikosen anbauen. Zur Ernte ziehen die Familien für mehrere Tage in die Gärten, wo sie die gepflückten Früchte gleich halbieren und an der Sonne trocknen. In vielen Pueblo-Sprachen heißen diese Trockenfrüchte »Ohren«, da ihre Form an dieses menschliche Organ erinnert.

Die gehaltvollen Reispuddings der Pueblo-Küche gehen auf alte spanische Rezepte zurück. In Isleta bereitet man eine besonders feine Version, die auch getrocknete Aprikosen enthält.

FEINER REISPUDDING AUS ISLETA

50 g Reis
675 ml Sahne
70 g Trockenaprikosen, gehackt
100 g Zucker
½ TL Salz
½ TL gemahlener Zimt
3 Eier
1 TL Vanilleextrakt

Den Backofen auf 165 °C vorheizen. Den Reis waschen. Reis, Sahne, Aprikosen, Zucker, Salz und Zimt in einen großen Topf geben. Das Ganze bei mittlerer bis niedriger Temperatur unter häufigem Rühren etwa 20 Minuten simmern lassen, bis der Reis gar ist. Die Eier trennen. Die heiße Reiscreme mit den Eigelb verrühren und in eine große Edelstahlschüssel geben. Die Schüssel auf einen mit Wasser gefüllten Topf setzen und die Mischung über leise sprudelndem Wasser ständig rühren, bis die Creme einen Löffelrücken dick überzieht. Den Vanilleextrakt einrühren und den Topf vom Herd nehmen. Die Eiweiß steif schlagen. Eine Hälfte gründlich unter die Creme rühren, den Rest vorsichtig nach und nach unterheben. Die Masse in eine 2-Liter-Pudding- oder Souffléform füllen. Den Pudding etwa 40–50 Minuten backen, bis er locker aufgegangen und zart gebräunt ist und die Masse gerade fest geworden ist.

Für 6 Personen

Spiralförmige Kürbis- und Melonenstreifen waren um die Jahrhundertwende in Zuni ein gewohnter Anblick. Sanft gedünstet, oft zusammen mit getrockneten Pfirsichen und, falls verfügbar, Zucker, ergaben sie ein beliebtes Dessert.

Kandierter Kürbis ist eine weitere alte Leckerei der Pueblo. Nach dem überlieferten Rezept werden die Kürbisstreifen in Wasser unter Zugabe von Holzasche eingeweicht, heute verwenden viele indianische Köche statt der Holzasche Natron. Wer das Konfekt nicht ganz so süß mag, aromatisiert den Zuckersirup mit dem Saft und der Schale einer Zitrone und mit frischem Koriandergrün. Und wem es dagegen nicht süß genug sein kann, der wälzt das Konfekt zuletzt in grobem Zucker.

KÜRBISKONFEKT DER PUEBLO

1–1,3 kg Kürbis

1½ TL Natron

500 g Zucker

110 ml Wasser

Saft und feinstreifig geschnittene Schale von 1 kleinen Zitrone (nach Belieben)

3–4 Stengel frisches Koriandergrün (nach Belieben)

Den Kürbis schälen, die Kerne entfernen und das Fruchtfleisch in 5 × 10 cm große Streifen schneiden. Das Natron in so viel Wasser verrühren, daß es die Kürbisstücke bedeckt. Die Stücke hineingeben und 12 Stunden ruhen lassen. Abgießen und unter fließendem Wasser abspülen. In einen Topf mit sprudelnd kochendem Wasser geben und kochen, bis sie gar sind, aber noch Biß haben. Herausnehmen, in Eiswasser abschrecken und sehr gut abtropfen lassen.

Zucker, Wasser, Zitronensaft und -schale sowie den Koriander in einen Topf geben. Das Ganze erhitzen und dabei rühren, bis sich der Zucker aufgelöst hat. Den Sirup, ohne zu rühren, 10 Minuten sanft kochen. Die Kürbisstreifen hineingeben. Alles im geschlossenen Topf etwa 20 Minuten köcheln lassen, bis der Sirup eingedickt ist und die Streifen ganz von ihm durchzogen sind. Die kandierten Streifen mindestens 10 Stunden auf einem Rost oder mit Wachspapier ausgelegten Teller trocknen lassen. Nach Belieben in weiterem Zucker wälzen und zur Aufbewahrung in ein luftdichtes Gefäß geben.

Ergibt etwa 450 g

DER WESTEN

DER WESTEN

Für die amerikanischen Ureinwohner war die Nahrungsbeschaffung stets von zentraler Bedeutung. Jeder war an der Sicherung des Lebensunterhalts beteiligt, ob als Jäger, Sammler, Fischer oder Feldbauer. Alle waren von einer Natur abhängig, die sich als äußerst freigebig erweisen, ihre Schätze den Menschen aber ebenso unerklärlicherweise vorenthalten konnte. Unter den Stämmen, die ein reiches Nahrungsangebot und damit Wohlergehen genossen, ging es jenen an der Nordwestküste am allerbesten. Die Gewässer ihrer Region waren von Leben erfüllt, zahlreich waren auch die Tiere an Land, und ein gemäßigtes, regenreiches Klima ließ eine Vielfalt nützlicher Pflanzen gedeihen. Entlang den Küsten Oregons, Washingtons, Britisch-Kolumbiens und Südostalaskas – einige Gruppen siedelten auch auf den Queen Charlotte Islands und Vancouver Island – ging aus einer Lebensweise, die auf der intensiv betriebenen »Ernte« von Nahrungsmitteln aus freier Natur basierte, eine der komplexesten indianischen Kulturen Nordamerikas hervor.

Für die Stämme aber, die weiter landeinwärts bis jenseits der Küstengebirge im Columbia-Plateau oder auch südlich in Kalifornien und dem angrenzenden Great Basin ansässig waren, war die Nahrungsbeschaffung schwierig und zeitaufwendig. In diesen drei Gebieten konnten Jagd und Fischen nur die Grundernährung ergänzen, die auf dem Plateau aus Wurzeln, in Kalifornien aus Eicheln und im Great Basin aus wilden Pflanzen, Wurzeln und Samen bestand.

Die Plateau-Stämme – Sanpoil, Kutenai, Klamath, Flathead und Nez Percé – fingen die Lachse, die die Nebenflüsse des Frazer River und des Columbia hinaufzogen. Ihre wichtigste Nahrung aber war die Camas-Knolle. Diese Verwandte von Lilie und Zwiebel wurde roh, geröstet oder gekocht gegessen, gemahlen und zu Kuchen verbacken oder auch für den Winter eingelagert.

In Kalifornien nutzten die Hupa, Pomo, Mohave, Yuki und Luiseño die Früchte von sechs Eichenarten als äußerst sättigendes Grundnahrungsmittel, nachdem sie herausgefunden hatten, wie man ihnen die bittere Gerbsäure entziehen konnte. Eicheln standen regelmäßig in großen Mengen zur Verfügung und begünstigten zusammen mit vielen weiteren eßbaren Pflanzenteilen – Nüssen, Samen, Beeren, Früchten und Blättern – sowie Hirsch, Wapiti und Kaninchen die starke Ausbreitung der Stämme. Die kalifornischen Indianer schätzten auch Heerwürmer, kleine, unbehaarte Raupen, die als Wintervorrat an der Sonne getrocknet wurden, weiterhin Grillen, Hornissen- und Faltenwespenmaden und Regenwürmer. Lachse und andere Fische wurden in den Küstengewässern und Flüssen gefangen.

Das Great Basin, ein von hohen Bergen, darunter dem Gebirge der Sierra Nevada und dem Kaskadengebirge, gesäumtes Tiefland, ist die Heimat der Ute, Paiute, Shoshone, Gosiute und Bannock. Nahezu 4 000 Meter hohe Berge halten Wolken aus dem Westen ab. Etwas Regen aber fällt hier trotzdem und läßt in der wüstenhaften Region kleine Oasen entstehen. Nur wenige Gebiete weltweit weisen so wenig Eßbares auf. Die hier lebenden Menschen aber wurden Experten im Erkennen und in der Nutzung von Nahrungspflanzen, vor allem Wurzeln. Eßbare Knollen wurden gesammelt und für den Winter gedörrt. Weiterhin sammelte man die Rhizome junger Binsen, Distelschößlinge, Kubaspinat, Klee und fleischige Kaktusglieder. Ein richtiges Grundnahrungsmittel gab es nicht. Pinienkerne wären in Frage gekommen, hätte die Nußkiefer nicht nur alle drei bis vier Jahre schwankende Mengen geliefert. Grillen, Ameisen und Wanderheuschrecken dienten einschließlich ihrer Eier, Larven und Puppen als Nahrung.

Dieses Kapitel befaßt sich mit den Stämmen der Nordwestküste. Sie bilden eine deutlich abgegrenzte, lebendige und hochentwickelte kulturelle Gemeinschaft, die als »die höchststehende nichtagrarische Gesellschaft der Welt« bezeichnet wurde. Diese Indianer bewohnen ein langes, schmales, von rauher Landschaft geprägtes Gebiet, das sich über etwa 2 400 Kilometer vom Südosten Alaskas bis nach Nordkalifornien an der Pazifikküste erstreckt. Die felsigen, bewaldeten Küsten des Festlands und dazu Tausende Inseln zwischen zahllosen Buchten, Meeresarmen und Fjorden sind den ständigen Winden und Gezeiten des Pazifiks ausgesetzt. Gletscherbedeckte, häufig wolkenumhüllte Berge ragen an weiten Teilen der Küste steil empor. Das dunkle Grün der dichten Wälder aus Zedern, Kiefern, Schierlingen und Fichten zieht sich, oft durch Nebel verschleiert, bis hinunter ans Wasser. Regen, Wolken und Dunst, entstanden aus Wasserdampf, der von den pazifischen Winden nach Osten getragen wird, sind hier keine Seltenheit. Erwärmt vom Pazifischen Strom, der vor der Küste vorbeifließt, tragen diese Winde zum ganzjährig gemäßigten Klima der Region bei.

In dieser feuchten, graugrünen Landschaft, die zwischendurch immer nur kurz von der Sommersonne erhellt wird, errichteten einst 28 Stämme aus sieben Sprachfamilien, die in ihrer Gesamtheit als die Nordwestküstenindianer bekannt wurden, einst Siedlungen mit riesigen, rechteckigen Häusern aus Zedernplanken, die Familien von 40 und mehr Mitgliedern Schutz boten. Im Norden der Region leben die Stämme der Haida, Tlingit, Tsimshian und Bellabella; zu den südlichen Stämmen zählen die Kwakiutl, Nootka und Salish. Ihre Dörfer, viele mit beeindruckenden, dem Meer zugewandten Wappen- oder Totempfählen, waren an Stränden im Schutz von Felsnasen und an den Ufern gletschergespeister Bäche und Flüsse errichtet. Noch heute leben ihre Nachkommen hier, und wie für ihre Vorfahren ist das Wasser ihr eigentliches Element: Sie fischen, jagen Meeressäuger und sammeln Schaltiere. Fünf Lachsarten wandern flußaufwärts, es gibt Heringe, Stinte und Heilbutt. Im Meer tummeln sich Robben und Seeotter, und gelegentlich ziehen Wale vorüber. Mit der einsetzenden Ebbe kommen Venus- und Miesmuscheln, Austern, Abalonen, Napfschnecken und Krabben zum Vorschein. »Wenn das Wasser zurückgeht, ist der Tisch gedeckt«, lautet ein altes Sprichwort.

Im Frühjahr und Sommer gibt es fünf bis sieben »Lachszüge«, die Rückkehr der Fische aus dem Meer in die Flüsse. In Schwärmen taucht der Eulachon, ein Stint, im Frühjahr auf. Sein Fleisch ist so ölhaltig, daß es mit einem durchgezogenen Docht als Kerze dienen kann, was seinen zweiten Namen, »Kerzenfisch«, erklärt. Wenn Saison war, arbeiteten die Männer Tag und Nacht und fingen dabei beträchtliche Mengen. An der Küste warteten die Frauen, um die Fische gleich zu säubern. Sie wurden als Wintervorrat geräuchert, getrocknet, gepreßt und in Öl eingelegt. Die Jagd an Land versorgte die Indianer zusätzlich mit Enten, Gänsen, Hirschen, Wapitis und

Bären, doch war ihr Fleisch weniger geschätzt als das der ölreichen Fische. Außerdem fürchteten die Küstenbewohner die dunklen, dichten Wälder jenseits ihrer Dörfer, in denen der Legende nach vor allem im Winter gefährliche Geister ihr Unwesen trieben. Den Männern, die in den Wäldern jagten, wurde große Ehrerbietung zuteil. Sie riefen persönliche Schutzgeister an und sangen besondere Lieder, um die Tiere zu beschwichtigen.

Die Frauen sammelten Körbe voller Beeren, die auf dem feuchten Küstenboden in großer Zahl und Vielfalt wachsen, darunter Himbeeren, Huckleberries, Stachelbeeren, schwarze Johannisbeeren, Mahonienbeeren und Bärentrauben. Sie rösteten und trockneten weiche Wurzeln, etwa die von Farn, Lupine und Binse, und zerrieben die unverzichtbaren Camas-Knollen zu einem stärkereichen Mehl, aus dem ein Brotersatz für die bevorstehenden langen Wintermonate hergestellt wurde.

Die Camas-Knolle hat grasartige Blätter und blaue Blüten und wächst wild auf Wiesen und grasbewachsenen Felsvorsprüngen. Sie gehört zur großen Familie der Liliengewächse. Ihre bis zu zweieinhalb Zentimeter dicken Knollen wurden mit Stöcken ausgegraben, wobei man die kleineren Knollen bis zur nächsten Saison in der Erde ließ. Die Ernte war ein arbeitsintensives und daher gemeinschaftliches Unternehmen. Einige Frauen sammelten die Knollen, andere backten sie in Grubenöfen, die eigens auf dem Camas-Feld gebaut worden waren, und wieder andere packten die gebackenen Knollen, die nun vor der Einlagerung für den Winter noch an der Sonne getrocknet werden mußten, in Körbe.

Brotlaibe aus Camas-Mehl hielten sich den ganzen Winter über, sie wurden mit Fischöl oder Robbentran gegessen. Beim Dämpfen entwickelten die stärkereichen Knollen einen süßen Geschmack. Als Ergänzung einer ansonsten kohlenhydratarmen Ernährung wurden sie zu einem wichtigen Handelsgut der Nordwestküstenvölker. Und wenn die Vorräte zur Neige gingen, fuhren die Männer mit ihren Kanus hinaus, um Heilbutt und Kabeljau zu fangen.

Ein höherer Lebensstandard wird üblicherweise mit intensivem Landbau in Verbindung gebracht, der als Folge ein Wachstum der Bevölkerung mit sich bringt. Die komplexe Nordwestküstenkultur aber entwickelte sich aus der Jagd und der Sammelwirtschaft. Die Gewässer und Küstenbereiche boten Nahrungsmittel in einer solchen Fülle, daß die Bewohner sie gleichsam »ernten« konnten wie Bauern ihre Feldfrüchte.

Lachse waren so unglaublich zahlreich, daß sie bei ihren Laichwanderungen flußaufwärts das Wasser dicht an dicht füllten. »Man konnte auf ihrem Rücken gehen«, wie vielfach behauptet wurde. Die ersten zurückkehrenden Lachse wurden mit Dankgebeten gefeiert. Folgendes Gebet der Kwakiutl wird von der Frau des Fischers gesprochen, der den ersten Lachs fängt:

> Oh, ihr Übernatürlichen! Ich danke euch, daß ihr bereit seid, zu uns zu kommen. Schützt uns gegen die Gefahr, auf daß uns nichts Böses widerfahre, wenn wir euch essen. Ihr Übernatürlichen! ... Denn aus dem Grund kommt ihr her, daß wir euch als Nahrung fangen können. Wir wissen, daß nur euer Körper hier stirbt, eure Seelen aber kommen, um über uns zu wachen, wenn wir essen, was ihr uns gabt ...

Rechte Seite: Himbeerpüree mit Honig

Das verschwenderische Nahrungsangebot, die ausgefeilten Konservierungsmethoden und die Wälder aus Riesenzedern, die Materialien für Häuser, Werkzeuge und Kleidung lieferten, trugen zur Entfaltung einer einmaligen Kultur bei. Die Nordwestküstenindianer brachten eine ausdrucksstarke, komplexe Kunst und differenzierte religiöse, soziale und politische Ordnungen hervor. Öffentlich getragene Statussymbole machten Häuptlinge und verschiedene Schichten der Klassen kenntlich. Heiraten zwischen bedeutenden Familien, die Geburt eines Erben, der Bau eines Häuptlingshauses, die Errichtung eines Wappen- oder Totempfahls, Namengebungs- und Pubertätsriten für Mädchen, die Aufnahme in Geheimbünde, der Tod eines Häuptlings und die Einsetzung seines Nachfolgers, die Tatauierung eines der Kinder eines Häuptlings – all diese wichtigen Ereignisse gaben Anlaß für ein großes Fest. Ein *Potlatch* – das Wort aus dem Chinook bedeutet »Geschenk« – erfüllte darüber hinaus die Funktion, den Status geringerer Gruppenangehöriger festzulegen und ihr Recht auf Fischgründe und Beerensammelgebiete sowie auf bestimmte Namen und zeremonielle Gegenstände zu bekräftigen.

Ganze Dörfer waren mitunter zu einem *Potlatch* eingeladen und reisten mit ihren Einbäumen, aus dem Holz der Zeder gearbeiteten Kanus, an. Nach Tagen des Schlemmens, aufregenden Darbietungen maskierter Tänzer und formellen Reden und Erklärungen folgte der entscheidende Teil des *Potlatch*: Die Gastgeber verteilten an ihre Gäste Geschenke, darunter geschnitzte und bemalte Kisten aus Zedernbrettern, die mit getrockneten Fischen und Beeren gefüllt waren, Fässer voll Fisch- und Robbentran, Stapel gewebter Decken und Matten, ja mitunter sogar Pelze und Schmuck. Bei ihrer Abreise waren die Gäste schwer bepackt – und, wie es die Sitte wollte, entschlossen, in ihrem eigenen Dorf einen noch größeren *Potlatch* zu veranstalten.

Ein *Potlatch* bezog alle mit ein und untermauerte das gesellschaftliche Gefüge. Er förderte die Schaffung umfangreicher Vorratslager, denn die Vorbereitungen konnten mehrere Jahre in Anspruch nehmen, und das Teilen der Nahrungsmittel in einer geregelten Art und Weise. Für ein Dorf, in dem die Lachse ausgeblieben waren oder anhaltender dichter Nebel die Fischer am Hinausfahren gehindert hatte, kam eine Einladung zum *Potlatch* bei Nachbarn, die mehr Glück gehabt hatten, besonders gelegen. Und irgendwann später würde sich die Lage vielleicht einmal umkehren. Doch sollte diese ursprüngliche Lebensweise auf Dauer keinen Bestand haben.

Bei seiner Landung im Nootka Sound 1778 faßte Captain James Cook den Plan, an der Nordwestküste einen gewinnbringenden Pelzhandel einzurichten. Ab 1792 brachten europäische Handelsschiffe neue Güter ins Land: Metallwerkzeuge, Gewehre, Wolldecken, Küchenutensilien, Stoffe und allerlei Tand. Vieles davon übernahm bei den immer pompöseren *Potlatch*-Festen bald die Geschenkfunktion. Zu Beginn des 19. Jahrhunderts hatten sich die Hudson's Bay Company und andere im Pelzhandel etabliert. In Fort Vancouver konnte jeder Fallen und Gewehre erstehen. Als die Indianer ihre traditionellen Methoden der Pelzgewinnung aufgaben, verloren auch die Schutzgeister, die ihnen bei der Jagd geholfen hatten, ihre Bedeutung, der *Potlatch* büßte seine einstigen Funktionen ein, und die Sozialstrukturen der Stämme begannen sich aufzulösen. Von den Europäern eingeschleppte Windpocken und Masern kosteten viele Tausende von ihnen, da sie keine Abwehrstoffe gegen diese

Krankheiten besaßen, das Leben. Dörfer lösten sich auf. Immer mehr Planwagen mit Siedlern kamen an, die nichts Eiligeres zu tun hatten, als das Land zu bewirtschaften, Bäume für Bauholz zu fällen und Mühlen, Straßen und Schulen zu bauen. Für die Urbewohner war kein Platz mehr.

Bereits 1860 lebten die meisten Nordwestküstenindianer in Reservaten. Von der einstigen Fischerkultur war kaum etwas geblieben. Versuche der Regierung, die Indianer zu Farmern zu machen, hatten wenig Erfolg. Wer sich von ihnen doch neu orientierte, stieß immer häufiger auf Siedler, die öffentliches Land vom Staat erworben hatten, und wurde von Soldaten vertrieben. Viele Indianer verdingten sich als Pflücker bei kommerziellen Beerenplantagen und konnten so für eine kurze Zeit ein wenig an ihre frühere Lebensweise anknüpfen. Andere suchten durch eine Arbeit in der Holzindustrie, bei der sie in der Nähe der Zedernwälder unter freiem Himmel kampieren konnten, eine Annäherung an ihre einstige Lebensweise.

Obwohl die Nordwestküstenstämme weite Teile ihrer Heimat aufgeben mußten, verloren sie doch niemals völlig ihre Verbindung zur Fischerei und zum Meer. Heute erlebt ihre Kultur eine Renaissance. Fischerboote gehören wieder zum Bild ihrer Siedlungen. Manche Männer arbeiten in der gewerblichen Fischerei, während andere sich zu Holzfällerkooperativen zusammengeschlossen haben. Vertraglich garantierte Landansprüche und Fischereirechte werden mit Nachdruck durchgesetzt. Auch die Kunst der Nordwestküste genießt international große Anerkennung und erfährt durch junge Künstler einen neuen Aufschwung. Damit einher geht eine Rückbesinnung auf die kulturellen Traditionen und auf die alten Sprachen. Und am Northwest Community College können die Küstenindianer aus Washington State die modernen Methoden des kommerziellen Lachsfangs studieren und sich zugleich mit ihrer traditionsreichen Kultur auseinandersetzen.

Harriet Koenig

1 EL Butter oder Pflanzenöl
4 Kartoffeln, geschält und gewürfelt
120 g Frühlingszwiebeln, in Scheiben geschnitten
$\frac{1}{4}$ TL Dillsamen
$1\frac{1}{2}$ l Milch
500 g frischer Lachs, in Stücke geschnitten
Salz und frisch gemahlener Pfeffer
Frischer Dill als Garnierung

Das Leben der sieben pazifischen Lachsarten beginnt in Flüssen und Strömen, mitunter mehr als 2000 Kilometer vom Meer entfernt. Die aus unzähligen winzigen Eiern geschlüpften Jungfische ziehen flußabwärts zum Meer. Während der drei bis vier Jahre, die sie dort zubringen, ernähren sie sich von tierischem Plankton und kleinen Fischen. Nach Erreichen der Geschlechtsreife wandern sie zum Ablaichen zu ihrer Geburtsstätte zurück. Auf der langen, anstrengenden Reise legen sie täglich sechs bis acht Kilometer zurück, müssen dabei Felsen und Wasserfälle überspringen und Räubern entkommen. Am Zielort graben die Weibchen mit heftigen Bewegungen des Rumpfes im Flußbett eine Mulde und legen ihre Eier ab, die durch die milchige Spermawolke eines in der Nähe befindlichen Männchens befruchtet werden. Danach deckt das Weibchen durch Schläge mit dem Schwanz eine Kiesschicht über das Gelege. Kurz darauf sterben beide Eltern, entkräftet von der wochenlangen weiten Wanderung und den Anstrengungen des Ablaichens.

LACHS-CHOWDER

Von den sieben pazifischen Lachsarten kehren fünf an die Nordwestküste zurück: Königslachs (Chinook), Sockeye Salmon, Silber- oder Coho-Lachs, Buckellachs und Keta-Lachs. Da die Fische auf ihrer Wanderung nicht fressen, werden sie immer schlanker und blasser, je weiter sie sich von der Küste entfernen. Die Fischer in Meeresnähe behaupten, daß ihr frischer, fetter Lachs den köstlichsten Chowder – so nennt man in Amerika eintopfähnliche Suppen aus Fisch und Schaltieren – ergebe, während die Leute im Landesinneren sagen, am besten sei er unmittelbar vor dem Ablaichen, da er sein Fett dann weitgehend verbraucht habe und sich besser trocknen lasse.

Die Butter in einem großen Topf bei mittlerer Temperatur zerlassen. Die Kartoffeln mit den Frühlingszwiebeln und den Dillsamen 2–3 Minuten unter Rühren dünsten. Die Milch hinzugießen und alles 40 Minuten sanft köcheln lassen. Die Lachsstücke hineinlegen und 10 Minuten garen. Den Chowder mit Salz und Pfeffer abschmecken. Jede Portion mit Dillstengeln garnieren.

Für 6–8 Personen

Linke Seite: Lachs-Chowder und Räucherlachssuppe

RÄUCHERLACHSSUPPE

Captain Cook beschrieb 1778 die kleinen und großen Holzkisten, die die Nootka zum Zubereiten und Servieren von Speisen verwendeten.

> »Das Kochen geht in einem Holztrog ähnlich einer rechteckigen Kiste vonstatten, indem man rotglühende Steine, die stets zuhauf die Feuerstelle bilden, in die Flüssigkeit gibt. Um sie in den Topf zu befördern und wieder herauszunehmen, benutzen sie eine Art hölzerner Zange. Auf diese Weise kochen sie alle Arten von Fleisch und bereiten Suppen.«

Bei seinem Besuch der Haida auf den Queen Charlotte Islands 1789 schilderte der Pelzhändler Edward Dixon deren Methode des Kochens mit Steinen, das bei ihnen jedoch in Körben erfolgte. Durch ständiges Anfeuchten der Pflanzenfasern blieben diese prall und die Körbe dicht, so daß sie sich für die Zubereitung von Suppen eigneten.

1½ l Hühnerbrühe
120 g Frühlingszwiebeln, in Scheiben geschnitten
250 g pazifischer Räucherlachs, gewürfelt
Salz und frisch gemahlener Pfeffer
100 g Brunnenkresse
100 g kleinblättriger Spinat

Brühe und Frühlingszwiebeln in einen großen Topf geben. Alles einmal aufkochen und etwa 5 Minuten köcheln lassen. Den gewürfelten Lachs hineingeben, einen Deckel auflegen und den Lachs in der leise siedenden Brühe in 5 Minuten garziehen lassen. Nach Geschmack salzen und pfeffern. Brunnenkresse und Spinat hinzufügen und noch 5 Minuten mitkochen.

Für 6 Personen

(Abbildung S. 204)

Als Lewis und Clark Mitte des 19. Jahrhunderts die Nordwestküste erforschten, sahen sie große Lachsschwärme. Die Fische waren so zahlreich, daß nur ein Bruchteil gefangen werden konnte – binnen Minuten waren die flußabwärts weisenden Reusen und Netze voll. Jedes Frühjahr errichteten die Dorfbewohner quer durch seichte Flüsse, in denen es von Lachsen wimmelte, wehrartige hohe Holzzäune, auf denen oben Plattformen angebracht waren. Dort standen Tag und Nacht Männer und holten mit langstieligen Keschern die von den Wehren aufgehaltenen Lachse heraus, um sie dann in ihre Kanus zu laden. Da die Zahl der Fische in die Tausende ging und außerdem das Flußbett unterhalb eines Wehrs oft eine Senke aufwies, konnten viele Lachse ihre Wanderung flußaufwärts fortsetzen, so daß auch die Dörfer weiter oben nicht leer ausgingen. Getrocknet, geräuchert und in Körben verstaut, dienten die Fische als wertvolle Nahrung für den Rest des Jahres. Und nicht selten endeten die Lachse in einer Räucherlachssuppe.

Nach der eintönigen winterlichen Kost, die aus getrocknetem Fisch und Fischöl bestand, freute man sich auf das erste sprießende Grün im Frühjahr. Blätter und Wurzeln wurden frisch verzehrt oder auch konserviert. Wilder Sellerie, die Wurzeln und Blätter des Rotklees, Gänsefuß, der salzig schmeckende Queller, wilder Rhabarber, Löwenzahnblätter, wilde Zwiebeln, wilder Spinat und Brunnenkresse – sie alle bereicherten den Speisezettel der Nordwestküstenindianer und versorgten sie mit wertvollen Nährstoffen.

Bei dem folgenden Rezept verbinden sich Haselnüsse, Blattgemüse und frische Austern, traditionelle Zutaten also, zu einer vorzüglichen Suppe.

AUSTERNSUPPE MIT HASELNÜSSEN

60 g blanchierte, grobgehackte geröstete Haselnüsse
½ Zwiebel, gehackt
700 ml Wasser
150 g Spinat, Rucola, Feldsalat oder Brunnenkresse, in Streifen geschnitten
250 g kleine, rohe, ausgelöste Austern mit ihrem Saft
225 ml Crème double (nach Belieben)
Salz und frisch gemahlener Pfeffer

Nüsse, Zwiebel und Wasser in einen Topf geben. Alles einmal aufkochen und dann bei verringerter Temperatur zugedeckt 30 Minuten köcheln lassen. Das Gemüse mit den Austern und ihrem Saft hinzufügen und alles leise simmern lassen, bis sich die Austern am Rand wellen. Die Suppe nach Belieben mit Crème double verfeinern und nochmals gut erhitzen. Mit Salz und Pfeffer abschmecken und heiß servieren.

Für 4–6 Personen

Grüne Wildzwiebeln, die an Schnittlauch und Frühlingszwiebeln erinnern, werden im Frühjahr geerntet und überall in Nordamerika roh und gekocht gegessen. An der Nordwestküste wurden sie auch geröstet, getrocknet und in Suppen mitgekocht.

Als John Jewitt von der »Boston« 1803 die Nootka besuchte, machte er halt in Yuquot, einem bedeutenden Anlaufhafen für amerikanische und europäische Handelsschiffe. Die Einwohner der Ortschaft hatten zahlreiche exotische Waren angehäuft. Jewitt berichtet in seinen Tagebüchern von Händlern aus anderen Orten und Handelsgütern wie Enten und Gänsen, Seeotterfellen, Öl, Walsehnen, Scheinbeerenkuchen, Zahnschneckengehäusen, rotem Ocker, Wapitihäuten und – dies die größte Überraschung – Wildzwiebeln.

FRÜHLINGSZWIEBELSUPPE

1½ l Hühnerbrühe
12–14 Frühlingszwiebeln, gewaschen und in Scheiben geschnitten
4 getrocknete Wacholderbeeren
Salz und frisch gemahlener Pfeffer

Die Brühe mit den Frühlingszwiebeln und Wacholderbeeren in einem Suppentopf aufkochen und 30–40 Minuten köcheln lassen. Die Suppe mit Salz und Pfeffer abschmecken.

Für 6 Personen

1 kg junge Farnwedel
2–3 EL zerlassene Butter, Olivenöl oder Eulachon-Öl
Salz und frisch gemahlener Pfeffer

GEDÄMPFTE FARNWEDEL

Im Frühjahr sammelten die Indianerfrauen viele Farnarten. Geschmacklich liegen die jungen, noch zusammengerollten Wedel zwischen Broccoli und Spargel. Früher wurden Farnwurzeln in der Glut gebacken und als stärkereiches Gemüse gleich an Ort und Stelle verzehrt oder aber getrocknet und als Wintervorrat zu Mehl gemahlen. Sie waren für die Nordwestküstenvölker, in deren Heimat stärkehaltige Nahrung rar war, so wertvoll, daß bei den Kwakiutl die Häuptlinge die ersten gerösteten Wurzeln bekamen.

Farn fand auch noch anderweitig Verwendung. Die rohen Wurzeln des Adlerfarns wurden als Hustenmittel gekaut. Bei den Tlingit beispielsweise dienten Farnwedel als Matten und zum Auskleiden von Kochgefäßen und -gruben, und die Makah bedienten sich ihrer unterwegs als Schlafunterlage. Ebenso spielten sie eine Rolle bei der Begrüßungszeremonie für den ersten Lachs, der nur mit zarten Farnwedeln gesäubert werden durfte.

Die jungen Wedel sind bei den Indianern der West- wie der Ostküste gleichermaßen beliebt. Heute gibt es sie in Spezialitätengeschäften im Mai frisch, aber auch eingelegt zu kaufen. Im Nordwesten werden sie gedämpft oder gekocht und dann mit dem Öl des Eulachon – oder Kerzenfisches – angemacht. Da dieses Öl hierzulande kaum zu bekommen sein dürfte und sein Geschmack überdies gewöhnungsbedürftig ist, empfehlen wir statt dessen zerlassene Butter oder Olivenöl.

Die Farnwedel abspülen und 3–4 Minuten dämpfen oder in kochendem Wasser garen, bis sie zart, aber noch knackig sind. Mit Öl oder zerlassener Butter beträufeln, nach Geschmack salzen und pfeffern und sofort servieren.

Für 4–6 Personen

Rote Beten sind auf dem amerikanischen Kontinent nicht heimisch, sondern wurden im 19. Jahrhundert von russischen Händlern und Siedlern in der Nordwestküstenregion eingeführt. Da die dort ansässigen Indianer von jeher verschiedene einheimische Wurzeln und Knollen aßen, übernahmen sie auch den Neuzugang schnell in ihre Küche.

Eine in schattigen Waldungen wachsende Haselwurzart (*Asarum canadense*), deren Rhizom ein ingwerähnliches Aroma besitzt, wurde von allen Stämmen im nördlichen Grenzgebiet der Vereinigten Staaten als Gewürz und Mittel gegen Verdauungsstörungen verwendet. Sowohl das Rhizom als auch die bräunlichen Blüten wurden in Wasser gekocht, das man anschließend an der Sonne verdunsten ließ, bis nur ein Pulver übrigblieb. Ebenso wurden ganze Stücke der Wurzel als Gewürz den Gerichten beigegeben.

GEBACKENE ROTE BETEN MIT INGWER

8 mittelgroße rote Beten (etwa 1 kg)
3 EL Butter
4 EL Honig
½ TL gemahlener Ingwer
Salz und frisch gemahlener Pfeffer

Die roten Beten gründlich abbürsten, aber nicht schälen. In einem großen Topf mit Wasser bedecken. Bei hoher Temperatur aufkochen und dann bei mittlerer bis niedriger Temperatur 40–50 Minuten köcheln lassen, bis sie gerade gar sind. Abgießen und etwas abkühlen lassen.

Den Backofen auf 180 °C vorheizen. Die roten Beten schälen und in eine ofenfeste Form geben. Die Butter in einem kleinen Topf zerlassen, Honig und Ingwer einrühren. Die Sauce mit Salz und Pfeffer abschmecken und die roten Beten damit übergießen. Für 45–60 Minuten in den Ofen geben und gelegentlich durchmischen, bis die roten Beten schön überglänzt sind.

Für 4–6 Personen

50 g Brunnenkresse mit zarten Stielen
50 g Gänsefuß oder junger Spinat mit zarten Stielen
50 g Feldsalat, Rucola oder Wintergrün
25 g zarte Blätter und Blüten von Kapuzinerkresse und Veilchen
1 EL Honig
50 ml Apfelessig
100 ml Sonnenblumen- oder Maiskeimöl
2 TL gehackte frische Minze oder Dill
Salz und frisch gemahlener Pfeffer

Im Frühjahr und Frühsommer sammelten die amerikanischen Ureinwohner die zarten Blätter und Blüten verschiedener Kressearten und anderer Pflanzen, um sie roh zu essen. Die heute allgemein erhältliche gezüchtete Brunnenkresse ist durch Kreuzung aus den Wildformen hervorgegangen. Gleiches gilt für die Kapuzinerkresse. Gänsefuß, Löwenzahn, Portulak und andere Wildpflanzen werden heute, auch gemischt, immer häufiger auf unseren Märkten als »Wildsalat« angeboten und sind sicher einen Versuch wert.

SALAT VON WILDEN KRÄUTERN UND BLÜTEN

Die Blätter und Blüten waschen und trockentupfen. Honig und Essig in einer Salatschüssel mischen und das Öl mit dem Schneebesen einrühren. Das Dressing mit Minze, Salz und Pfeffer abschmecken. Blätter und Blüten dazugeben und vorsichtig durchmischen. Den Salat gleich servieren.

Für 4–6 Personen

(Abbildung S. 6)

REHLEDER-BROT

Beim Anblick dieses einfachen Brotes, das bei vielen Indianerstämmen der Nordwestküste äußerst beliebt ist, wird sein Name gleich verständlich. Es hat eine leicht gebräunte, zarte Kruste und eine feine Krume.

250 g Mehl
1 TL Backpulver
1 TL Salz
225 ml Wasser

Den Backofen auf 200 °C vorheizen. Mehl, Backpulver und Salz in eine Schüssel sieben und rasch das Wasser einrühren. Den Teig in eine gefettete Pie-Form von 23 cm Durchmesser geben und zusammendrücken. Das Brot etwa 30 Minuten backen, bis es oben ganz leicht gebräunt ist. Aus der Form stürzen und auf einem Kuchengitter auskühlen lassen.

Ergibt 1 Brot

BANNOCK-BROT

Der Begriff *bannock* bezeichnet in diversen Regionen verschiedene Brote. Er ist schottischen Ursprungs und wurde in der Neuen Welt wohl durch Heiraten zwischen Indianern und ersten schottischen und französischen Händlern verbreitet. Ebenso bezeichnet er einen Stamm, der der Shoshone-Sprachfamilie zuzurechnen und mit den Nördlichen Paiute verwandt ist. Die im südlichen Idaho und westlichen Wyoming ansässigen Bannock trugen ihr Haar oben zu einem Knoten geschlungen, der die weißen Siedler an ein Brot erinnerte.

250 g Mehl
4 TL Backpulver
1 TL Salz
100 g Pflanzenfett
110 ml Wasser

Die trockenen Zutaten in einer Schüssel vermischen. Das Pflanzenfett in kleinen Stückchen dazugeben und alles zu feinen Krümeln verarbeiten. Langsam das Wasser hinzufügen, bis man einen dicken Teig erhält. Diesen auf einer leicht bemehlten Arbeitsfläche etwa 15 Minuten kneten, bis er schön glatt ist. Boden und Rand einer 25 cm großen gußeisernen Pfanne einfetten. Den Teig hineingeben und fest andrücken. Das Brot auf dem Herd bei niedriger Temperatur ohne Deckel von beiden Seiten etwa 10 Minuten garen. Dabei aufpassen, daß es nicht zu dunkel wird, bevor der Teig durch und durch gar ist. Das Brot aus der Pfanne nehmen und auf einem Drahtgitter abkühlen lassen.

Für 6 Personen

Die Hagebutten in einem großen Topf knapp mit Wasser bedecken. Einmal aufkochen und dann bei verringerter Temperatur ohne Deckel köcheln lassen, dabei nach Bedarf weiteres Wasser hinzufügen. Die Hagebutten nach 20–45 Minuten, wenn sie weich sind, pürieren.

HAGEBUTTENPÜREE DER SKOKOMISH

Wildrosen sind bei den Indianern wegen ihrer Schönheit und auch ihrer Früchte, die als Nahrung und Medizin dienen, hoch angesehen. In den herrlichen Perlenstickereien der Shoshone in Wyoming findet sich die Rose als bevorzugtes Motiv. Auch die Cherokee im Südosten verwenden sie gern als Zierelement, die Blütenblätter verarbeiten sie zu einem delikaten Gelee.

Viele Stämme bereiten aus Hagebutten einen Tee mit Heilwirkung. Das Fruchtfleisch ist reich an Vitamin C, und die Samen enthalten viel Vitamin E. Nach einem traditionellen Rezept der Crow werden zerriebene frische Hagebutten mit geschmolzenem Talg und Zucker vermischt und daraus Kugeln geformt, die man als besonderen Leckerbissen aufgespießt über dem Feuer röstet.

Bruce Miller, der für den Skokomish Tribal Council in Shelton, Washington, kocht, weiß zu berichten, daß Hagebuttenpüree im Nordwesten als würzige Beigabe zu gegrilltem Lachs oder Fisch und in Suppen und Eintöpfen verwendet wird.

500 g frische Hagebutten,
die Samen entfernt
1–1 ½ l Wasser

Die trockenen Zutaten in einer Teigschüssel miteinander mischen. Ei, Milch und Honig verrühren und mit dem Schneebesen unter das Mehl ziehen, so daß man einen glatten, nicht zu festen Teig erhält. Die zerlassene Butter einrühren. Den Teig eßlöffelweise in eine heiße, gefettete Eisenpfanne geben. Die Küchlein wenden, sobald sie schön aufgegangen, unten gebräunt und oben schon leicht fest sind.

ANMERKUNG: Eine weitere Methode zum Entbittern von Eicheln ist auf S. 37 beschrieber

Ergibt 12–15 Küchlein

80 g feines Eichelmehl oder feingemahlene Haselnüsse
40 g Mehl
1 TL Backpulver
¼ TL Salz
1 Ei, verquirlt
170 ml Milch
1 EL Honig
3 EL zerlassene Butter

EICHELKÜCHLEIN

Obwohl sie kulturell den Nordwestküstenvölkern nahestehen, unterscheiden sich die in Nordkalifornien heimischen Hupa, Karok, Miwok, Pomo und Yurok insofern, als Eicheln ihnen als Grundnahrungsmittel dienten. Im Herbst sammelten die Frauen die reifen Früchte in großen, spitz zulaufenden Körben. Männer und Jungen halfen ihnen, indem sie auf die Bäume kletterten und die Eicheln herunterschüttelten. Die Eicheln wurden dann geschält, halbiert, getrocknet und in den kunstvoll geflochtenen Körben gelagert, für die diese Stämme bekannt sind.

Wenn Mehl benötigt wurde, mahlte man die Eicheln mit Steinen und entbitterte das Mehl, indem man es in einer Sandgrube mit heißem Wasser übergoß, das die Bitterstoffe löste und in den Sand spülte. Aus dem fertigen Mehl wurden Suppen, Breie, Brote und kleine Kuchen bereitet. Heißer gekochter, dicker Eichelmehlbrei erstarrte, in einem kleinen Korb in einen kalten Fluß gehängt, zu einer Masse von gelatineartiger Konsistenz. Auch nach unseren heutigen Geschmacksvorstellungen besonders lecker sind die hier vorgestellten Eichelküchlein.

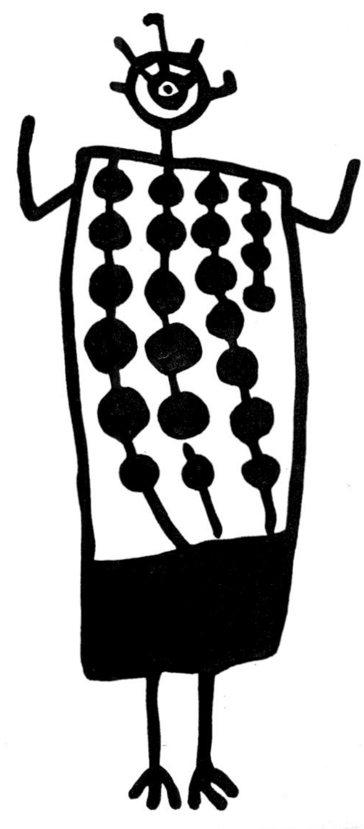

$2^1/_2$–3 kg Holzkohle
1 Wild- (Kanadagans) oder Hausgans von etwa $3^1/_2$ kg, küchenfertig vorbereitet
2 TL gemahlener Ingwer
Salz und frisch gemahlener Pfeffer
250 g Dörräpfel, möglichst Holzäpfel, gehackt
150 g getrocknete Cranberries (nach Belieben)
70 g Korinthen
100 g Holzspäne von Erle oder Apfelbaum, in Wasser eingeweicht (nach Belieben)
150 g brauner Zucker
2 EL Wasser

Mit etwa $2^1/_2$ kg Holzkohle in einem Gartengrill mit Haube ein Feuer entfachen. Die Gans abspülen und trockentupfen. Überschüssiges Fett aus dem Inneren entfernen. Bei einer Hausgans die Haut unten an der Brust und oben an den Schenkeln einstechen, damit das Fett abtropfen kann. Die Gans mit 1 Teelöffel Ingwerpulver einreiben und leicht salzen und pfeffern. Alle getrockneten Früchte und den restlichen Ingwer in einer Schüssel vermischen. Die Gans damit füllen und dann dressieren.

Für die Glasur braunen Zucker und Wasser in einem kleinen Topf verrühren und bei mittlerer bis hoher Temperatur einmal aufwallen lassen. Weiter rühren und den Sirup nach 2 Minuten vom Herd nehmen.

Auf einer großen Fettpfanne rotglühende Holzkohle auslegen und mit den feuchten Holzspänen bestreuen. Die Gans über der Fettpfanne auf den Grill legen. Die Haube aufsetzen und alle Lüftungslöcher öffnen. Als Garzeit für die Gans rechnet man 17–27 Minuten pro 500 g. Sie ist fertig, wenn aus dem eingestochenen Schenkel an der dicksten Stelle klarer Saft ohne jeden rosa Schimmer austritt. Die Gans

GEGRILLTE WILDGANS

Zugvögel aus dem Norden, die im Winter gemäßigtere Klimazonen aufsuchten, wie die Kanadagans, Schneegans und Bläßgans, waren an der Nordwestküste eine begehrte Jagdbeute. Sie bildeten eine schmackhafte Abwechslung zum Lachs. Ihre Bälge wurden zu Umhängen zusammengenäht und die Federn zu Schnüren verdreht oder mit Nesseln oder Zedernbast zu warmen, weichen Decken verflochten.

Holzäpfeln kam bei Stammesfesten eine besondere Bedeutung zu. Gedämpft und zerdrückt oder kombiniert mit getrockneten Beeren, wurden sie zusammen mit Eulachon-Öl wichtigen Gästen angeboten. Traditionsgemäß wurde diese Zubereitung mit einem großen, verzierten Ziegenhornlöffel gegessen. Wenn ein Kwakiutl-Häuptling ein formelles Holzapfelfest veranstaltete, wurden Kisten in Wasser eingelegter Holzäpfel und Kisten voller Eulachon-Öl zum Zeichen des Reichtums aufgereiht und deren Inhalt anschließend, begleitet vom Schlagen der Trommeln und von neu erdachten Festgesängen, verspeist.

Händler und Missionare machten die Tlingit mit braunem und weißem Zucker vertraut. Brauner Zucker wurde zu Blöcken geformt und später zu Sirup eingekocht. Klumpen braunen Zuckers wurden bei Festessen gereicht. Dieses Rezept verwendet braunen Zuckersirup als Glasur für die Gans, die nach dem ursprünglichen Rezept auf einen grünen Ast einer Erle oder eines Apfelbaums gespießt und über einem Feuer gebraten wurde.

während der letzten Stunde mit der vorbereiteten Zuckerglasur bepinseln. Während des Grillens die Holzkohle stündlich überprüfen und gegebenenfalls einige Stücke nachlegen, um die Hitze konstant zu halten. Die Gans vor dem Aufschneiden etwa 15 Minuten ruhen lassen.

Für 6 Personen

WILDENTE MIT BLAUBEERGLASUR NACH ART DER SKOKOMISH

2 Stock- oder Spießenten, küchenfertig vorbereitet
2 kleine bis mittelgroße Zwiebeln, geschält und geviertelt
300 g Blaubeeren oder Huckleberries
Salz und frisch gemahlener Pfeffer
50 g Zucker
2 EL Wasser

Den Backofen auf 250 °C vorheizen. Die Enten jeweils mit 1 Zwiebel und 50 g Beeren füllen, salzen und pfeffern. Die Ofentemperatur auf 180 °C herunterschalten. Die Enten auf einen Rost legen und in den Ofen schieben. Ihre Garzeit beträgt pro 500 g Gewicht 20–30 Minuten, je nachdem, ob man sie durchgebraten oder rosa bis blutig bevorzugt. Die Enten während der letzten halben Stunde wiederholt mit der Beerensauce bestreichen.

Für die Beerensauce die restlichen Beeren mit dem Zucker und dem Wasser in einem Topf vermischen. Alles einmal aufkochen, dabei ständig rühren und die Beeren zerdrücken. Die Sauce unter Rühren 2–3 Minuten kochen, bis sie etwas eingedickt ist.

Für 4–6 Personen

In jedem Frühjahr brechen Stock-, Spieß- und Schellenten und viele weitere Arten von den südlichen Gewässern in Richtung Norden auf. Ähnlich wie die Lachse kehren sie zu ihrer Geburtsstätte zurück, um dort ihre Eier zu legen. Ihr Weg führt sie über Seen, Sümpfe, Teiche, Flüsse und Salzwasserlagunen, wo sie sich ausruhen können und Nahrung finden. Früher kamen sie zu Tausenden. Wo sie tief flogen, errichteten die am Puget Sound lebenden Klallam Pfähle, zwischen denen äußerst feine, an die zwölf Meter hohe Netze gespannt waren. In der Morgendämmerung oder bei Zwielicht flogen ganze Schwärme hinein, während unten bereits die Jäger warteten. Die an der Küste lebenden Salish hängten Netze zwischen Bäume und schreckten dann ruhende Enten auf, die sich in ihnen verfingen. Von den Makah schließlich wurden Enten mit Lachseiern, die auf feinsten, auf Seen und Flüssen treibenden Netzen lagen, dazu verlockt, ihnen in die Falle zu gehen.

Wildente war ein besonders begehrter Leckerbissen, denn es war das erste Fleisch, das die Indianer im neuen Jahr aßen. Dieses Rezept stammt von Bruce Miller, Koch beim Skokomish Tribal Council in Shelton, Washington. Wenn Sie keine frischen oder tiefgefrorenen Beeren bekommen, können Sie, wie Bruce empfiehlt, ebenso Blaubeersirup verwenden.

Den Speck in einer großen Pfanne bei mittlerer Temperatur etwas ausbraten. Das Fleisch zusammen mit dem Speck anbräunen, dann 1 l Wasser, Zwiebeln, Lorbeerblätter und Salz zugeben. Das Ganze zugedeckt 1½ Stunden leise köcheln lassen. Die Kartoffeln, die Möhren und die weiße Rübe hinzufügen und alles weitere 30 Minuten garen. Das restliche Wasser mit dem Eichelmehl vermischen und in den simmernden Eintopf rühren.
Die Zutaten für die Klößchen in eine Schüssel geben und mit dem Schneebesen zu einem glatten Teig verrühren. Die Mischung eßlöffelweise in den sanft sprudelnden Eintopf geben. Einen gut schließenden Deckel auflegen und die Klößchen in 12–15 Minuten garziehen lassen.

Für 6 Personen

Wapitis – das Shawnee-Wort bedeutet »heller Hirsch« – waren von Vancouver Island an in südlicher Richtung anzutreffen, und verschiedene Stämme stellten ihnen auf unterschiedliche Art nach. Im Norden trugen die Jäger, wenn im Winter hoher Schnee lag, Schneeschuhe. So konnten sie nicht einsinken und waren schnell genug, und die Wapitis, die nur mühsam im Schnee vorankamen, hatten kaum eine Chance, ihren Eibenholzspeeren zu entkommen. Eine andere Jagdmethode bestand darin, großes Wild in tiefes Wasser zu treiben, wo es ertrank. Die Colville, eine Untergruppe der Salish am Columbia River, bedienten sich Hunden als Jagdhelfer, und die ihnen nahestehenden Stillaquamish im Nordwesten Washingtons trieben die Wapitis in Abgründe, ähnlich wie es die Plains-Indianer mit Büffeln machten. Nach einer erfolgreichen Jagd tranken die Jäger oft Wapitiblut.

Das hier vorgestellte Rezept ist typisch für die Jäger im Nordwesten. Einst enthielt der Eintopf vermutlich *wapato*, eine an Topinambur erinnernde Knolle, und wilde Pastinaken. Die Eichelklößchen sind eher charakteristisch für die Salish östlich des Puget Sound und die Stämme Nordkaliforniens.

HIRSCHEINTOPF MIT EICHELKLÖSSCHEN

4 Scheiben geräucherter Bauchspeck, halbiert
700 g Hirsch- oder Rindfleisch (Kamm), gesäubert und gewürfelt
1 l und 100 ml Wasser
150 g gehackte Zwiebeln
2 Lorbeerblätter
1 TL Salz
3 Kartoffeln, geschält und gewürfelt
3 Möhren, geputzt und gewürfelt
1 große weiße Rübe, gewürfelt
30 g Eichelmehl (Herstellung siehe S. 37) oder feingemahlene Haselnüsse

FÜR DIE EICHELKLÖSSCHEN:

60 g Eichelmehl oder feingemahlene Haselnüsse
60 g Weizenvollkornmehl
1½ TL Backpulver
1 Ei, verquirlt
2 EL Milch
2 EL Pflanzenöl

In jedes Lachssteak 5–6 Wacholderbeeren drücken und die Stücke leicht salzen und pfeffern. Den Grill vorbereiten und, wenn die Holzkohle weiß glüht, feuchte Holzspäne darüberstreuen. Die Lachssteaks von beiden Seiten 3–4 Minuten grillen, bis sich das Fleisch mit einer Gabel zerpflücken läßt. Nach Belieben Zitronenspalten dazu reichen.

Für 6 Personen

GEGRILLTE LACHSSTEAKS NACH ART DER GITKSAN

Nach altem Glauben der Nordwestküstenindianer sind Lachse übernatürliche Wesen, die in Dörfern unter dem Meer leben. Jeden Sommer kommen sie, als Fische verkleidet, in die Flüsse, um die Menschen mit Nahrung zu versorgen. Wenn ein Lachs getötet und gegessen wurde, kehrte er gleich nach Hause zurück, sofern sein Gerippe dem Meer zurückgegeben wurde. Jeder Stamm hat eine eigene Zeremonie zum Säubern und Kochen von Lachs, die von den »Lachsmenschen« – so der Glaube – selbst geleitet wird. Der Erfolg eines Jägers oder Fischers hängt nicht allein von seinem Geschick ab: Nur wenn sie richtig behandelt werden, erlauben die »Tiermenschen« wie »Bergziege«, »Bär« und »Lachs«, daß ihre Körper gegessen werden.

Dem Lachs wurde durch Rituale die höchste Achtung erwiesen. So wurde im Haus des Häuptlings der erste Lachs, den Kopf flußaufwärts gerichtet, auf eine neue Matte gelegt und mit feinen Adlerfedern bestreut, damit auch andere in diese Richtung schwimmen würden. Er wurde mit Farnwedeln gesäubert und mit einem alten Messer aus Stein oder einer Muschelschale geöffnet. Bei Mißachtung dieser Regeln hörte dem Glauben nach der Lachszug auf. Wie ein Mythos erzählt, besuchte der Tsimshian-Häuptling Yaloa die »Lachsmenschen« und erfreute sie mit seinen mitgebrachten Adlerdaunen. Er wurde sehr gut behandelt. War er hungrig, wurde ein Junge ins Salzwasser geschickt und verwandelte sich sogleich in einen Lachs. Er wurde gefangen, aufgeschnitten und in einer Kiste gedämpft oder über rotglühenden Steinen gegrillt. Wenn der Häuptling seine Mahlzeit beendet hatte, wurden alle Gräten und die Haut dem Meer zurückgegeben, und der Junge erwachte wieder zu Leben.

30–40 Wacholderbeeren
6 Lachssteaks
Salz und frisch gemahlener Pfeffer
100–150 g Holzspäne von Erle oder Apfelbaum, in Wasser eingeweicht
Zitronenspalten (nach Belieben)

Die Gitksan stellten eine Art Grillkorb her, indem sie das Ende eines etwa zweieinhalb Zentimeter dicken Weidenastes, dessen kleine Zweige nicht entfernt wurden, zurückbogen und am Anfang befestigten. So entstand ein Ring mit Ästen, auf denen ein Fischsteak über dem Feuer gegrillt werden konnte.

½–1½ kg Seetang
1–2 Dutzend Steamer Clams
1–2 Dutzend Austern (möglichst Westamerikanische Austern)
900 g Heilbuttfilets oder -steaks
½–1 TL Meersalz
Eulachon-Öl oder zerlassene Butter
Zitronenspalten (nach Belieben)

GEDÄMPFTE MEERESFRÜCHTE DER SKOKOMISH

Die an der Südküste des Puget Sound ansässigen Makah, Quinault und Quilleute gingen mit großen Kanus auf Walfang. Sie fingen auch den großen, auf dem Meeresgrund lebenden Heilbutt mit Schnur und Haken. Die noch heute gebräuchlichen Haken bestehen aus zwei Holzstücken, die mittels einer Fichtenwurzel V-förmig zusammengebunden sind. In den einen Schenkel des V ist eine Knochenspitze eingelassen, und der andere Schenkel, an dem die Schnur befestigt ist, weist eine geschnitzte magische Figur, gewöhnlich einen Vogel oder ein anderes Tier, auf. Die aus Fichtenwurzel oder Seetang hergestellte Schnur ist mit einem dicken Stein beschwert, so daß der Haken mit einem Tintenfisch als Köder etwa einen Meter über dem Meeresboden schwebt. Am oberen Ende ist ein Schwimmer aus geschnitztem Zedernholz in Gestalt eines Seevogels angebracht. Sobald dieser zu tänzeln beginnt, zieht der Fischer die Schnur heraus. Hängt ein Heilbutt am Haken, tötet er ihn mit einer kunstvoll geschnitzten Keule.

Der Anthropologe Franz Boas schrieb viele Beschwörungsformeln und Gebete auf, die die indianischen Fischer beim Fang des Heilbutts, für den sie anschauliche Namen hatten, sprachen. Manche wandten sich an den Haken, den sie »jüngerer Bruder« nannten, wie »Geh hinunter ins Heilbuttland und kämpfe« oder auch, wenn ein Fisch gebissen hatte, »Halte durch, jüngerer Bruder«. Andere Gebete galten dem Fisch, etwa, wenn er mit der Keule erschlagen wurde: »Gehe und sage deinem Vater, deiner Mutter, deinem Onkel, deiner Tante, deinen ältesten und jüngsten Brüdern, daß du Glück hattest, weil dir dies widerfuhr, mein Fischerkanu, du Alte Frau, Schlafe-Haut-im-Mund, Gegeben-zu-werden-Geborener.«

Die Verwendung von Seetang beim Dämpfen von Fisch ist eine alte Methode. Die Salish hoben eine große Grube aus und legten unten Steine hinein. Darauf entfachten sie ein Holzfeuer, mit dem sie die Steine glutrot erhitzten. Schließlich wurde die Holzkohle beiseite gefegt und grüner Seetang ohne anhaftenden Sand auf die Steine gelegt. Darauf kamen in Farn- oder Ahornblätter gewickelte Heilbuttstücke, die mit Tang bedeckt wurden. Zuletzt wurde die Grube – *imu* – mit Kies abgedeckt. Nach einer Stunde war der Fisch gar. Diese Gartechnik läßt sich auch auf eine moderne Küche übertragen, und das Ergebnis ist nicht minder köstlich. Das Rezept verriet uns Bruce Miller, ein begabter und erfahrener Koch der Skokomish, der mit Hilfe seiner Familie traditionelle indianische Feste mit bis zu 1 500 Teilnehmern organisiert und für das Essen sorgt.

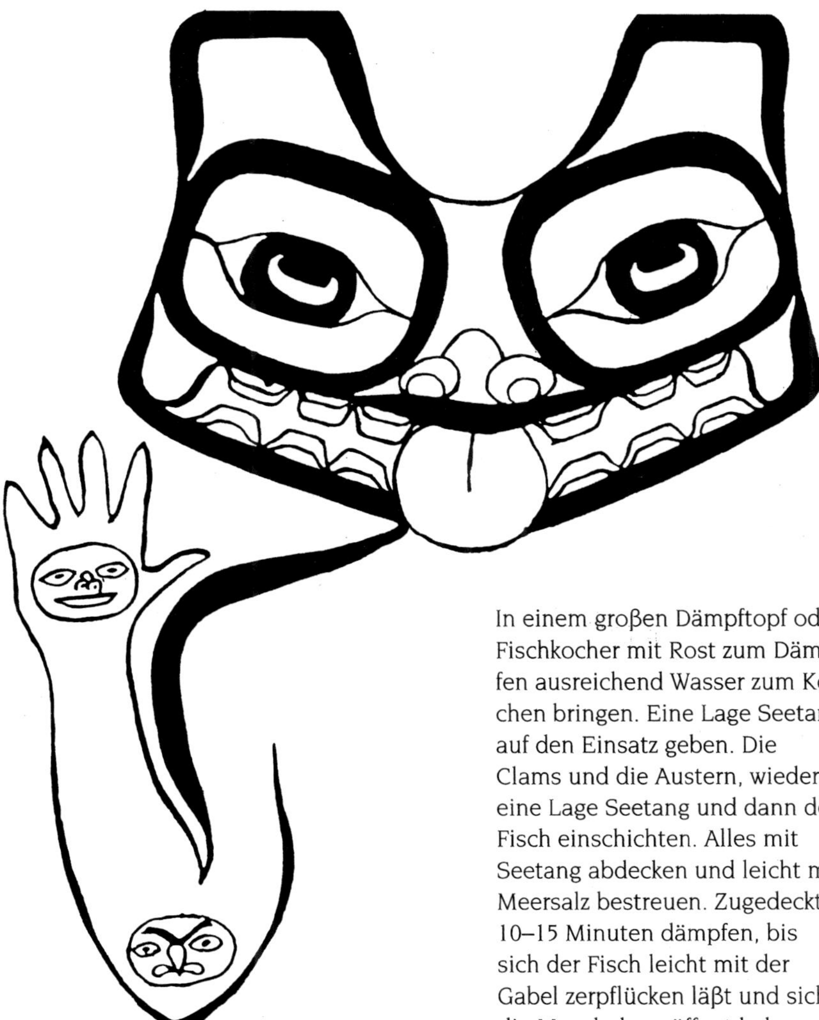

In einem großen Dämpftopf oder Fischkocher mit Rost zum Dämpfen ausreichend Wasser zum Kochen bringen. Eine Lage Seetang auf den Einsatz geben. Die Clams und die Austern, wieder eine Lage Seetang und dann den Fisch einschichten. Alles mit Seetang abdecken und leicht mit Meersalz bestreuen. Zugedeckt 10–15 Minuten dämpfen, bis sich der Fisch leicht mit der Gabel zerpflücken läßt und sich die Muscheln geöffnet haben. Nach Belieben mit Eulachon-Öl oder zerlassener Butter und Zitronenspalten servieren.

Für 4–6 Personen

ROHER LACHS

1 sehr frisches rohes Lachsfilet (etwa 700 g)
Warmes Eulachon-Öl oder zerlassene Butter
Zitronenspalten (nach Belieben)

Die Methoden des Lachsfangs richteten sich nach den jeweiligen Gegebenheiten. An tiefen Stromschnellen wurden die Lachse mit Keschern an 6 Meter langen Stielen, wie sie noch heute gebräuchlich sind, aus dem schäumenden Wasser gefischt. Dies erforderte viel Geschick, zumal die Felsen am Ufer oder die auf überragenden Felsnasen eigens errichteten Holzplattformen naß und rutschig waren. An flachen Stromschnellen wurden die Lachse im Wasser oder beim Springen mit Harpunen erlegt. In tiefen, breiten Flüssen trieben die Männer die Fische mit Kanus in Netze, die manchmal bis zu hundert Meter lang sein konnten.

Zwar kochten die Tlingit, Haida und Tsimshian meist ihr Essen, den Rogen von Lachsen und Heringen aber wie auch die Lachse des ersten Zuges aßen sie oft roh.

Ed Sarabia von der United States Environmental Protection Agency in Hartford, Connecticut, gehört dem Tlingit-Stamm an und kommt aus Juneau in Alaska. Er erinnert sich, daß in seiner Kindheit bei seinem Stamm die Bäckchen von frisch gefangenem rohem Lachs als besondere Delikatesse galten.

Das Lachsfilet mit einem sehr scharfen Messer leicht schräg in 8 mm dicke Scheiben schneiden. Nach Belieben in warmes Öl oder zerlassene Butter tauchen und mit Zitronensaft beträufeln.

Für 6 Personen als Vorspeise

Räucherlachs war bei den Bewohnern der amerikanischen Nordwestküste ein wesentlicher Bestandteil der Ernährung. Da die Lachswanderungen vom Frühjahr bis in den Herbst regelmäßig stattfanden, die Fische sehr zahlreich waren und die Indianer ausgefeilte Konservierungsmethoden entwickelt hatten, stand getrockneter Räucherlachs das ganze Jahr über zur Verfügung.

Das Trocknen und Räuchern war Aufgabe der Frauen. Mit Erlenholz, das den besten Rauch erzeugte, unterhielten sie an den Stränden, in Räucherhäusern und oft auch in den Wohnhäusern selbst schwelende Feuer. Die Fische wurden aufgeschnitten und mit glatten, runden Zedernholzstöcken, die durch Einschnitte auf beiden Seiten der Fische gezogen wurden, auseinandergespreizt. Wie blutrote Schilde hingen die Fische an Trockengestellen eineinhalb bis knapp drei Meter über dem Feuer, das so geregelt wurde, daß es viel Rauch entwickelte und zugleich möglichst wenig Hitze abgab. Alle ein bis zwei Tage wurde der Lachs gerieben und gedrückt, damit das Fleisch mürbe wurde und so Luft eindringen konnte. Die Arbeit erforderte Sorgfalt und Aufmerksamkeit, und bei Regen mußten die Fische eilends abgedeckt werden.

Die Räucherzeit richtet sich nach dem gewünschten Ergebnis. Stark geräucherter und getrockneter Fisch benötigt mindestens eine Woche und ist unbegrenzt haltbar. Dieses Rezept ergibt dagegen Lachs mit zartem Raucharoma. Er läßt sich nur in der Gefriertruhe aufbewahren und muß ansonsten gleich gegessen werden.

100 g grobes Salz
100 g brauner Zucker
1 1/2 TL gemahlener Ingwer (nach Belieben)
1 TL grobgemahlener schwarzer Pfeffer (nach Belieben)
1 Lachsfilet von etwa 700 g
100–200 g Holzspäne von Erle, Apfel- oder Hickory-Baum, mindestens 1/2 Stunde in Wasser eingeweicht

GERÄUCHERTER LACHS

Salz, Zucker, Ingwer und Pfeffer in einer Schüssel vermengen. Das Lachsfilet rundherum mit der Gewürzmischung bedecken und – fest in Klarsichtfolie eingewickelt oder in einer Plastiktüte – für mindestens 2 Stunden in den Kühlschrank geben. Das Filet gründlich abspülen, um die Gewürzmischung zu entfernen, und dann 1–2 Stunden an der Luft gut trocknen lassen, bis das Fleisch zu schimmern beginnt. Dafür das Filet entweder vor einem Gebläse aufhängen oder im Freien an einen Ast knüpfen oder auch auf einen Rost legen, damit die Luft ringsum zirkulieren kann.

In einem Gartengrill mit Abdeckung ein Feuer entfachen. Auf einer Fettpfanne großzügig mittelheiße Holzkohle aufhäufen und mit Holzspänen bestreuen. Den Fisch über der Fettpfanne auf den Rost legen und die Haube aufsetzen. Den Lachs etwa 45 Minuten im Rauch garen, bis sich das Fleisch leicht zerpflücken läßt.

Für 6 Personen als Vorspeise

2–3 Dutzend Butter Clams oder 4 Dutzend Steamer Clams, ausgelöst
8–10 Holzspieße, in Wasser eingeweicht
Öl eingelegter Sardinen, zerlassene Butter oder Eulachon-Öl
50–100 g Holzspäne von Erle, Apfel- oder Hickory-Baum, mindestens ½ Stunde in Wasser eingeweicht

Clams, Miesmuscheln, Abalonen und Krabben haben von jeher Abwechslung in die Kost der Küstenbewohner gebracht. Wie heute noch wurden sie einst von den Frauen bei Ebbe gesammelt. Angespitzte Stöcke dienen zum Ausgraben von Clams und Herzmuscheln und zum Umdrehen von Krabben, Rohrstöcke zum Lösen von Tang und Käferschnecken von den Felsen. Allerdings wurden die traditionellen Körbe durch leichtere Eimer und Jutesäcke ersetzt.

Für die riesigen Horse Clams, die mitunter mehr als einen Meter tief im Sand sitzen, ist ein besonders langer und robuster Grabstock mit einer Art Schaufel am Ende vonnöten. Eine einzige dieser Muscheln genügt schon für einen Chowder. Leichter lassen sich die Butter Clams sammeln, die im Uferbereich nur wenige Zentimeter tief im Sand liegen. Die Salish aßen sie gedämpft oder räucherten sie als Suppeneinlage für den Winter.

GEGRILLTE CLAMS

Kaum etwas verdirbt so schnell wie frische Clams. Durch Räuchern lassen sie sich aber gut konservieren. Zum Trocknen zogen die Indianer sie dann auf Bastfäden aus Zedernrinde. Diese Clam-Ketten wurden bei den Stämmen im Landesinneren, die auf Meeresfrüchte sehr erpicht waren, gegen Körbe eingetauscht und auch Säuglingen als »Beißring« umgehängt. Frische Clams wurden, auf Fichtenzweige gesteckt, über dem Feuer gegrillt.

Traditionsgemäß tauchte man die gegrillten Clams in Eulachon-Öl. Ersatzweise empfiehlt der Skokomish-Koch Bruce Miller das Öl eingelegter Sardinen oder zerlassene Butter.

Auf jeden Spieß 4–6 Muscheln ziehen und diese mit Öl oder zerlassener Butter bestreichen. Im Gartengrill ein Feuer entfachen und Holzspäne auf die glühenden Kohlen streuen. Die Muscheln je nach Größe 3–8 Minuten grillen, dabei einmal wenden und mit Öl bestreichen. Weiteres Öl als Dip bereitstellen.

Für 4–6 Personen

1 Dutzend kleine Austern (möglichst Westamerikanische Austern), ausgelöst
600 g zerdrückte Kartoffeln oder Topinamburs
1 Ei
80 g Frühlingszwiebeln, in feine Scheiben geschnitten
2 EL gehackter frischer Dill oder 1½ TL getrockneter Dill
2 TL Salz
½ TL frisch gemahlener Pfeffer
2 EL Mehl
Etwa 4 EL Pflanzenöl oder Schweineschmalz zum Braten

AUSTERN-KARTOFFEL-KÜCHLEIN

Die kleinen Westamerikanischen Austern mit ihrem charakteristischen, leicht kupferartigen Geschmack waren einst im Puget Sound und entlang der Nordwestküste sehr verbreitet. Bedauerlicherweise aber sind diese Muscheln, deren Schaleninneres mit seinem violettrosa Schimmer an einen Sonnenuntergang am Pazifik denken läßt, heute stark dezimiert. Statt ihrer hat sich die geschmacklich weniger interessante Pazifische Auster, die hier aus japanischem Samen gezüchtet wird, durchgesetzt.

Die Nordwestküstenindianer genießen Austern auf vielerlei Arten – roh oder in der aufgebrochenen Schale geräuchert, aber auch in Suppen, in Krapfen und, wie in diesem Fall, in Küchlein aus Kartoffeln.

Den Backofen auf 135 °C vorheizen. Die Austern abtropfen lassen und beiseite legen. In einer Schüssel die Kartoffeln mit dem Ei, den Frühlingszwiebeln, dem Dill sowie Salz und Pfeffer vermischen. Mit leicht eingemehlten Händen aus der Masse dicke Küchlein formen. In die Mitte jeweils eine Auster geben und den Teig darüber wieder zusammendrücken. In einer großen Pfanne 2 Eßlöffel Öl bei mittlerer Temperatur erhitzen und 2–3 Küchlein hineingeben. In 6–8 Minuten von beiden Seiten goldbraun braten. Auf einem Backblech im Ofen warm stellen und die restlichen Küchlein zubereiten, dabei nach Bedarf weiteres Öl in die Pfanne geben.

Für 4 Personen

500 g frische Himbeeren
110 ml Honig

Die Beeren fein pürieren und mit dem Honig verrühren. Eisgekühlt servieren.

Für 4–6 Personen

(Abbildung S. 201)

HIMBEERPÜREE MIT HONIG

Für die Indianerfrauen an der Nordwestküste war das Beerensammeln eine angenehme Arbeit, nachdem die anstrengende Zeit des Vorbereitens und Konservierens von Fisch und Wild vorbei war. Die im zeitigen Frühjahr reifenden Beeren stellten eine wichtige Vitaminquelle und zugleich eine willkommene geschmackliche Abwechslung dar. Besonders erfreulich aber war für die Frauen und Mädchen die Aussicht auf gemeinsame Unternehmungen. Mitunter kamen sie aus verschiedenen Dörfern an einer beerenreichen Stelle zusammen, wo sie ein Lager aufschlugen und gemeinsam die Früchte pflückten. Die einen ernteten, die anderen paßten auf die Kinder auf, und es gab viel Gelegenheit zum Austausch von Neuigkeiten. Während die Frauen durch die Wälder streiften, blieben sie aus Furcht vor bösen Waldgeistern dicht beieinander und gaben oft laute Rufe von sich, um Bären zu verscheuchen, die ebenfalls an den wilden Früchten interessiert waren.

Frische Himbeeren wurden manchmal mit Lachsrogen und Eulachon-Öl gemischt. Eine Festspeise waren gemischte getrocknete Beeren, verrührt mit Eulachon-Öl und Schnee. Auch »indianisches Eis«, schaumig geschlagene und mit Eulachon-Öl angereicherte Seifennüsse, waren eine Leckerei, die man ungeduldig herbeisehnte. Heute verwöhnen die Mütter ihre Kinder mit glattgerührten und mit Honig oder Zucker gesüßten Beeren.

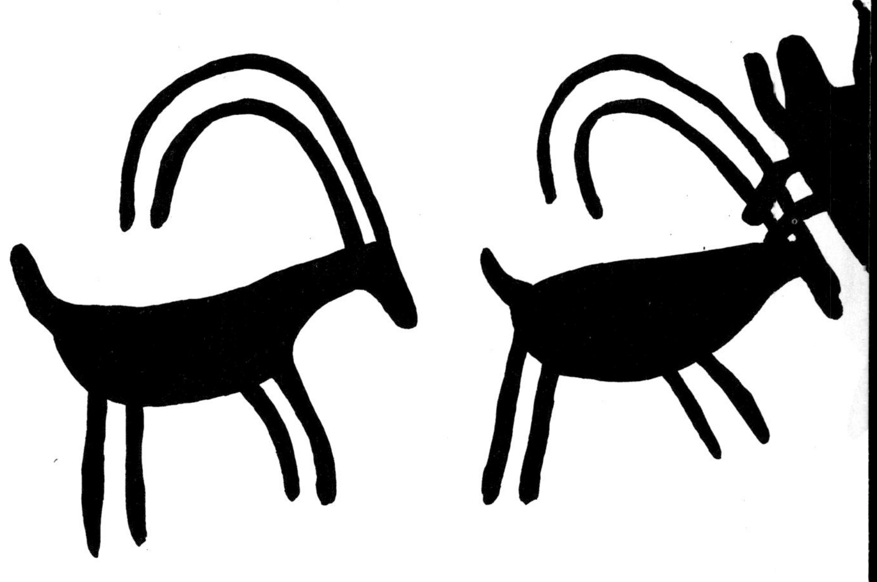

Zur Zeit der Beerenreife zogen bisweilen ganze Familien in Kanus zum Pflücken los. Den ganzen Tag schleppten die jungen Männer gefüllte Körbe zum Boot. Beim Pflücken wurden oft viereckige Körbe verwendet, die jeweils zu dreien ineinanderpaßten und mit einem Stirnriemen auf dem Rücken getragen wurden. An Ort und Stelle hängten die Frauen den kleinsten vorn an den Gürtel. War er voll, schütteten sie den Inhalt in die beiden größeren, die auf der Erde standen. Beim Heimtragen hingen die beiden großen Körbe rechts und links am Körper und der kleinste vor der Brust.

Frische Walderdbeeren wurden oft zu Brei zerstampft oder in Honigsirup pochiert. Die Tlingit kochten sie zu einer sehr konzentrierten Paste, formten daraus kleine Laibe und wickelten diese zum Trocknen in Stinkkohlblätter. Ein solcher Laib ergab, in warmem Wasser pochiert, »einen Teller voller Erdbeeren«, an einem grauen, verregneten Wintertag mit Honig ein ganz besonderer Genuß.

ERDBEEREN IN HONIGSIRUP POCHIERT

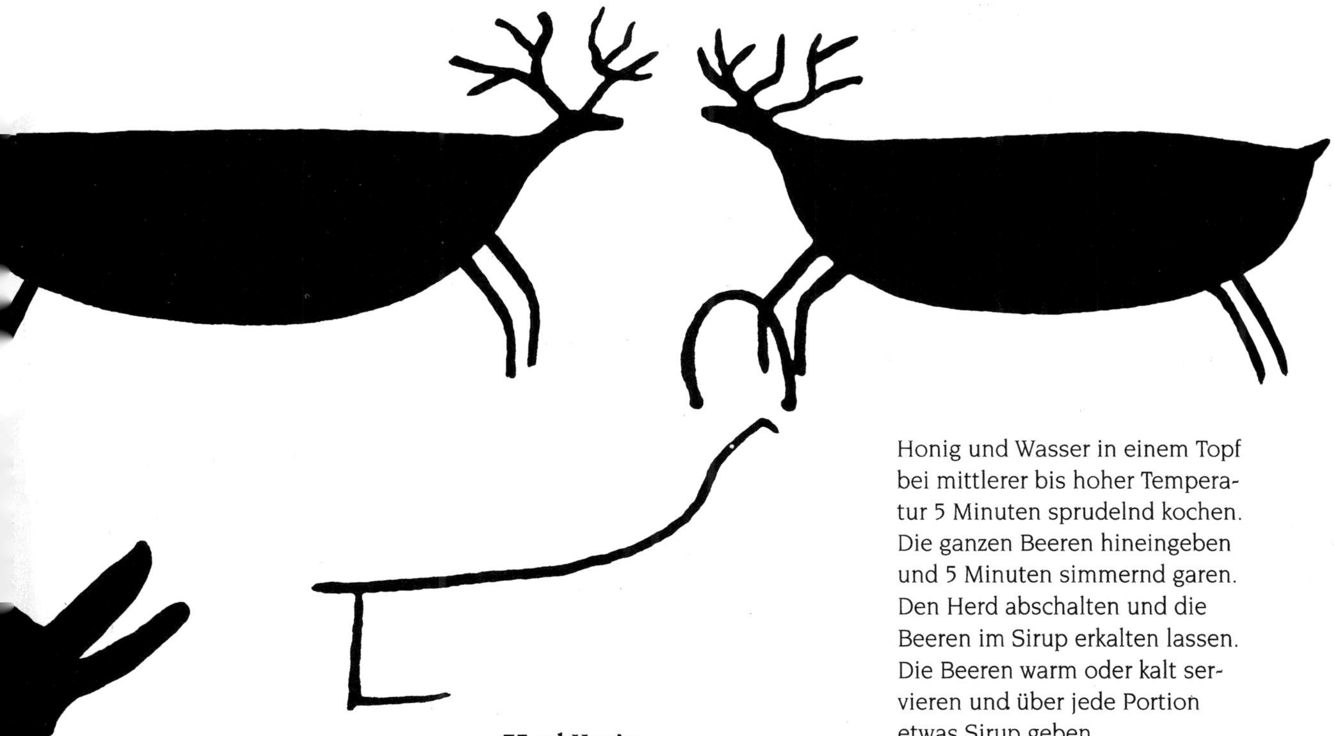

75 ml Honig
150 ml Wasser
500 g frische Erdbeeren, gewaschen und geputzt

Honig und Wasser in einem Topf bei mittlerer bis hoher Temperatur 5 Minuten sprudelnd kochen. Die ganzen Beeren hineingeben und 5 Minuten simmernd garen. Den Herd abschalten und die Beeren im Sirup erkalten lassen. Die Beeren warm oder kalt servieren und über jede Portion etwas Sirup geben.

Für 4–6 Personen

250 g Huckleberries oder Blaubeeren
375 g Mehl
100 g Zucker
1¼ TL Backpulver
3 Eier
110 ml Wasser
Öl zum Ausbacken

HUCKLEBERRY-KRAPFEN

Alle Nordwestküstenstämme sammelten und konservierten Beeren in großen Mengen. Die Pflückgebiete waren unter den Klanen genau abgesteckt, und Fremde mußten eine Pflückerlaubnis einholen.

Manche Arten von Huckleberries waren besonders begehrt, darunter die von der Küste. Um die winzigen schwarzen Küsten-Huckleberries zu ernten, streiften die Frauen der Lummi die Früchte zusammen mit dem Laub mit Hilfe hölzerner Kämme über ihren Körben von den Zweigen. Zu Hause ließ man den Korbinhalt über befeuchtete, geneigte Zedernplanken rollen, wobei die Blätter am Holz klebenblieben und die Beeren in die darunter aufgestellten Körbe kullerten. Heute werden die Beeren mit Zucker eingekocht und in Einmachgläser gefüllt, manchmal aber auch roh, einfach mit Zucker bedeckt, eingelagert. So eignen sie sich vorzüglich als Füllung für Krapfen.

Die Beeren waschen und gut abtropfen lassen. Mehl, Zucker und Backpulver in eine Schüssel sieben. Die Eier mit dem Wasser schaumig schlagen und rasch unter die Mehlmischung rühren. Die Beeren unterziehen. In einer schweren Pfanne mit hohem Rand reichlich Öl auf 180 °C erhitzen – die richtige Temperatur ist erreicht, wenn ein hineingetauchter Weißbrotwürfel in 1 Minute goldbraun ist.

Den Teig eßlöffelweise ins heiße Öl geben. Die Krapfen häufig drehen, damit sie eine gleichmäßige, goldbraune Färbung erhalten. Auf Küchenpapier abtropfen lassen und heiß servieren.

Ergibt 24 Stück

Huckleberry- und Cranberry-Krapfen

Der für diese Krapfen verwendete Teig ist eine süße Varian des Grundteigs für »Fry Bread«, wie er bei allen nordamerikanischen Indianern verbreitet ist. Typisch für die Küche des Nordwestens ist die Fruchtfüllung der Krapfen in Form einer einzelnen ganzen Beere. Am besten schmecken die Krapfen ganz frisch.

150 g frische Cranberries
180 g Mehl
150 g Zucker
1 EL Backpulver
¼ TL Salz
100 ml und 1 EL Milch
50 g dunkelbrauner Zucker
Öl zum Ausbacken
Puderzucker (nach Belieben)

CRANBERRY-KRAPFEN

Die Beeren waschen und auf Küchenpapier abtropfen lassen. Die trockenen Zutaten in eine Schüssel sieben. Langsam die Milch einrühren, so daß man einen festen Teig erhält. Mit gut eingemehlten Händen 1 Teelöffel Teig abnehmen und eine Vertiefung hineindrücken. Etwas braunen Zucker hineinstreuen und eine Beere hineinsetzen. Den Teig über der Füllung zusammendrücken. Die Kugeln sollten etwa die Größe einer großen Murmel besitzen. In einem hohen, schweren Topf reichlich Öl auf 190 °C erhitzen – zum Überprüfen der Temperatur einen Weißbrotwürfel hineingeben, der nach 30–40 Sekunden goldbraun sein muß. Die Krapfen ins heiße Fett geben und unter häufigem Wenden rundherum goldbraun ausbacken. Zum Abtropfen auf Küchenpapier geben. Nach Belieben unmittelbar vor dem Servieren mit Puderzucker bestäuben.

Ergibt etwa 36 Stück

(Abbildung S. 233)

CRANBERRY-GELEE

Frische und getrocknete Beeren spielten in der Ernährung der nordwestlichen Stämme eine wichtige Rolle. Wie der Skokomish-Koch Bruce Miller sagt, ist die wilde Cranberry, deren Größe etwa ein Viertel der im Handel angebotenen Cranberries beträgt, nur eine der zahlreichen Beerenarten im Nordwesten.

Früher wurden frische Beeren gegart, indem man sie lagenweise abwechselnd mit erhitzten Steinen in eine spezielle Kochkiste aus Zedernholz oder einen Korb aus dichtem Geflecht füllte. Je nachdem, um welche Beerenart es sich handelte und für welchen Zweck sie vorgesehen waren, ließ man sie anschließend, nachdem die Steine entfernt worden waren, ruhen, bis sie von selbst eindickten, oder man dickte sie mit zermahlenen getrockneten Beeren oder zerriebenen Stinkkohlblättern an. Danach wurden sie zu Kuchen geformt und auf mit Stinkkohlblättern ausgelegten Holzgestellen über einem Erlenholzfeuer getrocknet. Die fertigen Kuchen wurden gestapelt, mit weichem Zedernrindenbast zusammengebunden und an einem warmen, trockenen Platz gelagert.

Die Herstellung von Konfitüren und Gelees in der heutigen Form war in der Zeit vor dem ersten Kontakt mit den Europäern nicht üblich. Heute aber wird die reiche Beerenernte der Region gern auf diese Weise verarbeitet.

600 g Cranberries
900 ml Wasser
1 kg Zucker

Die Beeren mit dem Wasser in einen schweren Topf geben. Bei hoher Temperatur einmal aufkochen und dann auf niedriger Stufe 10–15 Minuten köcheln lassen, bis die Beeren weich sind. Einen großen Durchschlag mit einem einmal gefalteten Mulltuch auslegen und in einen großen Topf einhängen. Die Beeren mit dem Wasser hineingeben und 10–12 Stunden abtropfen lassen, ohne sie jedoch zu drücken. Den Siebinhalt wegwerfen. Den Zucker zum Beerensaft geben und alles bei mittlerer bis hoher Temperatur 15–20 Minuten kochen. In sterilisierte Gläser füllen und nach Belieben mit Paraffin versiegeln.

ANHANG

DIE WICHTIGSTEN ZUTATEN DER INDIANISCHEN KÜCHE

CAMAS-KNOLLE

Camas-Knollen waren eines der Hauptnahrungsmittel der Shoshone, Bannock und Flathead der Plateau-Region. Die Pflanze, auch »wilde Hyazinthe« oder »Prärieapfel« genannt, gehört zur großen Familie der Liliengewächse. Ihre Knollen haben einen hohen Zuckergehalt. Sie werden am Spieß geröstet oder zur Einlagerung flach gedrückt und an der Sonne getrocknet. Der Geschmack gerösteter Camas-Knollen wird als sehr süß und vanilleartig beschrieben. In modernen Rezepten werden die Knollen manchmal durch Datteln ersetzt. Die getrockneten Knollen könnte man geschmacklich mit milden süßlichen Zwiebeln vergleichen.

ANMERKUNG: Wegen der Verwechslungsgefahr sollen Camas-Knollen nur zur Blütezeit geerntet werden. Die eßbare Art trägt blaue Blüten, während eine giftige Art, die oft an den gleichen Stellen wächst, weiß blüht.

CHILISCHOTEN

Wie Kartoffeln und Tomaten gehören Chillies (*Capsicum frutescens*) zu den Nachtschattengewächsen. Weltweit werden mehr als 30 Chilisorten kommerziell angebaut. Sie sind sehr reich an Vitamin A und C und kalorienarm.

Archäologische Funde ergaben, daß Chilischoten seit etwa 7 000 v. Chr. in Mittel- und Südamerika kultiviert wurden. Kolumbus entdeckte sie auf den Westindischen Inseln und brachte sie Ende des 15. Jahrhunderts nach Europa, und durch europäische Händler kamen sie nach Afrika und Asien, wo sie heute aus den verschiedenen Küchen nicht mehr wegzudenken sind.

In der indianischen Küche des amerikanischen Südwestens werden Chillies verwendet, seit sie im 16. Jahrhundert von den Spaniern aus Mexiko eingeführt wurden.

Nachfolgend sind die wichtigsten der dort gebräuchlichen Chillies, beginnend mit den milderen Sorten, aufgelistet:

Anaheim Diese etwa 15 cm langen, leicht verdrehten Chilischoten variieren farblich von Grün bis Rot und geschmacklich von mild bis mittelscharf. Die roten Schoten findet man seltener, dagegen werden die grünen Schoten überall in Nordamerika angeboten. Man verwendet sie frisch, geröstet oder auch getrocknet und gemahlen. Aus den getrockneten Anaheim-Chillies werden im Südwesten meist die langen Ketten und Kränze – *ristras* – gefertigt.

Poblano Diese grünen milden, aber geschmacksintensiven Schoten werden vorwiegend frisch gegessen. Mit ihrer glatten, glänzenden Haut erinnern sie ein wenig an kleine, leicht abgeflachte grüne Paprikaschoten, allerdings laufen sie spitz zu. Sie lassen sich gut füllen, werden aber auch oft, in feine Streifen (*rajas*) geschnitten oder gehackt, an andere Speisen gegeben. Man kann sie auch durch grüne Paprikaschoten ersetzen. Getrocknete Poblanos werden meist als *chiles anchos* angeboten, in Texas aber auch *pisados* und in Kalifornien *pasillas* genannt.

Jalapeño Unter den frischen, feurigen Chillies nehmen sie in den Vereinigten Staaten eine Favoritenrolle ein. Farblich variieren sie von Grün bis Rot. Jalapeños werden oft geröstet und enthäutet, aber ebenso roh gegessen oder eingelegt (*en escabeche*). Getrocknet und geräuchert heißen sie *chiles chipotles*.

Serrano Kleiner, schärfer und die Form etwas stärker zugespitzt als die der Jalapeños, finden sich diese grünen bis roten Schoten oft in Rohkostsalaten, aber auch in Öl oder Essig eingelegt.

Piquín Diese grünen bis roten Chillies sind eine typische Zutat im Norden New Mexicos. Sie sind schlank, etwa 7,5 cm lang und scharf. Man verwendet sie frisch oder getrocknet und gemahlen.

Chiltepín Die winzigen roten Schoten wachsen wild in den Cañons Südarizonas und Nordmexikos. Sie sind sehr scharf. Schon eine oder zwei geben einem Eintopf eine geradezu atemberaubende Würze.

Der Umgang mit Chillies

Scharfe Chillies sollte man nur mit Gummihandschuhen anfassen und jeden direkten oder indirekten Kontakt mit den Augen vermeiden. Capsaicin, die Quelle ihrer Schärfe, ist konzentriert in den Samen und Scheidewänden enthalten. Wenn man diese aus den aufgeschlitzten Schoten entfernt, kann man deren Geschmack mildern.

Chillies enthäuten

Frische Chillies werden oft vor der weiteren Verwendung geröstet und enthäutet. So verbessert sich ihr Geschmack, und sie sind leichter verdaulich. Die Schoten werden zunächst am Stielende etwas eingeschnitten. Den Backofen auf 200 °C vorheizen. Die Chillies nebeneinander auf ein Backblech geben und unter mehrmaligem Wenden rösten, bis die Schale ringsum Blasen bildet und beginnt schwarz zu werden, dabei darauf achten, daß das Fruchtfleisch nicht verbrennt. Kleinere Mengen kann man auch direkt über der Flamme des Gasherdes oder auf dem Gartengrill rösten. Die gerösteten Schoten mit einem feuchten Tuch abdecken und etwas abkühlen lassen. Anschließend die Haut abziehen und Reste sorgfältig abkratzen.

Chillies einfrieren

Am besten gibt man die gerösteten und abgekühlten, aber noch nicht enthäuteten Schoten in eine Tiefkühldose. So halten sie sich bis zu einem Jahr. Vor der Verwendung auftauen lassen, bis die Chillies sich voneinander lösen, und dann die Haut abziehen. Gehackte Chillies lassen sich ebenfalls einfrieren, halten aber nur bis zu sechs Monate.

EICHELN

In verschiedenen Regionen Nordamerikas nutzte die indianische Bevölkerung Eicheln als Nahrung, in Kalifornien waren sie sogar ein Grundnahrungsmittel. Einige Eicheln, wie die der Weißeiche, können auch roh gegessen werden, die meisten aber muß man vorbehandeln, um ihnen die Gerbstoffe zu entziehen.

Die Methoden hierfür variieren von Gebiet zu Gebiet. Bei der einfachsten, die wir kennengelernt haben, werden die geschälten Eicheln in einem großen Topf mit Wasser bedeckt und 30 Minuten gekocht. Man gießt sie ab und wiederholt den Vorgang jeweils mit frischem Wasser noch mindestens zweimal, bis das Wasser die Farbe von sehr hellem Tee angenommen hat und die Eicheln nicht mehr bitter schmecken. Danach werden sie an der Sonne oder im Backofen bei 65 °C langsam getrocknet und dann zu feinem Mehl gemahlen oder zu gröberem Schrot gehackt. Feines Eichelmehl und grobes Schrot wird, gemischt mit Weizenmehl, zu Broten und Plätzchen verbacken. Aus dem groben Schrot werden nahrhafte Suppen und Breie zubereitet.

EULACHON- ODER KERZENFISCHÖL

Der Eulachon – oder Kerzenfisch – gehört zur Familie der Stinte. Sein Fleisch ist so fettreich, daß es mit einem durchgezogenen Docht wie eine Kerze brennt. Das Öl wird als Würze für Lachs und als Zutat in Süßspeisen aus Beeren verwendet. Es ist zwar noch immer hier und da im Nordwesten der Vereinigten Staaten erhältlich, doch wird dem etwas milder schmeckenden Öl eingelegter Sardinen inzwischen oft der Vorzug gegeben.

KAKTUSFEIGEN

Die Früchte des Feigenkaktus sind im Südwesten der Vereinigten Staaten das ganze Jahr über erhältlich. Vor der weiteren Verwendung müssen die Früchte geschält werden. Dazu trägt man am besten Handschuhe: Beide Enden der Früchte werden abgeschnitten, die Schale wird der Länge nach eingeritzt und abgezogen.

KOCHASCHE

Schon früh hatten die Indianer erkannt, daß sich durch Zugabe von Holzasche der Mineralstoffgehalt von Mais und die Menge des Proteins, das dem Körper damit zur Verfügung steht, erhöhen ließ. Das in der Asche enthaltene Alkali ergänzt die im Mais in nur geringen Mengen vorhandenen Aminosäuren und macht ihn damit zu einem wertvollen Lebensmittel mit ausgewogenem Nährstoffgehalt. Kochasche wird durch vollständiges Verbrennen von Hartholz, Sträuchern oder krautigen Pflanzen hergestellt.

Während die im Südosten ansässigen Creek und Seminolen Hickory-Holz verwenden, bevorzugen die Köche der Navajo im Südwesten Wacholderzweige und die Hopi den »chamisa bush« (*Adenostoma fasciculatum*). Asche wurde auch als Gewürz und als Backtriebmittel für Maisbrote verwendet. Heute nimmt man dafür aber meist Natron.

MAIS

Mais ist wahrscheinlich das wichtigste Nahrungsmittel der nordamerikanischen Indianer überhaupt. Neben den fünf indianischen Hauptvarietäten gibt es zahlreiche Kreuzungen. Bei dem frischen Mais, den wir heute essen, handelt es sich um eine voll ausgereifte Zuchtvariante des Zuckermaises. Bis in die zwanziger Jahre unseres Jahrhunderts aß man dagegen die unreifen Kolben verschiedenster Maisarten. In der indianischen Küche werden unter anderem die nachfolgend genannten Maisprodukte verwendet:

Atole Feingemahlenes, geröstetes blaues Maismehl. Die Hopi mischen aus Atole, Milchpulver, Zucker und Wasser ein traditionelles Getränk gleichen Namens.

Chicos Getrocknete, ganze Maiskörner mit intakter Haut, die in Wasser eingeweicht und dann gar gekocht werden.

Gedarrter Mais Im ganzen geröstete Maiskörner, die in Wasser eingeweicht und gar gekocht werden.

Grits Getrocknetes Hominy, das zu grobem Schrot gemahlen wurde. Man bereitet daraus einen Brei, der zum Frühstück oder als Beilage serviert wird.

Hominy Das anglisierte Algonkin-Wort bezeichnet frische oder getrocknete Maiskörner, die in Wasser mit Hartholzasche, ungelöschtem Kalk oder Ätznatron eingeweicht oder gekocht wurden, bis sich die harte Außenhaut löst. Hominy wird entweder gleich danach gründlich abgespült und gekocht oder gemahlen, oder aber man trocknet es wieder und kann es so lagern. Im Südwesten wird es oft auch »Posole« genannt.

Masa Grobes Maismehl, hergestellt durch Mahlen von frischem Hominy. Es wird für Tortillas und Tamales verwendet.

Masa harina Mehl aus getrocknetem Hominy.

MAISHÜLLBLÄTTER

Die Hüllblätter der Maiskolben sind frisch oder getrocknet ausgezeichnet geeignet zum Einwickeln von Speisen, die gedämpft werden sollen. Getrocknete Maishüllblätter müssen vor der weiteren Verwendung etwa eine halbe Stunde in heißem Wasser eingeweicht werden.

NOPALES

Die flachen Glieder oder »Blätter« des Feigenkaktus sind in den trockenen Regionen Nordamerikas ebenso wie in Mexiko ein beliebtes Nahrungsmittel. Ganze frische Nopales müssen sehr sorgsam vorbereitet werden. Mit Handschuhen geschützt, werden die Höcker mit den daraufsitzenden Stacheln mit einem sehr scharfen Messer entfernt. Dann schneidet man die verdickte Basis und die Ränder der Nopales ab. Das Fleisch wird, gewürfelt oder in Scheiben geschnitten, für Salate, Saucen, Gemüse- und Eiergerichte verwendet. Frische Nopales sind in Europa kaum erhältlich, man kann sie aber durch eingelegte Nopales ersetzen.

PINIENKERNE

Die Samen der Zapfen einer zwergwüchsigen Pinienart im Südwesten der Vereinigten Staaten sind ein wichtiges Nahrungsmittel der Indianer. Die geschälten Pinienkerne sind kleiner als die bei uns im Handel erhältlichen italienischen Pinienkerne, lassen sich aber gut durch diese ersetzen.

SORGHUMSIRUP

Dieser Sirup schmeckt etwas kräftiger und nicht ganz so süß wie Zuckerrohrsirup. Dennoch sind beide Produkte in den meisten Rezepten austauschbar.

WILDE PERSIMONEN

Überall im Südosten der USA findet man in freier Natur die walnußgroßen Früchte mit ihrem unverwechselbaren Geschmack. Wie die japanischen Hachiya-Persimonen sollten sie nur voll ausgereift gegessen werden.

BIBLIOGRAPHIE

ALLGEMEIN

Driver, Harold E. *Indians of North America*. Chicago: University of Chicago Press, 1969.
Eagle Walking Turtle. *Indian America*. Santa Fe, NM: John Muir Publications, 1989.
Fussell, Betty. *I Hear America Cooking*. New York: Viking Press, 1986.
Grant, Bruce. *Concise Encyclopedia of the American Indian*. New York: Bonanza Books, 1989.
Hays, Wilma / Vernon R. *Foods the Indians Gave Us*. New York: Ives Washburn, Inc., 1973.
Houston, Alice Watson. *The American Heritage Book of Fish Cookery*. New York: American Heritage Publishing Company, 1980.
Kavasch, Barrie. *Native Harvest*. New York: Random House, 1979.
Kimball, Yeffe / Anderson, Jean. *The Art of American Indian Cooking*. Garden City, NY: Doubleday & Co., 1965.
Reader's Digest. *America's Fascinating Indian Heritage*. Pleasantville, NY: Reader's Digest Association, 1978.
Sokolov, Raymond. *Fading Feast*. New York: Farrar, Straus & Giroux, 1981.
Stoutenburgh, John, Jr. *Dictionary of the American Indian*. New York: Bonanza Books, 1960.
Weatherford, Jack. *Indian Givers*. New York: Crown Publishers, 1988.
Williamson, Darcy / Railsback, Lisa. *Cooking with Spirit, North American Indian Food and Fact*. Bend, OR: Maverick Publications, 1988.

SÜDOSTKÜSTE UND WALDLAND

Bumgarner, Rubye Alley. *Sunset Farms*. Franklin, NC: Macon Graphics, 1980.
Buikstra, Jane E. »The Lower Illinois River Region: A Prehistoric Context for the Study of Ancient Diet an Health« *Paleopathology at the Origins of Agriculture*, Mark Nathan Cohen u. George J. Armelagos, eds. New York: Academic Press, 1984.
Harriot, Thomas. *A Brief and True Report of the New Found Land of Virginia: The Complete 1590 Theodor de Bry Edition*. New York: Dover Publications, 1970.
Harris, Gladiola B. *Old Trace Cooking*. Memphis, TN: Riverside Press, 1988.
Lewis, H. Larson. *Aboriginal Subsistence Technology on the Southeastern Coastal Plain During the Late Prehistoric Period*. Gainesville: University Press of Florida, 1980.
Marriott, Alice / Rachlin, Carol K. *American Indian Mytholgy*. New York: New American Library, 1968.
Mooney, James. *Myths of the Cherokee*, Nineteenth Annual Report of the Bureau of American Ethnology. Nashville, TN: Charles and Randy Elder, 1982.
Whisler, Frances Lambert. *Indian Cooking*. Chattanooga, TN: Nowega Press, 1973.

NORDOSTKÜSTE UND WALDLAND

Aeisberger, David. *David Aeisberger's History of the North American Indians*, Archer Butler Hulbert and William Nathaniel Schwarze, eds. Columbus: Ohio State Archaeological and Historical Society, 1910.
Bruchac, Joseph. *The Faithful Hunter: Abnaki Stories*. Greenfield Center, NY: Greenfield Review Press, 1988.
Morgan, Henry Lewis. *League of the Iroquois*. New York: Corinth Books, 1962.
Richard, Asa Yarnell. *Aboriginal Relationships Between Culture* und *Plant Life in the Upper Great Lakes Region*. Anthropological Papers, Museum of Anthropology, University of Michigan, No. 23. Ann Arbor: University of Michigan, 1964.
Tantaquidgeon, Gladys. *Folk Medicine of the Delaware and Related Algonkian Indians*, Anthropological Series No. 3. Harrisburg, PA: Commonwealth of Pennsylvania Historical and Museum Commission, 1972.
Thomas, Vennum. *Wild Rice and the Ojibay People*. St. Paul: Minnesota Historical Society Press, 1988.

GREAT PLAINS

Black Elk, Wallace / Lyon, William S. *Black Elk, the Sacred Ways of a Lakota*. San Francisco: Harper & Row, 1990.

Densmore, Frances. *How Indians Use Wild Plants for Food, Medicine & Crafts*. New York: Dover Publications, 1974.

Gilmore, Melvin R. *Uses of Plants by the Indians of the Missouri River Region*. Lincoln, NE: University of Nebraska Press, 1977.

Hungry Wolf, Beverly. *The Ways of My Grandmothers*. New York: William Morrow and Company, 1980.

McPherson, John u. Geri. *Primitive Wilderness Cooking Methods*. Manhattan, KS: Ag Press, 1990.

Walker, Herb. *Indian Cooking*. Amarillo, TX: Baxter Lane Co., 1977.

Wilson, Gilbert L. *Buffalo Bird Woman's Garden*. St. Paul: Minnesota Historical Society Press, 1987.

SÜDWESTEN

Basso, K. H. / Opler, M. E, eds., »Apachean Culture, History and Ethnology«, Anthropological Papers of the University of Arizona Press, 21. Tucson, AZ: University of Arizona Press, 1971.

Brugge, E. D. *A History of the Chaco Navajos*, Reports of the Chaco Center, No. 4, Division of Chaco Research, National Park Service. Albuquerque, NM: National Park Service, 1980.

Cushing, F. H. *Zuni Breadstuffs*, Indian Notes and Monographs VIII. New York: Heye Foundation, 1920.

deBenitez, A. M. *Prehispanic Cooking*. Mexico: Klaus Thiele, 1974.

Dyk, Walter. *Son of Old Man Hat*. Lincoln, NE: University of Nebraska Press, 1967.

Evers, L., ed. »Between Sacred Mountains«. Tucson, AZ: University of Arizona Press, 1984.

Franciscan Fathers. *An Ethnographic Dictionary of the Navajo Language*. Saint Michael's, AZ: Saint Michael's Press, 1968.

Hesse, Zora. *Southwestern Indian Recipe Book*. Palmer Lake, CO: Filter Press, 1973.

Hughes, Phyllis. *Recipes from the Pueblos of the American Southwest*. Santa Fe, NM: Museum of New Mexico Press, 1984.

Keegan, Marcia. *Southwest Indian Cookbook*. Weehawken, NJ: Clear Light Publications, 1977.

Kennedy, Diana. *The Tortilla Book*. New York: Harper and Row, 1975.

Kluckhohn, C. / Leighton, D. *The Navajo*. New York: Doubleday and Co., 1962.

Lister, Robert H. u. Florence C. *Those Who Came Before*. Tucson, AZ: University of Arizona Press, 1983.

Luckert, Karl W. *The Navajo Hunter Tradition*. Tucson, AZ: University of Arizona Press, 1975.

Niethammer, Carolyn. *American Indian Food and Lore*. New York: Collier Books, Macmillan Publishing Co., 1974.

Parsons, E. C. *Pueblo Indian Religion*, Vol I. Chicago: University of Chicago Press, 1939.

Reichard, Gladys A. *Navajo Religion*. Bollingen Series XVIII (1950), 2nd ed., Princeton: Princeton University Press, 1970.

Roberts, J. M. *Three Navajo Households*. Papers of the Peabody Museum of American Archaeology and Ethnology XL (1951), Krauss reprint, 1973.

Roessel Jr., R. A. *Dinetah, Navajo History*, Vol II. Rough Rock, AZ: Navajo Curriculum Center, 1983.

Russel, F. *The Pima Indians*, Twenty-Sixth Annual Report of the Bureau of American Ethnology, 1904–1905, Smithsonian Institution, Washington, DC (1908). Tucson, AZ: University of Arizona Press, 1975.

Scully, Vincent. *Pueblo: Mountain, Village, Dance*. New York: Viking Press, 1975.

Spicer, E. H. *Cycles of Conquest*. Tucson, AZ: University of Arizona Press, 1972.

Tiger Kavena, Juanita. *Hopi Cookery*. Tucson AZ: University of Arizona Press, 1987.

Underhill, Ruth. *Here Come the Navajo*. Washington, DC: U.S. Department of the Interior, Bureau of Indian Affairs, 1953.

–, *The Papago and Pima Indians of Arizona*. Palmer Lake, CO: Filter Press, 1979.

–, *People of the Crimson Evening*. Washington, DC: U.S. Department of the Interior, Bureau of Indian Affairs, 1951.

–, *Workday Life of the Pueblo*. Washington, DC: U.S. Department of the Interior, Bureau of Indian Affairs, 1954.

Waters, R. *Book of the Hopi*. New York: Viking Press, 1963.

Yazzie, E. *Navajo History*. Vol. I, Navajo Curriculum Center, Chinle, AZ: Rough Neck Demonstration School, 1971.

WESTEN

Barrett, S. A. / Gifford, E. W. »Indian Life of the Yosemite Region«, Milwaukee, WI: Bulletins of the Milwaukee Public Museum 2, 1933.

Batdorf, C. *Northwest Native Harvest*. Blaine, WA: Hancock House Publishers, 1990.

Boas, F. *Ethnology of the Kwakiutl*. Thirty-Fifth Annual Report of the Bureau of American Ethnology, 1913–1914. Washington, DC: Smithsonian Institution, 1921.

de Laguna, F. *Under Mount Saint Elias: The History and Culture of the Yakutat Tlingit*. Smithsonian Contributions to Anthropology 7, Pt. 1, 1972.

Gunther, E. *Indian Life on the Northwest Coast*. Chicago: University of Chicago Press, 1972.

Kirk, Ruth. *Tradition and Change on the Northwest Coast*. Seattle: University of Washington Press, 1986.

Krause, Aurel. *The Tlinget Indians*. Seattle: University of Seattle Press, 1985.

McMillan, A. D. *Native Peoples and Cultures of Canada*. Vancouver, BC: Douglas and McIntyre, 1988.

Spencer, Robert F. / Jennings, Jesse D. et al. *The Native Americans*. New York: Harper and Row, 1965.

Underhill, Ruth. *Indians of the Pacific Northwest*. Washington, DC: Bureau of Indian Affairs, 1945.

NACHWEIS DER FOTOREQUISITEN

Seite 2: Teppich und Kachina-Figur, Sammlung Harriet und Seymour Koenig.

Seite 6: Schild der Bear Society, Leihgabe von Prairie's Edge, Santa Fe, New Mexico.

Seite 31: Korb der Cherokee, Leihgabe von The Common Ground, New York.

Seite 34: Korb der Apache und prähistorische Steinpfeife, Leihgabe von The Common Ground, New York.

Seite 43: Rock der Seminolen, Leihgabe von The Common Ground, New York.

Seite 57: Pfeile, Leihgabe der Friedman Gallery, Westport, Connecticut; Schneidbrett, Leihgabe von Pat Guthman Antiques, Southport, Connecticut.

Seite 64: Bohnentopf, Leihgabe von Canyon Road, New Canaan, Connecticut; Schöpflöffel aus Holz, Leihgabe der Friedman Gallery, Westport, Connecticut; Kuhhornlöffel mit Quillverzierung, ca. 1880, Leihgabe von Historic North American Indian Art, New York.

Seite 69: Maske der Seneca, ca. 1890–1910, Leihgabe von Historic North American Indian Art, New York; Holzschüssel und -löffel aus dem Nordosten, 18. Jahrhundert, Leihgabe von Pat Guthman Antiques, Southport, Connecticut.

Seite 77: Birkenrindenkorb der Ojibwa, Leihgabe von Canyon Road, New Canaan, Connecticut; perlenbesticktes Täschchen der Irokesen, ca. 1880, Leihgabe von Historic North American Indian Art, New York; Flintangelhaken der Irokesen, ausgegraben in New York State, Leihgabe von Guthman Americana, Westport, Connecticut.

Seite 80: Mokassin der Irokesen, ca. 1870, Leihgabe von Historic North American Indian Art, New York; Holzschale, Leihgabe von Canyon Road, New Canaan, Connecticut.

Seite 83: Perlenbestickte Schärpe der Winnebago aus dem 19. Jahrhundert, Leihgabe von Historic North American Indian Art, New York.

Seite 91: Holzlöffel und -schöpfkelle, Leihgabe von Guthman Americana, Westport, Connecticut; Birkenrindenschachtel der Algonkin, Leihgabe von Historic North American Indian Art, New York.

Seite 94: Birkenrindenbehälter der Penobscot und Birkenrindendose mit Quillverzierung der Ojibwa, Leihgabe von Historic North American Indian Art, New York.

Seite 105: Thunderbird-Tanzstab, Leihgabe von Prairie's Edge, Santa Fe, New Mexico.

Seite 108: Medizinbecher der Sioux, aus Kuhhorn gefertigt, Leihgabe von Historic North American Indian Art, New York.

Seite 112: Geistertanzhemd, -trommel und -trommelschlegel, Leihgabe von Prairie's Edge, Santa Fe, New Mexico.

Seite 115: Buffalo-Schild, Leihgabe von Prairie's Edge, Santa Fe, New Mexico; Hintergrundbemalung von Mary Beth Thielhelm.

Seite 119: Rotten-Belly-Schild und -Rassel, Leihgabe von Prairie's Edge, Santa Fe, New Mexico.

Seite 122–123: Hirschfellteppich und Thunder-Horse-Stab, Leihgabe von Prairie's Edge, Santa Fe, New Mexico; perlenbestickter Tabakbeutel, Sammlung Harriet und Seymour Koenig.

Seite 126: Hintergrundbemalung von Mary Beth Thielhelm.

Seite 129: Messer mit Griff aus Hirschhorn, Leihgabe von Prairie's Edge, Santa Fe, New Mexico.

Seite 133: Bemalte Hirschhaut, Leihgabe von Prairie's Edge, Santa Fe, New Mexico; perlenbestickte Handschuhe der Sioux, Leihgabe der Friedman Gallery, Westport, Connecticut.

Seite 141: Puppen der Apache, Sammlung J. M. Eppinger.

Seite 144: Schüssel der Zuni, Sammlung Harriet und Seymour Koenig.

Seite 149: Lebensmittelkartenhülle der Sioux, ca. 1885–1895, Leihgabe von Historic North American Indian Art, New York.

Seite 153: Silberne Kürbisblüten-Halskette und Holzschale, Leihgabe von The Common Ground, New York.

Seite 156: Feldflasche der Papago, Leihgabe von Historic North American Indian Art, New York.

Seite 161: Korb der Apache, Leihgabe von The Common Ground, New York; Teppich der Navajo, Privatsammlung.

Seite 168: Teppich und Squash-Kachina, Sammlung Harriet und Seymour Koenig.

Seite 173: Kopfputz der Hopi, Sammlung Harriet und Seymour Koenig.

Seite 176: Armreif der Zuni, Leihgabe von Historic North American Indian Art, New York.

Seite 180: Gürtel mit Silber-Conchas, Leihgabe von The Common Ground, New York.

Seite 185: Zuni-Bear-Fetisch, Leihgabe von Historic North American Indian Art, New York; Teppich der Navajo, Privatsammlung.

Seite 192: Teppich der Navajo, Privatsammlung.

Seite 201: Totem der Tlingit, ca. 1910–1920, Leihgabe von Jeffrey R. Myers Primitive Arts, New York; Tonschale, Leihgabe von American Classics Gallery, Westport, Connecticut; Hintergrundbemalung von Mary Beth Thielhelm.

Seite 204: Löffel, Leihgabe von The Common Ground, New York; Hintergrundbemalung von Mary Beth Thielhelm.

Seite 213: Elk-Dreamer-Antler-Reitpeitsche, Leihgabe von Prairie's Edge, Santa Fe, New Mexico; Hintergrundbemalung von Mary Beth Thielhelm.

Seite 216–217: Hintergrundbemalung von Mary Beth Thielhelm.

Seite 221: Löffel aus Ziegenhorn der Haida, ca. 1880, Leihgabe von Jeffrey R. Myers Primitive Arts, New York.

Seite 224: Heilbutthaken der Tlingit mit Darstellung eines Schamanen und eines Wolfsjungen, ca. 1870, Leihgabe von Jeffrey R. Myers Primitive Arts, New York.

Seite 232–233: Figur der Maricopa, Leihgabe von The Common Ground, New York; Hintergrundbemalung von Mary Beth Thielhelm.

NACHWEIS DER SCHMUCKLEISTEN UND VIGNETTEN

Seite 1: Pecos, New Mexico, Keramikmuster, aus *Decorative Art of the Southwestern Indians* von Dorothy Smith Sides (New York: Dover Publications, 1961). Abdruck mit freundlicher Genehmigung.

Seite 7: Felsmalerei aus Ralls County, Missouri, aus *Rock Art of the American Indian*, verfaβt und illustriert von Campbell Grant (New York: Thomas Y. Crowell Company, 1967). © Campbell Grant. Abdruck mit freundlicher Genehmigung.

Seite 14: Pecos, New Mexico, Keramikmuster, aus *Decorative Art of the Southwestern Indians*.

Seite 15: Schmuckleisten und Symbol aus *American Indian Design & Decoration* von LeRoy H. Appleton (New York: Dover Publications, Inc., 1971). Abdruck mit freundlicher Genehmigung.

Seite 18: Eingeritztes Keramikmuster aus den Südappalachen, aus *American Indian Design & Decoration*.

Seite 19: Halsbandanhänger aus Muschelschale, oben mit zwei Spechten, unten mit zwei Truthähnen, aus *Etowah Papers* von Warren King Moorehead (New Haven: Yale University Press, 1932).

Seite 20: Keramikmuster aus Mississippi, aus *American Indian Design & Decoration*.

Seite 21: Rote Felsmalerei aus Meyer Springs, Texas, aus *Rock Art of the American Indian*.

Seite 22: Schmuckleiste und untere Vignette, Korbflechtmuster der Cherokee; Sonne und Mond oder Mond und Stern der Seminolen, aus *American Indian Design & Decoration*.

Seite 24: siehe S. 18.

Seite 25: Ein Element des Grünmaisfests (*boskita*) der Creek, Gravierung auf Muschelschneckenschale, gefunden in Spiro Mounds, Oklahoma, aus *America's Ancient Treasures* von Franklin und Mary Elting Folsom, Illustrationen © Rachel Folsom (Albuquerque: University of New Mexico Press, 1983). Abdruck mit freundlicher Genehmigung.

Seite 26: Schmuckleiste, Keramikmuster aus den Südappalachen, aus *Authentic Indian Designs: 2500 Illustrations from Reports of the Bureau of American Ethnology*, ed. Marcia Naylor (New York: Dover Publications, 1975). Vignette, Muster aus dem Südosten, aus *American Indian Design & Decoration*. Abdruck mit freundlicher Genehmigung.

Seite 27: Keramikmuster aus den Südappalachen, aus *American Indian Design & Decoration*.

Seite 28: Schmuckleiste, siehe S. 20. Eingeritztes Keramikmuster der Cherokee, aus *American Indian Design & Decoration*.

Seite 30: siehe S. 18.

Seite 32: Regenbogenmuster für Perlenstickerei der Seminolen, aus *American Indian Design & Decoration*.

Seite 33: Bärenspuren, Relief, North Carolina, aus *Rock Art of the American Indian*.

Seite 35: siehe S. 22.

Seite 36: siehe S. 20.

Seite 37: Muschelgravierung, Tennessee, aus *American Indian Design & Decoration*.

Seite 38: siehe S. 26.

Seite 40: Schmuckleiste, siehe S. 22. Vignette, aus *American Indian Design & Decoration*.

Seite 41: Vignette, aus *Authentic Indian Designs*.

Seite 42: siehe S. 20.

Seite 44: siehe S. 18.

Seite 45: Steinscheibe mit Schlange und Hand aus Carthage, Alabama, aus *Authentic Indian Designs*.

Seite 46: Schmuckleiste, siehe S. 20. Vogel mit Sprachsymbol, Relief, östliches Missouri, aus *Rock Art of the American Indian*.

Seite 48: siehe S. 32.

Seite 49: Thunderbird-Darstellung, Relief, Missouri, aus *Rock Art of the American Indian*.

Seite 50: siehe S. 26.

Seite 51: Geflügelte Schlange aus Mississippi, aus *Elements of Southeastern Indian Religion* von Charles Hudson (Leiden: E. J. Brill, 1984).

Seite 52: siehe S. 18.

Seite 53: Schmuckleisten, aus *American Indian Design & Decoration*. Graviertes Adena-Täfelchen, aus *Prehistory of North America* von Jesse D. Jennings (New York: McGraw-Hill, 1968).

Seite 58: Irokesen-Muster aus geflochtenem Elchhaar, aus *American Indian Design & Decoration*.

Seite 59: Irokesen-Muster, aus *American Indian Design & Decoration*.

Seite 62–63: Schmuckleiste, Menomini-Muster, perlengesticktes Muster einer gewebten Menomini-Tasche, aus *American Indian Design & Decoration*.

Seite 65: siehe S. 58.

Seite 66–67: Schmuckleiste, Muster für Perlenstickerei der Potawamani; Perlenstickerei auf Stoff der Östlichen Cree, aus *American Indian Design & Decoration*.

Seite 68: Mohawk-Muster aus geflochtenem Elchhaar, aus *American Indian Design & Decoration*.

Seite 70–71: Schmuckleiste, siehe S. 58. The Iroquois Washington Covenant Belt, aus *American Indian Design & Decoration*.

Seite 72: Muster einer gewebten Tasche der Menomini, aus *American Indian Design & Decoration*.

Seite 73: Quillwork-Muster auf Rehledertasche der Ojibwa, aus *American Indian Design & Decoration*.

Seite 74: Schmuckleiste, siehe S. 62. Graviertes Adena-Täfelchen, aus *Prehistory of North America*.

Seite 75: Graviertes Adena-Täfelchen, aus *Prehistory of North America*.

Seite 76: siehe S. 66.

Seite 78: siehe S. 68.

Seite 79: Thunderbird und andere Algonkin-Figuren, Relief, Susquehanna River, Pennsylvania, aus *Rock Art of the American Indian*.

Seite 82: siehe S. 72.

Seite 84: Schmuckleiste, siehe S. 62. Gravur von Kranichen, Wisconsin, aus *Rock Art of the American Indian*.

Seite 86: siehe S. 58.

Seite 88: Schmuckleiste, siehe S. 66. Vogelklauenmotiv aus Hopewell, Ohio, aus *Indian Art in North America: Arts and Crafts* von Frederick J. Dockstader (Greenwich, CT: New York Graphic Society, 1960).

Seite 89: Handdarstellung aus Hopewell, Ohio, aus *Indian Art in North America*.

Seite 90: siehe S. 68.

Seite 92: siehe S. 72.

Seite 93: Graviertes Adena-Täfelchen, aus *Prehistory of North America*.

Seite 95: siehe S. 62.

Seite 96: Schmuckleiste, siehe S. 68. Rührlöffel für Ahornsirup, aus *Pleasing the Spirit* von Douglas C. Ewing (New York: Ghylen Press, 1982).

Seite 97: Schmuckleisten, aus *American Indian Design & Decoration*. Berittener Krieger, aus *Rock Art of the American Indian*.

Seite 102: Arapaho-Muster auf bemalter Rohledertasche, aus *American Indian Design & Decoration*.

Seite 103: Detail einer bemalten Bisonrobe der Pawnee, aus *Rock Art of the American Indian*.

Seite 104: Hidatsa-Muster einer bemalten Bisonrobe, aus *American Indian Design & Decoration*.

Seite 106: Schmuckleiste, Quillwork-Muster der Blackfoot, aus *American Indian Design & Decoration*. Als Relief gearbeitete Figur, Wyoming, aus *Rock Art of the American Indian*.

Seite 107: Rote Felsmalerei aus Meyer Springs, Texas, aus *Rock Art of the American Indian*.

Seite 109: Schildbemalung, aus *Pleasing the Spirits*.

Seite 110: Schmuckleiste, Muster der Nez Percé auf gewebter Tasche, aus *American Indian Design & Decoration*. Stilisierte gravierte Figur, Rice County, Kansas, aus *Rock Art of the American Indian*.

Seite 111: Stilisierte gravierte Figuren, Rice County, Kansas, aus *Rock Art of the American Indian*.

Seite 113: siehe S. 104.

Seite 114: Dakota-Bordüre, aus *American Indian Design & Decoration*.

Seite 116: Schmuckleiste, siehe S. 106. Gravierte Schildfigur, Castle Gardens, Wyoming, aus *Rock Art of the American Indian*.

Seite 117: Links, rot gemalte Schildfigur, Fergus County, Montana; rechts, als Relief gearbeitete Schildfigur, White Canyon, Utah, aus *Rock Art of the American Indian*.

Seite 118: siehe S. 102.

Seite 120–121: Schmuckleiste, siehe S. 110. Bison, aus *American Indian Art* von Norman Feder (New York: Abrams, 1971).

Seite 122: siehe S. 104.

Seite 124: Schmuckleiste, siehe S. 106. Gravierter Fuß aus Nebraska, aus *Rock Art of the American Indian*.

Seite 125: Thunderbird und rituelle Figur, Medicine Rapids, Saskatchewan, aus *Rock Art of the American Indian*.

Seite 127: siehe S. 114.

Seite 128: siehe S. 110.

Seite 130–131: Schmuckleiste, siehe S. 114. Waldhuhnspuren, aus *American Indian Design & Decoration*.

Seite 132: siehe S. 104.

Seite 134: siehe S. 102.

Seite 135: Als Relief gearbeitete Fußabdrücke und abstrakte Darstellungen aus der Umgebung von Tulare, South Dakota, aus *Rock Art of the American Indian.*

Seite 136: Schmuckleiste, siehe S. 106. Als Relief gearbeiteter Fuß vom Lake Pend d'Oreille, aus *Rock Art of the American Indian.*

Seite 137: Schmuckleisten und Mimbres-Keramikmuster, aus *Decorative Art of the Southwestern Indians.*

Seite 145: Keramikmuster der Hohokam, aus *Rock Art of the American Indian.*

Seite 146: Altes Pueblo-Keramikmuster, aus *Decorative Art of the Southwestern Indians.*

Seite 147: Altes Pueblo-Keramikmuster, aus *Decorative Art of the Southwestern Indians.*

Seite 148: Altes Pueblo-Keramikmuster, aus *Decorative Art of the Southwestern Indians.*

Seite 150–151: Schmuckleiste, altes Pueblo-Keramikmuster, aus *Decorative Art of the Southwestern Indians.* Korb- und Keramikmuster aus Pima, Arizona, aus *Decorative Art of the Southwestern Indians.*

Seite 152: Schmuckleiste, Korbmuster aus Pima, Arizona, aus *Decorative Art of the Southwestern Indians.* Moki-Zeichnungen von Kürbisblüten, aus *North American Indians of Yesterday* von Frederick S. Dellenbaugh (New York: G. P. Putnam's Sons, 1900).

Seite 154: Altes Pueblo-Keramikmuster, aus *Decorative Art of the Southwestern Indians.*

Seite 155: Als Relief gearbeitetes Muster, aus *Rock Art of the American Indian.*

Seite 158: Schmuckleiste, modernes Hopi-Keramikmuster; Acoma-Keramikmuster, aus *Decorative Art of the Southwestern Indians.*

Seite 160: Südwestliches Korbmuster, aus *Decorative Art of the Southwestern Indians.*

Seite 162: Pueblo-Keramikmuster aus Laguna, New Mexico, aus *Decorative Art of the Southwestern Indians.*

Seite 163: Sandbild der Navajo, aus *Decorative Art of the Southwestern Indians.*

Seite 164: Pueblo-Motiv aus San Ildefonso, New Mexico, aus *Decorative Art of the Southwestern Indians.*

Seite 166: siehe S. 146.

Seite 167: Mimbres-Keramikmuster, aus *American Indian Design & Decoration.*

Seite 169: Pueblo-Motiv aus San Ildefonso, New Mexico, aus *Decorative Art of the Southwestern Indians.*

Seite 170: Schmuckleiste, siehe S. 154. Mimbres-Keramikmuster, aus *American Indian Design & Decoration.*

Seite 171: Mimbres-Keramikmuster, aus *Decorative Art of the Southwestern Indians.*

Seite 172: siehe S. 152.

Seite 174–175: Schmuckleiste, siehe S. 160; oben, als Relief gearbeitetes Bergschaf; unten, schwarze Felsmalerei, aus *Rock Art of the American Indian.*

Seite 177: Modernes Teppichmotiv der Navajo, aus *Decorative Art of the Southwestern Indians.*

Seite 178: Schmuckleiste, siehe S. 150. Modernes Teppichmotiv der Navajo, aus *Decorative Art of the Southwestern Indians.*

Seite 182: siehe S. 148.

Seite 183: Mimbres-Keramikmuster, aus *America's Ancient Treasures.*

Seite 184: siehe S. 164.

Seite 186: siehe S. 162.

Seite 187: Vogelmotiv, aus *American Indian Design & Decoration.*

Seite 188: siehe S. 152.

Seite 190: siehe S. 158.

Seite 191: Mimbres-Keramikmuster, aus *Decorative Art of the Southwestern Indians.*

Seite 193: Moderne Hopi-Tondekoration, aus *Decorative Art of the Southwestern Indians.*

Seite 194: siehe S. 164.

Seite 195: Keramikmuster, aus *Decorative Art of the Southwestern Indians.*

Seite 196: Schmuckleiste, siehe S. 148. Motiv aus *Decorative Art of the Southwestern Indians.*

Seite 197: Schmuckleisten, aus *American Indian Design & Decoration.* Gehörntes Tier, aus *Rock Art of the American Indian.*

Seite 203: Schieferteller der Haida mit eingemeißelten Motiven, aus *American Indian Design & Decoration.*

Seite 205: Rote Felsmalerei, aus *Rock Art of the American Indian.*

Seite 206: Randverzierung eines Schamanenhuts, aus *American Indian Design & Decoration.*

Seite 207: Als Relief gearbeiteter mythischer Vogel der Tlingit, aus *Rock Art of the American Indian*.

Seite 208: Schmuckleiste, Korbmuster der Tlingit, aus *American Indian Design & Decoration*. Rote Felsmalerei, aus *Rock Art of the American Indian*.

Seite 210: Wellenmuster für Körbe der Lilloet, aus *American Indian Design & Decoration*.

Seite 211: Felsmalerei in Rot, Weiß und Schwarz, aus *Rock Art of the American Indian*.

Seite 212: Yurok-Korbmuster, aus *American Indian Design & Decoration*.

Seite 214: Schmuckleiste, Yurok-Korbmuster, aus *American Indian Design & Decoration*. Felsmalerei in Rot und Weiß, aus *Rock Art of the American Indian*.

Seite 215: Als Relief gearbeitete Figur, aus *Rock Art of the American Indian*.

Seite 216: siehe S. 210.

Seite 218–219: Schmuckleiste siehe S. 208. Elch, Bergschaf und anderes Jagdwild, Salmon River, Idaho, aus *Rock Art of the American Indian*.

Seite 220: siehe S. 212.

Seite 222: siehe S. 206.

Seite 223: Bärenmotiv von der Nordwestküste, aus *Indian Art of the Northwest Coast* von Edward Malin und Norman Feder, illustriert von Bill Holm (Denver: Denver Art Museum, ohne Jahr). Abdruck mit freundlicher Genehmigung.

Seite 225: Haida-Netzmuster für Löffel, aus *American Indian Design & Decoration*.
Seite 226: siehe S. 208.

Seite 227: Mythische Gestalt der Tlingit, Relief, aus *Rock Art of the American Indian*.

Seite 228: siehe S. 210.

Seite 230–231: Schmuckleiste, siehe S. 214. Hirsch und Bergschaf, Inyo County, Kalifornien, aus *Rock Art of the American Indian*.

Seite 232: siehe S. 212.

Seite 234–235: Schmuckleiste, siehe S. 206. Thunderbird, Adler und Falke von der Nordwestküste, aus *Indian Art of the Northwest Coast*.

Seite 236–237: Keramikmuster aus San Ildefonso, aus *Decorative Art of the Southwestern Indians*.

Wir haben uns bemüht, die erforderlichen Genehmigungen zum Abdruck der Kunstwerke in diesem Buch einzuholen und die Copyrights korrekt anzugeben. Für Informationen zu etwaigen Versehen sind wir dankbar und werden diese in nachfolgenden Auflagen korrigieren.

DIE AUTOREN

Arthur D. Amiotte, Verfasser der Einführung und der Begleittexte zu den Rezepten im Kapitel »Great Plains«, ist eingetragenes Mitglied des Oglala Sioux Tribe. Er ist Dichter, Künstler und Schriftsteller, Experte für indianische Kulturen der Northern Plains und Adjunct Professor of Native Studies and Art an der Brandon University in Brandon, Manitoba. Der vormalige Leiter des Lakota Studies Department des Standing Rock Community College in Fort Yates, North Dakota, fungiert heute als Senior Advisor des Direktors des National Museum of the American Indian, Smithsonian Institution, Washington, D.C. Für seine Veröffentlichungen und seine künstlerische Arbeit erhielt er zahlreiche Auszeichnungen. Er lebt in Custer, South Dakota.

Mitautorin **Beverly Cox** wuchs auf einer Ranch nahe Cheyenne, Wyoming, auf, wo sie ein starkes Interesse für die indianische Kultur entwickelte. Zu ihren Kindheitserinnerungen gehören die Besuche bei den Oglala Lakota, die jedes Jahr anläßlich der Frontier Days nach Cheyenne kamen. Insbesondere erinnert sie sich an Prinzessin Blue Water, eine Enkelin von Sitting Bull und Freundin ihrer Mutter und ihrer Großmutter. Ihre Familie reiste auch regelmäßig zu den Indian Ceremonials in Gallup, New Mexico, einem Treffen von Stämmen aus dem ganzen Land. Heute lebt sie in Connecticut, wo sie als unabhängige Ernährungsberaterin und Food-Stylistin tätig ist und Rezepte entwickelt. Sie war Leiterin des Ressorts Kochen, Food-Editor und verantwortlich für das Food-Styling bei *Cook's Magazine*. Darüber hinaus schrieb sie Beiträge für *Food & Wine*. Dies ist ihr sechstes Kochbuch.

Martin Jacobs, Mitautor und Fotograf, entdeckte sein starkes Interesse für die indianische Kultur, als er sich in der Grundschule mit den östlichen Waldlandstämmen befaßte. Er ist Berufsfotograf mit Wohnsitz in New York. Seine Arbeiten sind in *Foods of Vietnam* erschienen, das bei Stewart, Tabori & Chang herausgegeben wurde und den renommierten IACP/Seagrams Award für das beste Kochbuch des Jahres 1989 erhielt.

Clara Sue Kidwell verfaßte den Beitrag »Die Küche der Indianer« und die Einleitung zu den Kapiteln »Südostküste und Waldland« und »Nordostküste und Waldland«. Sie unterrichtet im Rahmen des Programms »Native American Studies« an der University of California in Berkeley und ist Treuhänderin des National Museum of the American Indian. Eines ihrer Spezialgebiete ist die indianische Ernährung und Heilkunst, und sie hält Kurse über indianische Medizin. Dr. Kidwell ist mütterlicherseits Mitglied des Chippewa Tribe of Minnesota und väterlicherseits Angehörige der Choctaw in Oklahoma. Ihre Choctaw-Großmutter, die in ihrer Familie lebte, hatte in ihrer Kindheit einen prägenden Einfluß auf sie.

Harriet Koenig, Anthropologin mit speziellem Interesse für indianische Kulturen, schrieb die Einleitungstexte und Begleittexte zu den Rezepten der Kapitel »Der Südwesten« und »Der Westen«. Sie ist Dozentin im Department of Anthropology an der University of Connecticut, Stamford Campus. Im Namen der United States International Communications Agency hat sie Europa, Israel und Japan besucht und dabei Vorträge zur aktuellen gesellschaftlichen, politischen und wirtschaftlichen Situation der Navajo und Pueblo gehalten. Sie fungierte als Mitkuratorin bei der Ausstellung »Sky, Sand and Spirits«, die 1972 im Hudson River Museum in Yonkers, New York, stattfand, sowie bei zwei Ausstellungen der Katonah Gallery in Katonah, New York: »Hopi Clay, Hopi Ceremony« (1976) und »Navajo Weaving, Navajo Ways« (1986). In staatlichen und privaten Schulen, bei Veranstaltungen zur Erwachsenenbildung und in Museen hat sie Vorträge über die Kultur der Indianer des Südwestens gehalten. Seit 1959 besuchte sie im Rahmen ihrer Studien häufig Reservate, vor allem im Südwesten, und hat dabei mit vielen Indianern enge Freundschaften geknüpft.

REGISTER

S

T

U

V

W

Y

Z